国家社会科学基金西部项目（编号09XLJ004）
及陕西高校人文社会科学青年英才支持计划资助

# 二元经济社会结构转型与农民增收

王恩胡 ◎ 著

中国社会科学出版社

# 图书在版编目（CIP）数据

二元经济社会结构转型与农民增收/王恩胡著 . —北京：中国社会科学出版社，2016.12
ISBN 978-7-5161-9354-9

Ⅰ.①二… Ⅱ.①王… Ⅲ.①二元经济—社会结构—影响—农民收入—收入增长—研究—中国 Ⅳ.①F323.8

中国版本图书馆CIP数据核字（2016）第280700号

| 出 版 人 | 赵剑英 |
|---|---|
| 责任编辑 | 刘晓红 |
| 责任校对 | 周晓东 |
| 责任印制 | 戴 宽 |

| 出　　版 | 中国社会科学出版社 |
|---|---|
| 社　　址 | 北京鼓楼西大街甲158号 |
| 邮　　编 | 100720 |
| 网　　址 | http://www.csspw.cn |
| 发 行 部 | 010-84083685 |
| 门 市 部 | 010-84029450 |
| 经　　销 | 新华书店及其他书店 |
| 印　　刷 | 北京君升印刷有限公司 |
| 装　　订 | 廊坊市广阳区广增装订厂 |
| 版　　次 | 2016年12月第1版 |
| 印　　次 | 2016年12月第1次印刷 |
| 开　　本 | 710×1000　1/16 |
| 印　　张 | 18 |
| 插　　页 | 2 |
| 字　　数 | 263千字 |
| 定　　价 | 66.00元 |

凡购买中国社会科学出版社图书，如有质量问题请与本社营销中心联系调换
电话：010-84083683
版权所有　侵权必究

# 摘 要

自 1978 年实施改革开放政策以来，我国经济高速发展，农民收入大幅增加。但横向比较，农民收入增长长期滞后于城镇居民收入增幅，城乡之间收入差距逐渐拉大，农民增收困难、收入相对低下问题日渐突出。2004 年后在国家一系列支农惠农政策推动下，农民收入增长加速，城乡收入差距拉大的势头得到遏制，但目前城乡收入差距仍然偏大，农民增收形势依然严峻。农民收入水平低下，不仅影响其生活质量，影响农业发展，还有可能影响国民经济整体发展，甚至危及社会的和谐与稳定。

本书在对我国改革开放后农民收入增长演进过程、农民收入问题表现特征进行描述的基础上，分析了农民收入增长滞后、收入相对低下问题产生的复杂原因，剖析了二元经济结构和二元社会结构对农民收入增长的影响机制。并在借鉴日本、中国台湾、巴西及美国等先期发展国家和地区的经验与教训基础上，提出了消除二元社会结构制度排斥、推进二元经济结构转化、提高农民收入的对策建议。

本书的结构和内容安排如下：

第一章导论。从改革开放后我国农民收入增长状况与城乡居民收入差距的演变入手，说明本书的选题背景、研究目的和意义。回顾评析了国内外对农民增收问题的研究，确定本书的研究角度。通过对有关概念的界定，明确了研究对象和范围。根据研究目的，提出本书的研究技术路线和研究方法。

第二章农民收入问题研究的理论基础。本章介绍了古典经济学、新古典经济学和新古典综合派等对收入分配规律的阐释，分析其在解释我国改革开放后农民收入问题上的局限性，结合我国正处在工业化、城市化转型发展阶段经济社会结构特征，着重探讨了发展经济学、制度经济学、社会学的收入分配理论，为研究改革开放后农民收入问题奠定了理论基础。

第三章改革开放后农民收入增长状况与农民收入问题成因。本章回顾了我国改革开放后农民收入增长演进的历史进程，分析了改革开放后农民收入问题的形成及表现；回顾了国家采取的一系列增收措施，最后从收入来源角度系统地分析了影响农民收入增长的因素，指出制约农民收入增长的关键是工业化程度不高，大量剩余劳动力滞留在农村，导致农村人均土地资源狭小，农民农业经营收入有限，且过多的剩余劳动力压低城市工资水平，即我国经济发展初期阶段特有的二元经济结构制约着农民从事农业和非农活动收入水平。同时，我国计划经济遗留下来的不合理的二元社会体制仍在限制农民经济权利和社会权利，制约农民参与经济活动空间，影响农民收入增长。正是因为二元经济结构和二元社会结构转化进程缓慢，使农民增收困难、收入相对低下的问题长期得不到彻底解决。

第四章二元经济结构转化与农民增收。本章回顾了我国二元经济结构演进发展历程，分析了二元经济结构制约改革开放后农民经营性收入、工资性收入和转移性收入增长的作用机理，并以全国31个省（市、区）截面数据及全国改革开放以来的时间序列数据为基础，运用计量工具，从静态和动态两个角度实证分析了城乡二元经济结构对农民收入增长及城乡收入差距的影响，发现二元系数和城乡收入差距具有明显的正相关关系，二元经济结构是引起城乡收入差距的Granger原因。并进一步利用脉冲响应函数分析，发现二元经济结构的持续增长将会促进城乡收入差距扩大，并且随着时间的推移，这种刺激作用会更加明显。运用Chow's断点检验，发现以二元系数结构为因变量的城乡收入差距函数在2004年发生了变化，说明2004年以来国家采取的一系列工业反哺农业政策对促进农民增收、缩小城乡差距确实产生了积极作用。

第五章二元社会结构改革与农民增收。本章回顾了我国二元社会结构的发展演进历程，指出由于我国改革主要聚焦于提高经济效率，缺少对经济发展引发人口及劳动力流动等社会问题的前瞻性规划，未能根据经济发展及时调整计划经济时期形成的二元社会政策，诸多限制损害农民经济权利和社会权利的政策长期持续，制约了农民收入增长。分析了二元社会结构下特定的农业经营制度、劳动力流动制度、农村金融制度和农村土地制度等对农民经济权利的排斥及对农民增收的影响，分析了城乡二元的公共产品供给制度特别是农村教育投入制度、农村社会保障制度等对农民社会权利的排斥及其对农民增收的影响。指出以保障粮食供给为中心的农业政策，侵犯了农民的经营自主权，对粮食流通的限制和粮价管制损害了农民利益，制约了农业经营收入增长。城乡分割的二元社会政策对农村劳动力流动的限制增加了农民转移就业的成本，延缓二元经济结构转化，恶化了农民外出就业的社会环境，阻碍了农民工资性收入增长。农村土地制度限制了农民土地的用途，土地征用制度损害农民土地权益，制约农民财产性收入增长。农村金融制度将农村资金输往城市，影响农村地区经济发展。城乡二元化的公共产品供给制度使农民承担了农村教育、医疗卫生等公共产品成本，使农民这个低收入群体承担了不公平的税费负担、享受不到充分的社会保障，加重了生产生活成本和税费负担；使农业这个对生态环境保护和国家经济社会稳定有重大贡献的弱质产业得不到应有的扶持和保护，减少了农民转移性收入。

第六章解决农民收入问题的经验借鉴。本章总结了日本、中国台湾和美国等先期发展国家和地区解决农民收入问题的成功经验，分析了巴西在解决经济发展中城乡收入差距方面的教训，为解决我国改革后农民收入问题提供借鉴。

第七章加快二元经济社会结构转化促进农民持续增收的思路和对策。本章首先指出要从根本上解决农民收入问题，就必须彻底改革城市偏向的二元社会结构、消除农民增收面临的制度障碍；还要推动二元经济结构转化、改善农民增收面临的不利经济条件；同时要大力提升农民人力资本水平，增强农民增收能力；加强财政补贴力度、增强农民增收的外部支持。

其次分析了推进二元经济社会结构转化的困难。指出彻底改革二元社会体制，实现城乡居民自由流动、平等竞争可能会面临既得利益集团的阻挠；转移劳动力实现二元经济结构转化、形成高度发达的现代经济体系又遇到劳动力数量过于庞大且人力资本水平较低、国内外市场普遍过剩的困难，而加大支农惠农力度遇到农村人口过于庞大和财力紧张的制约。

最后提出加快二元经济社会结构转化、促进农民增收的一系列对策。指出要彻底改革二元社会体制，加速劳动力转移；大力发展劳动密集型第二、第三产业，拓展劳动力转移空间；发展县域工业，推动城乡均衡发展；积极发展现代农业，加速实现农业生产的规模化、组织化和产业化；加强农村地区教育，提升农村人口知识与技能水平；创造条件增加农民财产性收入；加大国家财政对农业、农村和农民的支持力度；鼓励支持民间力量参与农村扶贫增收。

# 目 录

**第一章 导论** ………………………………………………………… 1

 第一节 研究背景 ………………………………………………… 1
 第二节 研究目的及意义 ………………………………………… 5
 第三节 国内外研究动态 ………………………………………… 7
 第四节 相关概念 ………………………………………………… 20
 第五节 研究思路及方法 ………………………………………… 29
 第六节 创新之处 ………………………………………………… 31

**第二章 农民收入问题研究的理论基础** ……………………………… 34

 第一节 主流经济理论对收入分配规律的阐释 ………………… 34
 第二节 发展经济学和新制度经济学视角下的收入分配 ……… 40
 第三节 社会学对收入分配的理论研究 ………………………… 49
 第四节 小结 ……………………………………………………… 52

**第三章 改革开放后农民收入增长状况与农民收入问题成因** ……… 54

 第一节 改革开放后农民收入增长状况及特征 ………………… 54
 第二节 改革开放后农民收入问题的表现及应对措施 ………… 69
 第三节 改革开放后农民收入问题成因分析 …………………… 77
 第四节 小结 ……………………………………………………… 87

**第四章 二元经济结构转化与农民增收** …………………………… 88

 第一节 中国二元经济结构形成与演进 ………………………… 89

第二节　二元经济结构制约农民增收的机理分析 …… 111
　　第三节　二元经济结构影响农民增收的实证分析 …… 122
　　第四节　小结 …… 140

第五章　二元社会结构改革与农民增收 …… 142
　　第一节　中国二元社会结构形成与演进 …… 143
　　第二节　二元社会结构对农民经济权利的排斥及其对
　　　　　　农民增收的影响 …… 152
　　第三节　二元社会结构对农民社会权利的排斥及其对
　　　　　　农民增收的影响 …… 179
　　第四节　小结 …… 206

第六章　解决农民收入问题的经验借鉴 …… 208
　　第一节　日本解决农民收入问题的经验 …… 209
　　第二节　我国台湾地区解决农民收入问题的经验 …… 221
　　第三节　巴西解决农民收入问题的教训 …… 229
　　第四节　美国解决农民收入问题的经验 …… 235
　　第五节　小结 …… 242

第七章　加快二元经济社会结构转化促进农民持续增收的
　　　　思路和对策 …… 244
　　第一节　加快二元经济社会结构转化促进农民
　　　　　　持续增收的思路 …… 244
　　第二节　推动二元经济社会结构转化难点 …… 250
　　第三节　加快二元经济社会结构转化促进农民持续
　　　　　　增收的对策 …… 253

参考文献 …… 270

后记 …… 279

# 第一章 导论

## 第一节 研究背景

随着家庭联产承包责任制、建立现代企业制度、发展外向型经济等一系列改革措施的实施，我国城乡经济飞速发展，农民收入大幅增加。从1978年到2003年，我国农民人均纯收入从133.6元增长到2622.2元，增长了18.63倍，扣除物价上涨，增长了3.47倍，年均增速6.17%。毋庸置疑，改革开放政策促进了农民收入大幅增长，延续多年的农村大面积贫困状态得到改观，农村贫困人口由改革开放初期的2.5亿人减少到2900万人（1978年国家贫困标准，如果按照稍后2008年标准，则当年贫困人口为8517万人）[1]。从新中国成立后的历史资料分析，这一时期确实可算作农民收入增长较快、减贫效果突出、农民生活改善较大的一段时期。但收入问题从来是相对比而存在的，与这一时期国民经济增长速度及城镇居民收入增长速度相比，就发现这一时期农民收入增长落后于国家整体经济增长、落后于城市居民收入增长，且差距不小。1978—2003年中国GDP从3645.22亿元增长到135822.76亿元，总量增长了36.26倍，扣除物价上涨，增长了7.49倍，年均增速在8.93%以上，同期城市居民人均可支配收入从343.4元增长到8472.2元，扣除物价上涨，实际收入增长了4.62倍，年均递增在7.15%以上，而农村居民人均纯收入年平均增幅只有

---

[1] 资料来源：《中国住户调查年鉴》（2014）。

6.17%，仅为 GDP 增速的 69.07%，为城镇居民增速的 86.29%，明显低于经济增速和城镇居民收入增速。在中国经济高速增长的"发展奇迹"中农民被落在了后头，未能同步享受到国家经济发展的成果。特别是 1997 年亚洲金融危机后，由于受出口下降、城市经济增速放缓、市场需求不振等因素冲击，农民收入连续数年增长缓慢、城乡收入差距迅速拉大。1998—2003 年，农民收入增长速度分别为 3.44%、2.23%、1.95%、5.01%、4.61%、5.92%，而同期城镇居民收入增幅分别为 5.13%、7.91%、7.28%、9.23%、12.29%、9.99%，城乡人均收入年均增速差异达到了 5 个百分点，城乡收入差距迅速由 1998 年的 2.51∶1 攀升至 2003 年的 3.23∶1。如果考虑物价上涨因素，这一时期农民收入几乎处于零增长甚至负增长，农民收入增长乏力、农民收入相对低下问题日趋严重。

农民收入增长迟缓、城乡收入差距持续拉大引发社会各界广泛关注，农民收入相对低下逐渐演化为社会问题。[①] 在中国知网搜索以"农民收入"为题名的文献，发现在 1990 年之前每年的研究文献数量处于个位数水平；1991—1998 年逐年增加，但仍处于两位数水平；到了 1999 年研究农民收入的文献跃升至 224 篇，2001 年创纪录地达到了 618 篇，反映出农民收入逐渐演变成为一个学术界关注的热点问题。与此同时，从中央到地方，各级政府也在采取一系列政策，促进农民增收，缓解农民收入问题。国家先后通过实施粮食价格支持（1997 年）、调整农村产业结构（1998 年）、实施农村税费改革（2000 年）等重大举措积极推动农民增收减负，舒解农民收入问题，但效果有限。2004 年中央发布的《关于促进农民增加收入若干政策的意见》，把增加农民收入作为全党全国工作重点，体现了国家决策层对农民收入问题的重视。随后国家围绕农民增收和农业农村发展密集实施了一系列支持政策，降低直至取消农业税，实施种粮农民的直接补贴制度、购买农机具补贴和良种补贴措施，推进新农村建设，加

---

① 社会问题（social problem），指影响社会成员的共同生活、破坏社会正常活动、妨碍社会协调发展的社会现象。

大对农村公共设施投资，改革农村教育投入体制，建立新型农村合作医疗、新型农村养老保险等社会保障制度。一系列支农惠农政策的陆续推出使我国农民收入增速明显加快，农民收入从2003年的2622.2元增长到2014年的9892元，年均增长12.83%，高于同期城镇居民收入增速（11.78%），城乡收入差距拉大的势头初步得到有效扭转，[①]农民收入问题有所缓解。

尽管改革开放后农民收入大幅增长，农民整体上由贫穷进入小康状态（2013年恩格尔系数降至37.7%[②]），特别是2004年国家开创性地采取了一系列支农惠农政策，有力地促进了农民收入增长，但截至目前，农民收入相对偏低的问题尚未彻底解决，农民收入水平仍远低于城镇居民收入水平，城乡收入差距仍处高位。2014年，城镇居民人均年可支配收入28844元，而同期农村居民人均纯收入9892元，城乡收入差距的绝对值已由1978年的209.8元扩大到2014年的18952元；城乡居民收入之比，由1978年的2.57∶1扩大到2.92∶1（2007年城乡居民收入之比最高曾达3.33∶1）。除农民整体上收入相对低下外，有一部分农民甚至还处于绝对贫困状态，生活还比较困难。按照2010年国家制定的贫困标准，2013年年底全国还有12万多个贫困村，有8249万农村贫困人口。2013年收入最低的20%农村住户人均纯收入只有2583.2元，相当于423.69美元（按照国家外汇管理局公布的2013年12月31日汇率[③]），低于世界银行划定的每人每天消费1.25美元贫困线国际标准。[④] 且2004年后农民收入问题缓解是在国

---

① 中华人民共和国国家统计局：《中华人民共和国2014年国民经济和社会发展统计公报》，http：//www.stats.gov.cn/tjsj/zxfb/201502/t20150226_685799.html，2015年2月26日。

② 联合国将恩格尔系数作为评价贫富和生活水平的重要标准之一。恩格尔系数在60%以上为绝对贫困型，50%—60%为温饱型，40%—50%为小康型，30%—40%为富裕型，30%以下为极富裕型。2013年，我国农村居民恩格尔系数为37.7%，按此标准应算作富裕型，但考虑到很多农民仍处于贫困状态，故将整体状况定位为小康。

③ http：//www.safe.gov.cn/wps/portal/sy/tjsj_hlzjj_inquire。

④ 世界银行以1985年的美元为基准，考虑各国货币购买力水平的不同，提出了国际贫困线标准为人均每天1美元，考虑到物价水平和各国经济的发展变化，世界银行估计，按2005年美元计价，新的贫困线应该是人均每日1.25美元。

民经济高速增长、财政支农力度不断加大基础上实现的，目前我国经济已转入新常态，国民经济与财政收入增速已经放缓，国家不可能像前些年一样密集推出新的支农政策或持续大幅度提高支农力度，农民增收的政策空间受到挤压，农民持续增收的形势仍很严峻。

农民收入长期偏低、城乡差距持续高位，不仅影响农民生活和农业发展，也影响整个国民经济协调发展，影响社会的和谐与稳定。从经济角度，农民收入水平低下，制约了农民生活水平的提高，挫伤了农民从事农业生产的积极性，影响到农民加大农业生产投入的能力，影响到农业进一步的发展。农民收入低下，限制了农民的消费能力，造成工业品市场萎缩，影响工业及整个国民经济协调发展。同时，农民收入长期偏低、城乡差距持续高位，农民被排斥在社会进步之外，无法分享到经济发展成果，这违背了社会正义原则。收入分配差距过大，甚至有可能引发不同群体之间的矛盾，造成社会撕裂，危及社会的和谐与稳定。刘易斯（1988）曾指出："收入分配的变化是发展进程中最具有政治意义的方面，也是最容易诱发妒忌心理和混乱动荡的方面。没有很好地理解为什么这些变化会发生，以及会起到怎样的作用，就不可能制定出切实可行的政策。"[①] 许多发展中国家就因为未能很好地解决经济增长中的收入分配问题从而引发国内矛盾，导致国内局势动荡，经济增长长期停滞，使整个国家陷入发展困境。过大的收入差距不利于社会稳定，影响到全面建成小康社会和"两个一百年"奋斗目标的实现。

经济增长能减少贫困，但却不会自动改善收入分配格局。我国改革开放后的经济发展虽使城乡居民生活水平总体上有了显著提高，但农民收入增长相对缓慢、城乡收入差距逐渐拉大的问题却日趋突出。对于改革开放后经济高速发展背景下出现的农民收入相对低下问题，不能掉以轻心，不能幻想着依靠经济发展自动改善城乡收入差距，而应在认识上高度重视收入分配差距问题，积极主动采取有效措施，缩小收入差距，化解社会矛盾。因此，分析研究我国农民收入相对低下

---

① 阿塞·刘易斯：《发展计划》，北京经济学院出版社1988年版。

的原因，总结改革开放后促进农民增收的经验与教训，制定出切实可行的政策促进农民收入持续增长，对调动农民生产积极性、扩大国内市场消费，实现城乡经济协调发展具有积极的意义。同时，增加农民收入，缩小城乡收入差距，有助于推进共同富裕，实现社会公平正义和城乡社会和谐稳定。

## 第二节 研究目的及意义

### 一 研究目的

本书拟考察改革开放以来农民收入增长过程及特征，总结农民收入问题的形成和演进，运用经济学和社会学相关理论，系统分析影响农民收入的因素，探究改革开放后农民收入问题产生的真正原因，分析各因素影响农民增收的作用机理，并在借鉴其他国家和地区解决农民收入问题的经验和教训基础上，提出增加农民收入的对策，为彻底解决农民收入问题、实现经济社会持续协调快速发展提供决策借鉴。

### 二 研究意义

1. 研究的理论意义

收入分配是经济学的热点问题之一。国外学者基于发达资本主义经济的现实，对其国内的收入分配问题包括农业生产者收入、农村贫困问题进行了大量的研究，产生了许多研究成果，揭示了自由市场经济条件下收入分配规律及农村贫困发生的机理。而我国改革开放后农民收入问题与发达国家成熟市场经济体制下的农民收入问题在产生的经济基础和社会背景方面有很大差异，我国是一个发展中国家，又是一个传统计划经济国家，改革开放后我国正处在由计划经济向市场经济转型、由不发达二元经济状态向现代工业社会过渡阶段，处于经济社会结构转型过程中。我国农民收入问题与国外农民收入问题有着完全不同的背景，不能套用国外成熟市场经济体系下的理论解释我国农民收入问题。近年来国内学者及一部分国外学者从要素、市场、制度、农民素质等多个不同角度研究了相关因素对中国农民收入增长的影响，提出了许多富有见地的观点和有积极实践意义的对策，对解决农民收入相对低下问题发挥了积极作用。但改革开放后我国农民作为一个整体，其收入水平长期地、显著地低于城镇居民，无法用单纯的市场因素、个别制度因素或农民自身因素等来解释。同时，农民收入问题长期持续，虽经多次、多方面政策调整而未彻底解决，显示出农民收入问题的复杂性和艰巨性。本书拟结合中国改革传统计划经济体制、推进国家工业化现代化转型发展的大背景，综合运用发展经济学、制度经济学和社会学理论，系统地从经济社会结构转型发展的视角分析和研究农民收入问题，分析我国特有的二元经济社会结构对农民收入增长的制约，对我国改革开放后农民收入偏低的现象进行经济学和社会学的分析与解释。本书的研究有助于正确认识改革开放后农民收入问题形成的原因，有助于丰富有关经济发展与收入分配问题的理论研究。

2. 研究的现实意义

增加农民收入、缩小收入差距是促进城乡社会和谐稳定发展的要求。农民持续增收是国家长治久安的基石。农民生活富裕、群众安居乐业，农村才会稳定。收入分配差距过大，必然会影响社会成员对社会的认同，影响社会的稳定。斯蒂格利茨针对我国20世纪90年代中后期以来出现的农民收入增速连年下降、收入分配差距扩大的问题，指出中国面临着潜在的社会和地区差距，如果这一问题不能妥善解决，就可能影响社会的凝聚力。研究农民收入相对低下的原因，制定恰当的政策，促进农民收入增长、缩小城乡差距对实现城乡经济和社会协调发展具有积极的意义。

解决农民增收难题有助于促进农业发展、稳定农产品供给。农业是国民经济的基础，农业的稳定和发展关系到国家粮食安全。而农民从农业生产经营中获得的收入高低，不仅影响到农民从事农业生产经营的积极性，而且制约着农民对农业生产的投入能力。提高农民收入水平，有利于保护农民的生产积极性，促进农业生产发展，稳定农产品供给。

解决农民增收难题是扩大内需、实现国民经济持续协调发展的需要。消费是拉动经济发展的"三驾马车"之一，国内居民购买力的提高，既能够使占我国人口的大多数的农民享受到经济发展的成果，也能为经济的良性发展提供持久的动力。农民占我国人口的大多数，是数量最多、潜力最大的消费群体，也是经济增长最可靠、最持久的动力源泉。近年来农民增收困难、收入低下已造成农村消费市场萎缩，全国县及县以下消费品零售总额占全国消费品零售总额的比重已由20世纪80年代初的50%下降到2002年的34.8%，下降了15个百分点。要实现国民经济的持续发展，必须在扩大出口、增加投资的同时，着力扩大国内消费需求。而扩大内需的关键就在于农民收入的持续稳定增长，只有占中国人口绝大多数的农民的收入持续提高，才能使广大农村的潜在消费需求转化为现实的购买力，国民经济持续平稳较快发展才有更强劲的推力。①

## 第三节　国内外研究动态

### 一　国内研究动态

改革开放后国内学术界对农民收入问题的研究随着农民收入增幅波动及城乡收入差距的增减而时兴时落。早在20世纪80年代中期，在农业连续丰收出现卖粮难现象后，就有学者关注农民收入持续增长问题。如国家统计局系统的专家对1985—1986年农民收入增长趋缓问题进行过专题调研，并出版了《中国农民收入研究》一书，收录了1986年全国农民收入问题座谈会的论文和研究报告57篇，这是较早研究改革开放后农民收入问题的成果。② 进入20世纪90年代后，周应华③、柯炳生④等学者开始系统研究20世纪80年代后半期农民收入增幅趋缓、农民收入增长滞后的问题。马国强、苏明、石爱虎

---

① 潘盛洲：《农民增收是一项重要的战略任务》，《求是》2009年第5期。
② 国家统计局：《农民增收调查研究》，山西人民出版社1987年版。
③ 周应华：《"七五"以来我国农民收入问题》，《农业经济问题》1992年第8期。
④ 柯炳生：《对我国农民收入问题的分析》，《农业经济问题》1992年第4期。

(1994) 分析了农民收入的来源、差距、使用，研究了农民收入与经济发展、分配政策及农民负担之间的关系。[1]

20世纪90年代后半期农产品过剩、农民增收缓慢问题出现以后，农民收入、农业生产以及与之相关的农村社会发展问题（合称"三农"问题）演变成政府、社会和理论界关注的焦点，中国农业经济学会2001年年会就曾以农民收入为会议主题，2004年、2009年中央一号文件都是以增加农民收入为主题。国内理论界对此进行了多角度、深入全面的研究，发表了大量论文和专著。从目前看到的文献分析，国内理论界对农民收入问题的研究主要集中在以下几个方面：

1. 对农民收入增长状况与增长特征的研究

王德文等（2003）[2]、张车伟等（2004）[3]、盛来运（2005）[4]、官永彬（2006）[5] 等分析了改革开放后特别是20世纪90年代以来农民收入增长状况和农民收入结构的变化，发现工资性收入逐渐成为农民收入增长的主要来源。王朝才、胡振虎（2010）认为在新阶段农民家庭经营性收入波动，财产性收入增长受制度性约束，工资性收入面临下滑压力，转移性收入增长空间小，农民增收面临新压力。[6] 张红宇（2015）按照影响农民收入的内因和外因，把改革开放后农民收入增长划分为源于家庭经营性收入的增长阶段（1978—1985年）、工资性收入主导阶段（1986—2009年）和"多轮驱动"（2009年后）这三大阶段，认为随着我国经济发展进入新常态，农民收入越来越受到宏观经济环境和国际市场环境的影响。[7]

2. 对农民收入问题的成因分析

农民收入增长缓慢、收入相对低下问题出现后，许多学者从不同

---

[1] 马国强、苏明、石爱虎：《中国农民收入问题研究》，贵州人民出版社1994年版。
[2] 王德文、蔡昉：《如何避免城乡收入差距进一步扩大》，《农业经济问题》2003年第2期。
[3] 张车伟、王德文：《农民收入问题性质的根本转变》，《中国农村观察》2004年第1期。
[4] 盛来运：《农民收入增长格局的变动趋势分析》，《中国农村经济》2005年第5期。
[5] 官永彬：《农民收入的经济数理模型与实证分析》，《统计与决策》2006年第19期。
[6] 王朝才、胡振虎：《新时期农民增收对策研究》，《财政研究》2010年第2期。
[7] 张红宇：《新常态下的农民收入问题》，《农业经济问题》2015年第5期。

角度分析其原因。一些学者关注农业生产要素、农产品市场条件等影响农民农业经营收入的因素，如冉光和（2005）[1]、张宇青等（2013）[2]、华东等（2015）[3] 分别研究了农村金融发展对农民收入的影响，吴江等（2001）[4] 和白硕（2004）[5] 研究了利用科技进步促进农民增收问题，刘拥军等（2002）[6] 研究了农产品市场发展对农民收入影响，杨雍哲（2000）[7]、杜吟棠（2005）[8]关注农业结构调整、农民组织化等影响市场竞争地位的因素。

另一部分学者则着眼于影响农民工资性收入的因素，分析城镇化与劳动力转移对农民收入影响，许经勇、任柏强（2001）[9] 认为农民收入增幅趋缓是由城镇化严重滞后所致；吴敬琏（2002）[10] 认为，在我国农村居民人均耕地十分狭小的条件下，通过提高农产品收购价格来提高农民收入效果有限，实现大量农村剩余劳动力向非农产业的转移是解决"三农"问题、顺利实现工业化和城市化的中心环节。陈星（2009）发现1978—1992年农业剩余劳动力的数量呈上升趋势，而1993—2005年则呈下降趋势；对农业剩余劳动力与农民收入的关系进行格兰杰因果检验与回归分析，发现后一阶段制度创新的吸收效应释

---

[1] 冉光和：《中国金融发展与农民收入增长》，《经济研究》2005 年第 9 期。
[2] 张宇青、周应恒：《农村金融发展、农业经济增长与农民增收》，《农业技术经济》2013 年第 11 期。
[3] 华东、陈力朋、陈锦然：《农村信贷支持对农民收入增长的影响》，《中国科技论坛》2015 年第 4 期。
[4] 吴江、曾光霞、张玉霞：《增加农民收入的科技对策》，《农业技术经济》2001 年第 1 期。
[5] 白硕：《科技促进农民收入持续增加的障碍与对策研究》，《农业技术经济》2004 年第 2 期。
[6] 刘拥军、薛敬孝：《加速农业市场化进程是增加农民收入的根本途径》，《经济学家》2003 年第 1 期。
[7] 杨雍哲：《农业发展新阶段与结构调整》，《农业经济问题》2000 年第 1 期。
[8] 杜吟棠：《农业产业化经营和农民组织创新对农民收入的影响》，《中国农村观》2005 年第 3 期。
[9] 许经勇、任柏强：《城镇化严重滞后与农民收入增幅趋缓》，《宏观经济研究》2001 年第 3 期。
[10] 吴敬琏：《农村剩余劳动力转移与"三农"问题》，《宏观经济研究》2002 年第 6 期。

放殆尽，农业剩余劳动力开始成为绝对剩余。因此，加快农业剩余劳动力转移，是增加农民收入的重要途径。[1] 宋元梁等（2005）[2]、李美洲（2007）[3]利用向量自回归模型分析城镇化发展与农民收入增加之间的动态相关性，指出加速推进城镇化进程是持续增加农民收入的根本路径选择；马远、龚新蜀（2010）[4]利用我国省际面板数据对城镇化、财政支农与农民收入之间的关系进行了分析，发现城镇化和财政支农对农民的增收具有明显的促进作用，且城镇化的增收效应从长期来看要大于财政支农。叶彩霞等（2010）[5] 运用灰色关联理论分析城市化进程对农民不同收入来源的影响程度，发现城镇化对农民各项收入来源的影响大小依次为工资性收入、转移性收入、财产性收入、家庭经营性收入，最后提出通过加快城市化进程促进农民持续增收的建议。

李纯英（2001）[6]、陶勇（2001）[7]、杨建利等（2013）[8]、茆晓颖等（2015）[9] 等对国家财政支农与农民收入之间的关系进行了分析研究，汪海洋、孟全省（2014）分析了我国财政支农支出的各个项目与农民收入增长之间的动态相关性，发现不同财政农业支出项目在促进农民收入增长中的贡献度和影响力有着显著差异，提出相应对策建

---

[1] 陈星：《农业剩余劳动力与农民收入关系研究》，《经济学动态》2009 年第 5 期。
[2] 宋元梁、肖卫东：《中国城镇化发展与农民收入增长关系的动态计量经济分析》，《数量经济技术经济研究》2005 年第 9 期。
[3] 李美洲：《城镇化和工业化对农民增收的影响机制》，《财贸研究》2007 年第 2 期。
[4] 马远、龚新蜀：《城镇化、财政支农与农民收入增加的关系》，《城市问题》2010 年第 5 期。
[5] 叶彩霞、徐霞、胡志丽：《城市化进程对农民收入结构的影响分析》，《城市发展研究》2010 年第 10 期。
[6] 李纯英：《国家投资进行农业基础设施建设是增加农民收入的新途径》，《经济问题》2001 年第 12 期。
[7] 陶勇：《增加农民收入的财政支持研究》，《财经研究》2001 年第 7 期。
[8] 杨建利、岳正华：《我国财政支农资金对农民收入影响的实证分析》，《软科学》2013 年第 1 期。
[9] 茆晓颖、成涛林：《全口径视角下财政农业支出结构与农民收入的实证分析》，《统计与决策》2015 年第 5 期。

议。① 谷征（2014）系统回顾了我国农业支持政策体系的主要构成部分和基本内容，结合经济合作组织（OECD）对农业支持政策的定义和测评方法，对我国2003—2012年农业支持水平和农民收入之间的关系进行了分析，探讨了我国农业支持政策对农民增收的作用。②

也有学者从农民素质和农村教育的角度分析农民收入低下原因。宋英杰（2010）基于1985—2005年全国30个省市区的省际面板数据进行受教育程度与农民增收关系的实证研究，发现总体上受教育水平对农民收入具有显著的作用，受教育程度对农民收入增加的贡献高于物资资本和政府支持。③ 周逸先、崔玉平（2001）根据对河北、湖北、江苏等12个省的12个县"农村劳动力受教育与就业及家庭收入情况"的调查，发现文化程度越高，就业层次越高，收入也越多。④ 林美卿、代金平（2003）分析了农民文化程度与农民收入的关系，发现除小学外，其他文化层次均与农民收入具有极显著相关性。⑤ 朱强（2010）认为，破解农民收入问题的关键在于全面提升农民的素质。并从如何树立正确的教育价值取向、完善农村各级各类教育制度、建立合理的教育成本分摊机制和发挥学校、政府及其他社会组织作用等方面，提出了提升农民素质的政策建议。⑥ 刘新（2013）阐述了当前农村文化建设面临的四大考验，分析当前亟待解决的农民文化问题的突破口。主张加速培育具有现代文化意识的农民，从文化发展的角度为农民增收提供不竭的动力源。⑦

还有一部分学者从宏观分配格局与制度环境的角度分析农民收入

---

① 汪海洋、孟全省：《财政农业支出与农民收入增长关系研究》，《西北农林科技大学学报》（社会科学版）2014年第1期。
② 谷征：《我国农业支持政策对农民收入影响测评》，《农村经济》2014年第11期。
③ 宋英杰：《受教育程度与农民增收关系的实证研究》，《农业技术经济》2010年第10期。
④ 周逸先、崔玉平：《农村劳动力受教育与就业及家庭收入的相关分析》，《中国农村经济》2001年第4期。
⑤ 林美卿、代金平：《农民素质及其科学评价体系》，《沈阳农业大学学报》2003年第5期。
⑥ 朱强：《农民增收与提升农民素质问题研究》，《财经问题研究》2010年第8期。
⑦ 刘新：《农民增收的突破与跨越》，《社会科学战线》2013年第2期。

问题，张晓山（2001）[①]认为"三农"问题根源在于扭曲的国民收入分配格局，盛洪（2003）[②]、党国英（2002）[③]、李浩然等（2004）[④]分析了导致农民陷入整体性困境的制度性障碍。盛洪（2003）认为，中国农民陷入整体性困境的原因在于缺少一个反映农民利益的平衡的政治结构，导致许多损害农民利益进而损害全社会利益的政策轻易出台。贺京同等（2004）[⑤]认为在我国的收入分配体系中，农民处在只能被动接受分配结果而不能参与分配决策的弱势地位，这是我国农民增收难问题的根源所在。韩俊（2009）[⑥]从农民组织、土地制度、农业支持与农业保护、农村金融、农村公共服务、就业制度等方面分析了制约农民收入增长的制度性因素。徐元明、刘远（2011）认为我国农村产权制度很不完善，产权主体不明确，农村产权市场缺失，使得农民的资产未能充分发挥增收动力源的作用。要进一步解放思想，大力推进以保障农民权益、增加农民财产性收入为目标的农村产权制度改革，为农民增收长效机制的构建提供坚实的制度保障。[⑦]

也有一部分学者进行全面系统分析考察。李成贵（2001）[⑧]认为，农民收入增长缓慢由农产品供求格局变化、乡镇企业经营困难、农民进城务工受阻等原因造成，魏杰（2007）[⑨]认为农村居民收入问题的最终解决必须依托于内部和外部解决机制的协调。蔡红霞

---

[①] 张晓山：《调整国民收入分配格局，增加农民收入》，《宏观经济研究》2001年第5期。
[②] 盛洪：《让农民自己代表自己》，《经济观察报》2003年1月27日。
[③] 党国英：《依靠农民落实农民增收政策》，《调研世界》2002年第5期。
[④] 李浩然、楚永生：《农民收入增长的制度性障碍及解决途径》，《人文杂志》2004年第6期。
[⑤] 贺京同：《必须改善农民在我国收入分配中的地位》，《南开学报》（哲学社会科学版）2004年第3期。
[⑥] 韩俊：《制约农民收入增长的制度性因素》，《求实》2009年第5期。
[⑦] 徐元明、刘远：《农村财产制度改革与农民增收长效机制的构建》，《江海学刊》2011年第6期。
[⑧] 李成贵：《当前我国农民收入的现状、成因和影响》，《教学与研究》2001年第4期。
[⑨] 魏杰：《中国农村居民收入增长的二元机制及其实证研究》，《财经研究》2007年第4期。

(2009)认为,制约农民增收的主要因素包括农村公共财政严重缺位、农村和农业经济结构不合理、农产品价格低、农业产业化经营层次低、农业生产技术落后等,主张通过加大财政对"三农"的投入、调整和优化农业产业结构、大力开展农业产业化经营等增加农民收入[①]。

3. 对农民增收对策研究

基于对农民收入问题成因的不同认识,学者们提出了各自相应的增收对策,主要有以下几类:

(1) 调整农业结构及发展农产品加工业。陈耀邦(2000)[②]认为,农业结构调整是农民增收的根本出路,主张通过调整农业和农村经济结构实现内部增收。湖南经济信息中心课题组(2001)[③]提出大力发展农产品加工业,让农民分享农产品加工、流通环节利润,是实现农民持续增收的有效途径。孔祥智、钟真(2009)主张发展观光农业、休闲农业等现代农业,促进农民增收。[④]

(2) 降低农业生产成本。韩长赋(1999)指出由于技术相对落后,我国农业资源的利用率远远低于发达国家水平,特别是农民在用水、用肥、用电、用油、用地等方面,缺乏科学指导,浪费比较严重。降低农业生产成本、减少农民支出也是增加农民收入的一条重要途径。

(3) 农业组织创新。姜长云(2001)[⑤]认为,在市场经济条件下,要促进农民增收,必须发展市场农业,提高农业竞争力,增强农业效益。而要做到这一点,根本途径在于,提高农业产业组织的竞争力。我国农业发展,必须走出过分迷恋小规模家庭经营的误区,加快组织创新。刘姝威(2013)[⑥]认为增加农民收入关键在于转变农业生产方式,主张发展农民专业合作社,增强市场谈判地位。

---

[①] 蔡红霞:《当前农民增收的制约因素及对策》,《理论前沿》2009年第17期。
[②] 陈耀邦:《积极推进农业和农村经济结构的战略性调整》,《求是》2000年第20期。
[③] 湖南经济信息中心课题组:《关于增加农民收入的对策研究》,《经济研究参考资料》2001年9月10日。
[④] 孔祥智、钟真:《观光农业对农民收入的影响机制研究》,《生态经济》2009年第4期。
[⑤] 姜长云:《增加农民收入要有新思路》,《中国经济导报》2001年7月3日。
[⑥] 刘姝威:《增加农民收入路径研究》,《中央财经大学学报》2013年第6期。

（4）推进城镇化，加快劳动力转移。张为东（1994）① 认为，我国农民增加收入真正的困难在于过多的农民在配套要素不足的情况下耕种着过少的土地，致使农业劳动力被大量闲置和浪费，人均产出处于很低水平。姜长云（2003）② 认为，只有减少农民才能富裕农民，要减少农民，就要加快推进城镇化，促进农民变市民。为此要坚持城乡一体化的政策导向，加快建立城乡统一的劳动力市场，为农民进城提供方便条件。陈垚、杜兴端（2014）③ 分析了城镇化发展促进农民收入增长的机理，并通过实证研究，发现城镇化水平的提升促进了农民人均纯收入的增长，主张协调推进各项改革，大力推进新型城镇化进程，并在快速城镇化过程中稳步提高农民收入水平。

（5）加快工业化进城。温铁军（2001）认为，要增加农民收入，就必须保障广大农民的充分就业。④ 黄季焜（2000）、陈锡文（2001）、樊纲（2004）等认为，中国农业问题以及农村问题的根本出路在于工业化，解决农民收入增长问题，必须跳出"农"字，让更多的农业人口转移到城市中去从事非农产业，通过城乡统筹解决中国的农业、农村和农民问题。王德文（2003）认为农民收入增长将主要取决于第二产业和第三产业的增长。因此，不仅需要大力推进工业化和城市化，加快第二产业和第三产业发展，而且需要增加农业投资，改善农村信贷，按照比较优势原则来调整农业生产结构，为农民收入长期增长创造公平、有利的外部条件。

（6）保障农民权利。盛洪（2003）主张建立一个反映农民利益的平衡的政治结构，让农民自己代表自己，避免损害农民利益的政策出台。党国英（2002）认为，要解决农民收入增长问题就必须保障农民的土地财产权、平等的公民身份权利、农民的经营自主权利及为发展经济而自主组织的权利、民主选举权利等。迟福林（2003）呼吁给

---

① 张为东：《农民收入增长的决定因素分析》，《经济学家》1994 年第 6 期。
② 姜长云：《城镇化与三农问题》，《农业经济问题》2003 年第 2 期。
③ 陈垚、杜兴端：《城镇化发展对农民收入增长的影响研究》，《经济问题探索》2014 年第 12 期。
④ 温铁军：《缓解三农的出路》，http：//www.macrochina.com.cn（2001）。

农民全面的国民待遇,要按照城乡平等的原则改革农业税收制度、尽快统一城乡税制、全面取消城乡分割的户籍制度、给农民以平等的公民权。要真正使农民工享受同等的劳动权益和就业机会,给农民和国有土地拥有者以及城市其他土地拥有者同等的土地权利,完善财政转移支付制度,使农村和城市居民同等享有义务教育的权利;创造条件,使城乡居民逐步享受同等的社会保障,使农民与城市居民一样建立能代表自己利益的农民组织。①

(7) 综合性对策。韩俊(2002)认为在农业发展进入新的阶段后,需要在更广阔的背景下寻找农民增收的新途径。主张既要从扩大国内外市场需求方面有效拉动农业增长,更要大力推进农业和农村经济结构的战略性调整,提高农业和农村经济增长的质量。既要稳步推进税费改革,减轻农民负担,又要建立面向农村贫困地区转移支付的制度。既要调整乡镇企业发展战略,又要改革城乡分割体制,加快农村剩余劳动力转移步伐,加快城镇化进程。既要充分调动农民发展农业的积极性,又要从总体上调整农业与国民经济的关系,加强财政对农村经济的扶持力度。既要依法确保农村土地承包关系的长期稳定,又要在坚持家庭承包经营基本制度的基础上,进一步推进农村的组织创新和制度创新。林毅夫(2003,2004)②认为,中国"三农"问题最主要的就是农民的收入增长缓慢、收入水平远远低于城市居民。他主张发展农村教育,转移农村人口,通过转移农村劳动力实现农民收入持续增长,同时要加强农村基础设施建设,启动农村市场。柯炳生(2005)主张通过加快城市化进程、促进农村劳动力向外流动、提高农村人口的基础教育水平、改革农业税收政策和农业补贴政策、完善土地管理政策、完善市场与农民组织政策、改革农村金融政策、促进农业生产发展政策、建立农村社会保障政策来增加农民收入。周志太(2013)③提出一个多维的农民增收对策,主张资本下乡和土地规模

---

① 迟福林:《给农民全面国民待遇》,《农村工作通讯》2003年第3期。
② 林毅夫:《三农问题与中国农村未来发展》,http://www.macrochina.com.cn (2003)。
③ 周志太:《多维视角下的农民增收问题研究》,《科学社会主义》2013年第1期。

经营相辅相成、相互促进，发挥财政资金的种子和杠杆作用，完善财政和金融政策，诱导商业银行发放涉农贷款，系统推进农业科技，统一城乡劳动力市场，扩大非农就业，发展农民组织。钟钰、蓝海涛（2012）分析了相关国家中高收入阶段农民增收的经验，主张充分发挥农业生产性补贴促进农业生产和增加农民收入的双重作用，重点推进以连片成方为主的土地规模经营，统筹协调农村剩余劳动力进城和就地转移，加快发展农民专业合作组织，全面改善农民增收的环境条件，促进农民增收。① 王朝才等（2010）主张在新阶段统一城乡劳动力市场，改善农民就业状态；支持中小企业发展，扩大农民工就业机会；完善农业风险控制体系，稳定农民经营性收入；激活农村房地产市场，增加农民财产性收入，实现农民增收。② 张红宇（2015）认为随着我国经济发展进入新常态，促进农民增收必须适应新的发展环境，抓住农民增收的新机遇，强化制度创新和政策创设，从农村土地制度、农业经营制度、人力资本创新、农村产权等制度及农业投入、农产品价格、农业补贴、农村金融、农业保险以及城镇化等政策着手，建立起有利于农民增收的制度环境和内生机制。③

## 二 国外研究动态

大危机之后，西方发达国家普遍建立了完善的农业支持体系和比较完善的税收与社会保障系统，有力地保障了农业生产者收入，因而西方发达国家农民与其他行业收入差距整体处于一个相对可承受范围内。西方学者仍十分关注收入分配问题，特别是经济发展中收入分配差距问题，并形成了一些经典理论成果。如库兹涅茨（1955）④、阿

---

① 钟钰、蓝海涛：《中高收入阶段农民增收的国际经验及中国农民增收趋势》，《农业经济问题》2012年第1期。
② 王朝才、胡振虎：《新时期农民增收对策研究》，《财政研究》2010年第2期。
③ 张红宇：《新常态下的农民收入问题》，《农业经济问题》2015年第5期。
④ Simon Kuznets, "Economic Growth and Income Inequality", *American Economic Review*, March 1955, pp. 1-28.

尔德曼（1978）①、阿路瓦利亚（1976）②、Meier（1984）③ 等提出了经济发展中收入差距变化规律；刘易斯（1954）④、费景汉与拉尼斯（1961）⑤ 建立了二元经济模型；哈里斯—托达罗（1970）⑥ 提出了劳动力乡—城迁移模型，揭示了工业化过程中两部门工资差距及其变动规律。缪尔达尔（1957，1968）⑦ 研究了南亚发展中国家收入分配及贫困问题，认为南亚国家特殊的结构和制度导致了收入不均等的现象。阿马蒂亚·森（1996）⑧ 研究了自由与发展问题，把发展中国家人民贫困归因于个人所面临的制度约束。国外对农村居民收入及贫困问题的研究，主要集中于以下几个方面：

（1）要素投入、产业组织与农民收入。Mathijs 和 Noev（2004）指出，机械动力和畜力的投入对于促进农场收入的提高起到了很重要的作用⑨。Balint 和 Wobst（2006）研究发现，土地、资本和劳动力的投入对农场产出的增长具有重要的促进作用⑩。Mathijs 和 Noev（2004）研究还发现，耕地对农场收入的提高起到了很重要的作用。Iddo Kan、Ayal Kimhi 和 Zvi Lerman（2006）通过对格鲁吉亚农业发展现状进行研究发现，耕地面积与耕地质量对农场产出具有正向的促

---

① Adelman, *Redistribution before Growth—A Strategy for Developing Countries*, Martinus Nijihof: the Hague, 1978.
② Ahluwalia, "Inequality, poverty and Development", *Journal of Development Economic*, 1976, Vol. 3.
③ Meier, G. M., *Leading Issue in Economic Development*, London: Oxford University Press, 1984.
④ Mark Gersovits, Selected Economic Writings of W. Arthur Lewis New York University, 1983.
⑤ John C. H. Fei Gustav Rains, *Growth and development from an Evolutionary Perspective*, Blackwell Publishers Ltd., 1999.
⑥ Hazari, J. and Mtodaro, "Migration, unemployment and development: A Two Sector Analysis", *American Economic Review* 40, pp. 126 – 142.
⑦ Myrdal, G. Asian Drama – An Inquiry Into the Poverty of Nations, vintage books, 1972.
⑧ Amartya sen, *On Economic Inequality*, Oxford University Press, 1997.
⑨ Mathijs, E. & Noev, N. "Subsistence Faring in Central and Eastern Europe: empirical evidence from Albania, Bulgaria, Hungary, and Romania". *Eastern European Economics*, 2004, 42 (6): 72 – 89.
⑩ Balint, B & Wobst, P. "Institutional factors and market participation by individual farmers: the case of Romania". *Post – Communist Economies*, 2006, 18 (1): 101 – 121.

进作用，研究结论与前者基本一致。①

Lerman（2004）研究发现，规模经营是提高农场收入的关键，农场规模扩大经营能够增加农产品的销售量，进一步提高农户收入。② Iddo Kan、Ayal Kimhi 和 Zvi Lerma（2006）研究还发现，农户受教育程度越高，非农收入增长越有利。如高中教育对农户非农收入的作用为负向，弹性为 -0.35，而高等学历教育对非农收入则具有很高的正向促进作用，弹性为 0.97，但教育通过对非农收入的正向作用对农业收入却具有消极影响。D. 盖尔·约翰逊（1995）认为，农民收入问题，实际上是农业部门拥有过多数量的劳动力，超出其能够提供可比收入能力的结果，农民只有通过要素或资源市场才能分享到经济增长的成果。③

（2）政府政策作用对农民收入的影响。发达国家政府主要依靠雄厚的财力建立了比较完善的农业与农民收入支持体系，通过农产品价格支持、政府转移支付、税费减收、农业金融支持政策等一系列政策安排保护农民的利益。Brian C. Briggeman（2007）对政府农业补贴与农户收入之间的关系进行实证研究发现，政府通过增加补贴可以显著地提高农场收入，政府补贴降低了农户离开农场劳动的可能性、减少了非农收入，平均每组农户大约可增加 45000 美元产值。④

（3）农村贫困问题。尽管发达国家通过农业补贴、社会福利政策在一定程度上保障了农民收入，但由于自然、历史和社会等多方面因素影响，一些地区农村存在长期贫困现象。20 世纪 80 年代末 90 年代初，美国农村社会学会组织不同领域专家，从人力资本、工作结构、经济活动空间布局、自然资源、种族、性别、老人、小孩等多个角度

---

① Iddo Kan, Ayal Kimhi, Zvi Lerman, "Farm output, non-farm income and commercialization in rural Georgia", *Agricultural and Development Economic*, 2006, 3: 276–286.

② Lerman, Z., "Policies and intitutions for commercialization of subsistence farms in transition countries", *Asian Economics*, 2004, 15 (3): 461–479.

③ ［美］D. 盖尔·约翰逊：《经济发展中的农业、农村、农民问题》，林毅夫等译，商务印书馆2004年版。

④ Brian C. Briggeman, Allan W. Gray, et al., "A New U. S. Farm Household Typology: Implications for Agricultural Policy", *Review of Agricultural Economics*, 2007, 29 (4): 765–782.

对美国农村贫困问题进行了全方位研究。[1] Cynthia M. Duncan 通过对美国三个典型贫困集中区的研究,分析了导致贫困长期持续的原因,总结了应对贫困的对策。[2]

(4) 对中国农民收入问题进行的研究。Gregory Veeck 和 Clifton W. Pannell (1989)[3] 在江苏4个农业区调查了167个农户样本,发现不同区位农民收入来源有较大差异,靠近苏州等大城市附近农民,其收入主要来源于工业,而偏远地区农户收入主要来自传统农业。John Giles (2002)[4] 研究了劳动力非农化转移中信息的作用,主张政府排除有关劳动力转移过程中的制度障碍。D. Gale Johnson (2002)[5] 主张在小城镇发展企业,这样农民就可以住在村庄,这种方式比让农民举家迁移到大城市需要的资本要少一些。Steven Zahniser (2003)[6] 认为,农村人口迁移是一种为未来获取资本的方式,主张将城乡劳动资本和社会资本进行整合。J. Edward Taylor、Scott Rozelle 和 Alan de Brauw (2003)[7] 研究了农业人口迁移对农业产出和农民收入增长的影响,指出政府如果想减缓农民迁徙速度,就要开放农村金融市场,使农民可以在当地自主创业。

---

[1] Rural Sociological Society, *Task Force on Persistent Rural Poverty: Persistent Poverty in Rural America*, Westview Press, 1993.

[2] Cynthia M. Duncan, *Worlds Apart: Poverty and Politics in Rural America*, Second Edition yale University press.

[3] Gregory Veeck, Rural Economic Restructuring and Farm Household Income in Jiangsu, People's Republic of China, *Journal of Contemporary China*, Volume 13, Number 41 / November 2004: 801 – 817.

[4] John Giles, "Rural – Urban Migration in China" *Asian Economic Journal*, Volume 16 Issue 3 Page 263 – December 2002.

[5] D. Gale Johnson, "Can Agricultural Labour Adjustment Occur Primarily through Creation of Rural Non – farm Jobs in China?" *Urban Studies* Volume 39, Number 12/November 01, 2002 2163 – 2174.

[6] Steven Zahniser, "The Determinants of Temporary Rural – to – Urban Migration in China", *Journal of International Development Volume* 15, Issue 8, pp. 939 – 955.

[7] Scott Rozelle, "Labor Market Liberalization, Employment and Gender in Rural China, The Australian", *Journal of Agricultural and Resource Economics*, September 2003, Vol. 55, No. 5, pp. 323 – 335.

### 三 简要评述

国内外对中国农民收入问题的研究，有助于了解改革开放后农民收入增长的状况和农民收入问题的现实表现，有助于正确认识改革后农民收入变动规律，把握各种具体的社会经济因素（如农业技术进步、农村人力资本、农业金融支持等）对农民收入增长的影响，对提高农民收入、缓解城乡收入差距、改善农民工工作条件和收入水平有积极意义，但由于现有研究未能紧紧抓住我国改革开放后特定阶段经济社会的总体特征，所提出的措施没能从根本上改变城乡经济社会结构问题，自然就不能从根本上解决农民收入偏低的问题，甚至在很长一段时间没能有效遏制城乡收入差距扩大的趋势。

收入分配问题研究的核心是公平分配，我国农民收入问题的关键在于农民收入低下、城乡收入差距过大。某些技术性措施如完善农业技术推广确实可以促进农业增产，并有可能增加农民收入的绝对数量，但却不一定能改变农民收入的相对水平，不一定能改变城乡差距过大的整体格局。农民收入相对低下的问题是在中国市场化改革转型过程中逐渐发展演化而成的，是在多种错综复杂的经济和社会因素共同作用下形成的，必须结合中国由传统计划经济向现代市场经济、由二元经济社会向现代工业社会转变的宏观背景来进行分析研究。

本书拟以经济学基本理论，特别是发展经济学、制度经济学相关研究成果，结合社会学理论，分析我国改革开放后经济增长中农民收入问题，分析在二元经济社会结构条件下城乡收入分配差距形成的原因，进而提出构建农民收入持续增长的社会经济政策建议。

## 第四节 相关概念

### 一 农民

农民，顾名思义，就是从事农业生产的人。但学术界在探讨有关农民问题时面临巨大的困惑，以至于20世纪60年代西方学术界兴起了"农民"定义问题的论战。但直到90年代谁是农民似乎仍是个问题，以至于英国农民学家 T. 沙宁在 1990 年出版的一本颇有影响的书便以《定义中的农民》为题。

在发达国家，人们能够自由迁徙、自由选择转换职业，在这种背景下，农民（farmer）完全是个职业概念，指的是从事农业生产经营的人（秦晖，1996）。[①] 当然，由于所有权关系及生产分工体系，在西方发达国家农民概念扩展至与农业有关的、多种成分的人群，一般包括土地所有者（地主）、租地农场主、农业工人、自耕农、半自耕农等。[②]

我国《辞海》对农民的解释是：直接从事农业生产的劳动者，狭义的农业生产仅包括种植业，而广义的农业生产包括农作物栽培、林业、牧业、渔业、狩猎业、野生植物采集业等。农民就是利用动植物的生长规律生产产品的劳动者。从社会分工角度、按照劳动对象的差别来给农民下定义，无疑抓住了农民作为生产劳动者的特质，反映了农民以农业生产为其主要收入来源的经济特性。但自 20 世纪 50 年代实行城乡二元户籍制度以后，农村人口长期难以自由迁徙、自由选择职业，农民一词逐渐超出职业含义，带有一定的准身份甚至身份的含义。农民不仅包括从事农业生产的劳动者，还包括那些具有农村户口，或曾具有农村户口从事各种各样职业的人群。不仅种田人是"农民"，许多早已不种田的人、住在城里的人，也长期被认为具有"农民"身份。农村人进城务工被称为"农民工"，农村人经商办企业被冠以"农民企业家"头衔，甚至在城里出生的"农民工"子女选择在城市打工，也被称为"新生代农民工"等。可以预见，随着城乡统一户籍制度的实施及改革深化，随着职业选择自由度的拓展，农民一词也许会在将来回归职业含义。

本书所指的农民主要指的是户籍定义下的农民。由于我国长期实行以户籍为核心城乡二元分割的管理制度，导致居民收入统计也相应地形成农村居民和城市居民相互区分、二元化的收入统计制度（2014

---

[①] 秦晖：《田园诗与狂想曲》，中央编译出版社 1996 年版。
[②] 张晓山等：《农民增收问题的理论探索与实证分析》，经济管理出版社 2007 年版。

年后才开始实行一体化统计制度）。农村居民收入用纯收入指标表示，而城镇居民用人均可支配收入表示。农村居民收入统计的对象即农民一般具有当地农业户口，是特定农业集体组织的成员，拥有相应的土地承包权，大多从事着农业生产，在改革开放后也有一部分人开始在本地或外地从事第二、三产业。在城乡二元户籍制度及与此相适应的统计制度下，农民概念有一定的滞后性。改革开放后农民经济活动空间扩大，农民逐渐被分化成多种类别，既有传统意义上只进行农业生产活动的纯农户，也有农忙务农、农闲外出务工的兼业农民，有一些农民常年在外务工经商，甚至举家外出在城市工作生活。外出务工经商农民不从事农业生产，其经济来源也非来自农业，从工作属性来看不应算作农民，但由于我国特定的二元社会结构政策等原因，很长一段时间外出务工经商农民的户籍身份大多没有变，仍拥有农村承包土地，加之其收入主要带回农村家中，经济与处于农村的家户连为一体，所以仍被视为农民。

2014年7月，国务院发布《关于进一步推进户籍制度改革的意见》，决定取消农业户口与非农业户口性质区分，建立城乡统一的户口登记制度。这一制度的实施，会使农业户口这一概念将不再存在，但本书主要研究我国改革开放后经济转型发展阶段农民收入问题，而在这一时期内，我国实行二元户籍制度。且目前有关农民收入的数据大都建立在农业户口与非农业户口户籍划分基础上的，所以本书研究中仍沿用这一时期特定的概念与划分方法，将农民界定为户口登记在农村并为农业户口的农村人。这样农民不是一个单纯的职业人群概念，而是一个相对于城市居民身份而持有农民身份的人群概念。农民的收入不仅包括农业经营收入，还包括非农业收入，如在外务工的工资性收入、财产性收入、转移性收入等。

可以预见，随着户籍制度改革深化，越来越多的进城务工经商、不再从事农业生产活动的原农村户籍人员落户城镇，农民收入研究对象也会发生变化。那些离开农村在城市［县城（含建制镇）及以上的城市］务工经商的人员将不再被算作农民，只有那些在县城（包括建制镇以下）以下的集镇和农村居民点居住、家庭主要以农业生产经营为经济来源的人才能算作农民。

**二 农民收入问题**

1. 农民收入

萨缪尔森指出，收入是一个人或家庭（household）在一个特定时期（通常是一年）所挣得的款项（receipts）或现金。[①]《新帕尔格雷夫经济学大辞典》定义为：收入是来自人们的土地、劳动和投资等的所得。[②]

农民收入指农村居民从各种渠道和来源所获得的报酬或支付，是指农民一年中各项所得扣除了生产费用、国家税收以及集体组织提留和统筹后剩余部分。农民收入有总收入和纯收入之别。

总收入是指农村住户一年内从各种来源得到的全部实际收入，包括现金收入和实物收入。目前我国农民收入可分为劳动报酬收入（工资性收入）、家庭经营收入、转移性收入和财产性收入四部分。

劳动报酬收入指农民受雇于单位或个人、出卖劳动而得到的报酬。包括在乡村组织中劳动得到的报酬收入、在企业劳动得到的报酬收入和其他单位劳动得到的报酬收入。根据国家统计局的统计口径，农民劳动报酬收入主要来源有：①农民为非企业组织提供劳动获得的收入；②农民为本地企业提供劳动获得的收入，即农民"离土不离乡"务工收入；③农民外出提供劳务获得的收入，即农民"离土又离乡"务工收入。

家庭经营收入指农村住户以家庭为单位从事各类生产经营活动获得的收入。包括种植业收入、林业收入、牧业收入、渔业收入、运输业收入、生产性劳务收入、商业收入、饮食业收入、服务业收入和其他家庭经营收入。可将农民从事包括种植业收入、林业收入、牧业收入、渔业收入等收入归为农民农业经营收入，而将农民经营其他行业获得的收入归为农民非农经营收入。

---

① Paul A. Samuelson & William D. Nordhaus. Economics. 16th edition，机械工业出版社 1998 年版。

② 约翰·伊特韦尔等编：《新帕尔格雷夫经济学大辞典》（第二卷），经济科学出版社 1992 年版。

转移性收入是政府部门、社会组织、农村集体、农村外部亲友以及家庭在外人口等组织和个人无偿对农村住户或家庭成员提供的货物、服务、资金或资产所有权等。内容包括政府部门、社会组织、农村集体提供的各种补助补贴、社会保障、退休金、抚恤金、救济金、救灾款、"五保户"的供给、奖励收入、保险赔款，农村外部亲友或在外人口的赠送或寄回、带回的货物、服务、资金或资产所有权等。

农民财产性收入指农民对自己所拥有的土地、房屋、资金、有价证券、专利等各种财产行使占有、使用、处置和收益等各种权利而获得的相应收益。具体包括农民的私有资金以储蓄、信贷、入股等方式取得的利息、股金、红利收入，以及农村住户的私有财产（如房屋）以出租方式取得的租金收入，还包括从集体得到的集体公共财产的财产性收入和土地征用补偿等。需要特别指出的是，基于土地财产的特殊性，本书将土地征用补偿作为农民财产性收入的一部分。

农民通过生产经营等活动获得收入之后，还不能全部用于生活消费，必须拿出一部分来购买化肥、种子等农业生产资料，支付与农业生产活动有关的税费。纯收入是农村常住居民家庭总收入中扣除从事生产和非生产经营费用支出、交纳税款、上交承包集体任务金额、集体提留和摊派、生产性固定资产折旧以后所剩余的，可直接用于农村居民进行生产性及非生产性建设投资、生活消费和积蓄的那一部分收入。它是反映农村居民家庭实际收入水平的综合性指标。

纯收入＝总收入－家庭经营费用支出－生产性固定资产折旧－交纳税款－上交集体承包任务金额－其他集体提留收费－调查补贴－赠送农村外部亲友的支出

长期以来我国用农村居民人均纯收入指标表示农民收入水平，一般通过将农村居民家庭纯收入用家庭常住人口平均计算而来。2014年我国实行城乡住户一体化调查，开始发布农村居民人均可支配收入数据，而本书主要基于农村居民人均纯收入概念进行分析研究。

2. 城乡收入差距与农民收入问题

从经济学角度，收入分配是将社会在一定时期内创造出来的产品或价值按一定标准分配给社会成员的活动过程。经济学对收入分配研究包括功能性收入分配与规模性收入分配两方面,前者主要分析各种要素对生产的贡献与其所得之间的关系是否合理,而后者主要是考察某一类阶层的人口或家庭的比重与其所得的收入份额之间的关系是否合理。

收入分配之所以演变为社会问题,成为社会关注的焦点,主要在于规模性收入分配所引发。各个社会群体都关注收入在不同群体之间的分配。不同群体收入增长速度不同,导致不同群体的收入产生差距,一般通过绝对收入差距和相对收入差距衡量。绝对收入差距是以货币单位或实物指标表示的收入差别,而相对收入差距是以收入比重(百分比)或相对份额表示的收入差别。学术研究通常用相对差距表示,一般利用原始的样本数据,计算基尼系数、泰尔指数、变异系数、库兹涅茨比率等相对指标来衡量收入差异的大小。

本书对城乡居民差距衡量,主要借助国家统计局农村居民人均纯收入、城镇居民人均可支配收入等数据资料,计算城乡居民绝对收入差距和相对收入差距:

(1)城乡居民绝对收入差距,是指在给定时间序列数据的基础上,计算出相应年份城镇居民收入与农村居民收入指标之差。具体表示为:

$G = I_U - I_R$

其中,$I_U$表示城镇居民人均可支配收入,$I_R$表示农村居民人均纯收入。

(2)城乡居民相对收入差距,是指在给定时间序列数据的基础上,计算出相应年份城镇居民收入与农村居民收入指标之比。即:

$R = I_U / I_R$

其中,$I_U$及$I_R$含义同上。

改革开放以来,我国农村居民收入大幅增长,农村贫困现象大幅减少,但农民收入却成了广受关注的社会问题,主要的原因就是在改革开放后经济高速发展大背景下农村居民收入增速相对较低、城乡收入相对差距拉大,也就是规模性收入分配问题。国内学者对于改革后农民收入问题的认识集中在三个方面。一是增长滞后。农民收入增速低于国民经济增长和城镇居民收入增长。二是差距扩大。城乡居民之间、不同地区之间、农村居民内部收入差距显著扩大。三是增长不稳，收入增长不稳定、不连贯，带有明显的波动性、周期性和阶段性。

本书认为，改革开放后农民收入问题表现在多个方面，比如绝对水平不高、相对水平低下、增长缓慢、缺少内在增长动力等，但集中体现在农村居民收入增速缓慢、城乡收入差距扩大，即农民的相对贫困问题。虽然在我国改革开放之前，城乡收入差距也较为悬殊，但当时城乡居民收入普遍低下，且人员流动受到严格限制，城乡信息交流不发达，农民对城乡收入差距感受不是那么强烈。改革开放后，随着经济高速增长，特别是随着第二和第三产业迅猛发展，城镇居民收入有较大提高；而农业受资源和市场的约束，发展空间狭小，农民收入增长缓慢。农民收入增幅长期低于城镇居民，农民在国民收入中的份额下降，城乡收入差距拉大。在城乡人员流动管制放松、城乡交流增加的背景下，与以城市大企业、国有事业单位职工为代表的中等收入阶层相比，那些仍然依靠传统农业产业为生的农民，其相对贫困状况尤显突出。虽然从20世纪80年代各级政府就采取了一系列积极措施，但农民收入低下问题一直未得到彻底解决。本书主要关注我国转型发展过程中农民与城镇居民相比收入相对低下问题，探讨农民收入增长缓慢和农民相对贫困的原因，并尝试提出增加农民收入、解决农民相对贫困问题的对策。

与国外发达国家相比，中国农民收入问题在一定意义上是一个特有的问题。首先，中国农民是一个与西方农民概念不同的特殊群体。西方国家的农民指的是从事农业生产经营活动的群体，其收入主要是农业生产和经营收入。中国农民不是一个从事农业活动的职业人群概念，而是一个相对于城市居民身份而言的群体概念。西方国家，一个农民流动到城市，从事第二、三产业，他再也不会被当作农民来看；而在中国相当长一段时间内，农民（农村户籍人口）即使到了城里，从事非农活动，只要户籍在农村，也被统计在农民范围内。因此，中国的农民收入，不仅包括农业收入，还包括非农收入。甚至在改革开放后，非农收入在农民收入构成中比例超过农业经营收入，但仍被视为农民。其次，中国的农民没有土地所有、农场主和农业工人的划分。在中国，土地所有权是归村集体所有，农民只有承包经营权，农民既是土地承包经营者，又是农耕劳动者。因此，中国农民的农业收入一般不包括地租收入，但包括农业经营利润和农业劳动收入两部分。最后，更重要的一点，中国作为发展中国家，处于工业化的初级阶段，而中国人口众多，劳动力过剩严重，中国尚未完成二元经济结构的转化，且中国实行二元分割的户籍制度，农民的迁徙和就业受到一定限制；而西方发达国家工业化高度发达，加之大多人口相对较少，人口能够自由流动，城乡收入水平由市场来决定，这就使得中国的农民收入问题与国外的农民收入问题及农村贫困问题有很大的不同。

中国农民收入问题是一个涉及面广、较为复杂的问题。农民作为一个与城市居民相对应的社会群体，两者之间的平均收入水平、收入增长速度和收入稳定性，都存在巨大反差，农民收入长期地、系统性地低于城镇居民。无论是20世纪八九十年代还是21世纪初，农村居民中最高收入组的收入低于城镇居民人均可支配收入，城镇居民中最低收入组其人均可支配收入高于农民人均纯收入，说明城乡居民收入差距是由城乡之间的一种系统性、结构性因素所决定的。正如姜法芹（2004）所言，农民增收难，不是某一个乡、某一个县所特有的，而是一种普遍现象。不是一年、两年短时期内存在的问题，而是长时间内一直解决不了的问题。① 中国农民收入问题是在社会转型、体制变革、经济发展等宏观大背景下产生的历史问题，由复杂的社会原因引起，具有复杂性和艰巨性，各种单一的技术性措施也没有见效，也不可能在短期内完全解决。

### 三 二元经济社会结构

二元经济结构通常是指"发展中国家存在的有关生产和组织的各种不对称性"。② 荷兰经济学家伯克在1953年首次明确提出并在现代意义上使用了"社会二元体系"的概念，将印度尼西亚的经济和社会

---

① 姜法芹：《对促进农民增收措施实施效果的反思》，《学习论坛》2004年第4期。
② R. 坎伯、J. 麦金托什：《二元经济》，载《新帕尔格雷夫经济学大辞典》（中文版）第1卷，经济科学出版社1996年版。

划分为传统部门和现代化的由荷兰殖民主义者所经营的资本主义部门。刘易斯在其经典的《劳动无限供给下的经济发展》一文中将发展中国家经济划分为两个部门：一是按照现代方式组织并使用先进技术进行生产的"资本主义部门"或"现代部门"；二是以传统方式组织并使用落后技术进行生产的"维持生计部门"或"传统部门"。此后，二元经济一词成为描述发展中国家结构特征的经典理论。我国学者张培刚曾对二元经济的内涵进行过系统解释：按社会生产力的性质而言，二元经济是指既有传统的手工生产，又有现代的机械化和电气化生产；按商品经济发展程度而言，二元经济是指既有自然经济或自给自足经济，又有简单商品经济以及现代商品经济；按生产发展规模和性质而言，二元经济是指既有传统的小农经济生产，又有现代社会化大生产；按生产方式而言，二元经济是指既有奴隶制或封建制生产，又有现代资本主义生产。

可见，二元经济结构这个术语是对后起发展中国家初期发展阶段中存在的状况的描述，反映了发展中国家在实现工业化的过程中，由于部门间生产函数与劳动生产率的差异导致的先进的现代工业经济和落后的传统农业经济并存的现象。二元经济的核心就在于同庞大的劳动力供给相比，现代工业部门非常狭小，吸纳劳动力有限，大量劳动力滞留在传统农业部门，导致农业劳动生产率远低于现代工业部门。当然，随着传统农业部门的剩余劳动力向现代非农产业的转移，农业劳动生产率提高，最终使农业的边际生产力与非农产业的劳动边际生产力趋于相等，农业部门与非农部门的发展趋于均衡，经济结构也就实现了一元化。

与其他发展中国家不同，中国不仅经济结构呈现二元性，而且社会结构上也存在着二元特征。社会结构一词在社会学中广泛应用，但迄今尚无统一的定义。广义地讲，社会结构可以指经济、政治、社会等各个领域多方面的结构状况；狭义地讲，它主要是指社会阶层结构，是通过制度确定下来的社会等级构成以及社会发展过程中自发形成的一种结构与分层，主要指社会化的个人、集团、阶级等在社会中的排序和位置及其形成的社会秩序。在欧美社会理论语境中，社会结构常常还在更加抽象的层次上使用，用来指独立于有主动性的人并对人有制约的外部整体环境。我国的二元社会结构是国家借助于行政手段，通过建立在户籍制度基础上的一系列限制农民的制度安排，在城乡之间人为地构建相对独立、相互隔离、权利地位迥异的社会结构体系。在二元社会结构下，城市居民和农村人口，因为户籍不同，在就业、收入、消费、教育、社会福利和社会保障等方面存在巨大的差异[①]。郭书田、刘纯彬（1988）最早提出二元社会结构概念，指把城市社会作为一元，农村社会作为另一元的城乡分割状态。随后郭书田、刘纯彬在《失衡的中国》一书中，从实证角度系统论述了户籍制度、粮食供应制度、副食品与燃料供给制度、教育制度、就业制度、医疗制度、养老保险制度、劳动保护制度、人才制度、兵役制度、婚姻制度、生育制度等十几种制度对城乡居民的差别性待遇，为分析我国工业化、城市化进程中的社会结构提供了一个新的视角。[②]

二元经济社会结构指的是二元经济结构和二元社会结构并存的状况。新中国成立后，工业基础十分薄弱，国家大力推行工业化战略，特别是推行重工业优先发展策略，工业化水平大幅提高，但为了加快积累，国家采取建立在户籍制度基础上的一系列限制农民的制度安排，干预限制农村人口流向城市，限制农村劳动力转入城市工业，致使在工业迅速发展的情况下，农业劳动力长期维持在很高的水平上。工业部门和农业部门之间呈现明显的二元性，城乡社会之间存在明显二元分割，人员流动受到限制。

## 第五节 研究思路及方法

### 一 研究思路

从分析我国改革开放后农民收入的增长过程和特征入手，以经济

---

[①] 周玉：《制度排斥与再生产》，《东南学术》2006年第5期。
[②] 周作翰、张英洪：《解决三农问题的根本：破除二元社会结构》，《当代世界与社会主义》2004年第3期。

发展与收入分配理论为基础,分析制约农民收入增长的影响因素,分析二元经济结构、二元社会结构对农民增收的影响,并在借鉴有关国家和地区解决经济发展中农民收入问题的经验与教训基础上,提出改革二元经济社会结构、促进农民持续增收的对策。具体思路见图1-1。

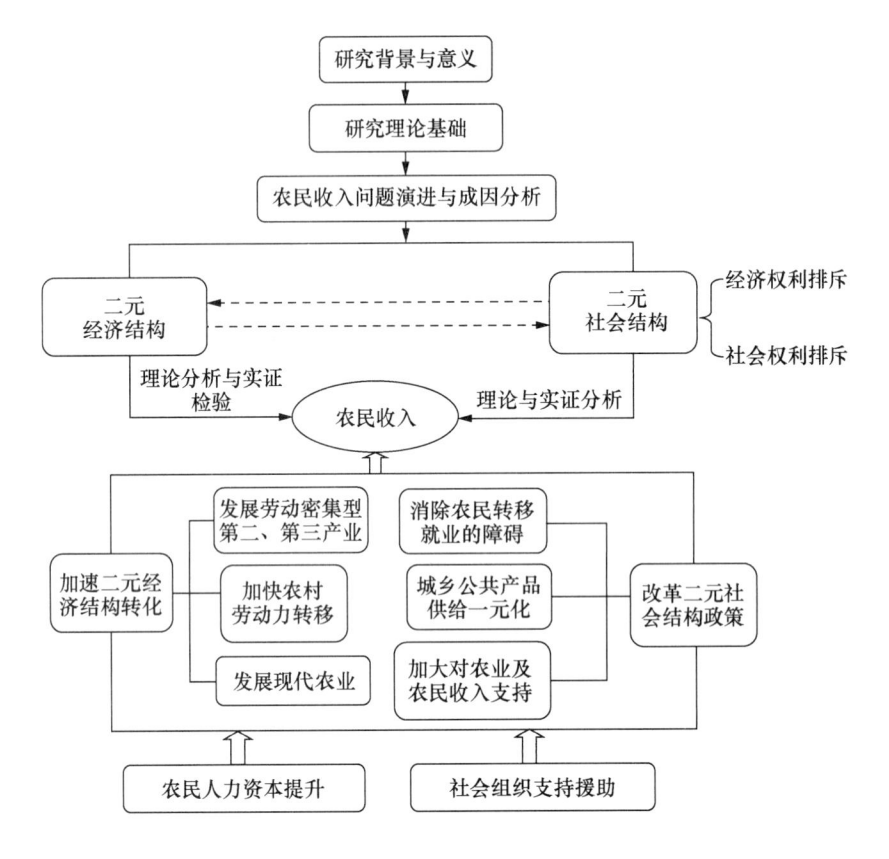

图1-1 本书研究的技术路线

## 二 研究方法

根据研究目的的需要,本书采用实证研究与理论分析相结合、定性和定量相结合、比较研究和综合分析相结合等多种方法。具体体现在以下几个方面:

第一,坚持理论联系实际,注重从我国实际情况出发。农民收入问题的产生源于中国改革开放后特定的经济社会结构条件,对中国改革开放后农民收入问题的分析，既要运用到收入分配一般原理，更要结合中国改革开放后特殊的人口、资源、经济发展水平、社会经济体制，要结合中国具体国情，立足中国实际。

第二，定性分析与定量分析相结合。本书既运用经济学、社会学基本原理从定性的角度分析各有关因素对农民收入增长的影响，也引用国家统计局和农业部等有关政府部门的宏观数据资料，并结合中国科学院"农村贫困与发展"项目（2003）、中国社会科学院中国城镇劳动力市场调查项目（2001）以及自己调研、访谈所积累的大量一手资料，运用有关统计计量方法，对农民收入问题进行定量分析，以期能够更深刻地把握改革开放后农民收入问题的性质和规律。

第三，注重借鉴国际经验。经济发展中收入分配恶化、农民相对贫困问题是战后发展中国家及一些新兴工业化国家（地区）经济发展中的难题，国际社会对此进行了大量研究，有许多宝贵经验可资借鉴。中国作为后发国家，借鉴其他先期发展国家（或地区）的经验教训，有利于我国在解决农民收入问题时少走弯路。

第四，制度分析的方法。制度分析法是将制度纳入经济学的分析体系之中，揭示制度对社会经济发展的影响。我国改革开放后经济社会制度存在诸多缺陷，制约和影响农民收入增长。本书运用制度分析方法，分析二元经济社会制度对农民增收的制约，探讨通过改革二元经济社会结构来增加农民收入的制度安排。

## 第六节　创新之处

本书创新之处有以下几点：

（1）系统回顾分析了改革开放后农民收入增长状况和特征，分析农民收入问题的表现，并从收入来源角度系统分析了影响农民收入增长的因素，指出改革开放后我国特定的二元经济社会结构是导致农民收入增长缓慢、收入相对低下的根本原因，并综合运用经济学和社会学理论，较系统地从二元经济社会结构的视角分析我国农民收入的问题。

（2）从理论和实证两方面分析二元经济结构对改革开放后农民收入增长的制约。回顾了我国二元经济结构发展和演变的历程，分析了产业发展、劳动力转移等对二元经济结构变化的影响。勾画了二元经济结构制约农民收入增长的机理，利用中国改革开放后的数据证明二元经济结构条件下劳动力滞留对人均土地资源和人均农业产出的影响，分析庞大的农村剩余劳动力对城市劳动力市场工资水平影响，分析了农村人口数量、财政状况的变化对农民转移性收入增长的影响。借助全国31个省市区截面数据及全国改革开放以来的时间序列数据为基础，运用计量工具，从静态和动态两个角度实证分析城乡二元经济结构对农民收入增长的影响，发现反映二元经济结构的二元系数和城乡收入差距具有明显的正相关关系，二元经济结构是引起城乡收入差距的Granger原因。进一步利用脉冲响应函数分析，发现二元经济结构的持续增长将会促进城乡收入差距扩大，并且随着时间的推移，这种刺激作用会增强，更加明显。运用Chow's断点检验，发现以二元系数结构为因变量的城乡收入差距函数在2004年发生了变化，说明2004年以来国家采取的一系列反哺政策对促进农民增收、缩小城乡差距确实产生了积极的作用。

（3）分析二元社会结构体制下相关制度对农民权利的排斥及其对农民增收的影响。指出以粮食生产为中心的农业经营制度，限制了农民的经营自主权，对粮食流通的限制和粮价管制损害了农民利益，制约了农民经营性收入增长。城乡分割的二元社会结构对农村劳动力流动的限制增加了农民转移就业的成本，恶化了农民外出就业的社会环境，阻碍了农民工资性收入增长。农村土地制度限制了农民土地的用途，土地征用制度损害农民土地权益，制约农民财产性收入增长。失衡的农村金融制度将农村资金输往城市，影响农村地区经济发展。而城乡二元化的财政税收体制使农民承担了农村教育、医疗卫生等公共产品成本，使得农民这个低收入群体承担了不公平的税费负担、享受不到充分的社会保障；使得农业这个对生态环境保护和国家经济社会稳定有重大贡献的弱质产业得不到应有的扶持和保护，减少了农民转移性收入。

（4）分析了改革二元经济社会结构、促进农民增收的难点，提出了相应的对策体系。指出彻底改革二元社会体制、让农民分享经济机会遇到城市既得利益集团的阻挠；转移劳动力遇到农村剩余劳动力数量过于庞大且人力资本水平较低的困难；而加大支农惠农力度受制于国家财力紧张的约束。

主张彻底改革二元社会体制，消除增收障碍。禁止一切对进城农民的歧视，建立城乡统一劳动力市场。实行城乡统一、流动性好、全方位、易接续的社会保障制度，落实进城农民的养老、医疗等基本公共服务，保障进城农民工子女享有平等的受教育权利，方便农村劳动力转移就业。主张发展劳动密集型第二、第三产业，提供增收机会。要扩大对外出口，积极拓展国内市场，促进劳动密集产业持续发展；积极发展城市第三产业，发展县域第二、第三产业，创造更多就业机会。调整优化农业生产结构，发展特色农产品生产，发展休闲农业、观光农业，挖掘农业增收潜力。推动农业生产产业化和规模化，发展各类农民合作组织。主张赋予农民的农民承包地、宅基地的完整产权，创新农民土地、宅基地制度的流转方式，探索建立城乡统一的建设用地市场。完善农民土地的征占补偿机制，对公益性用地遵循"同地同价"原则补偿。提升农村人口知识与技能水平，增强农村人口经营能力和就业能力。加大财政支农力度，缩小农民与其他行业的收入差距。加大对农村基础设施投资建设，完善农村最低生活保障制度，提高农民医疗保障和养老保障水平，缩小城乡社会保障差距，实现城乡公共服务均等化。

# 第二章 农民收入问题研究的理论基础

收入分配是社会经济运行的重要方面，收入分配关系到社会各阶层的利益，广受社会各界关注。经济学家、社会学家等不同领域专家都从各自专业的角度对收入分配规律和收入分配问题的产生原因进行了分析探索。但由于不同发展阶段经济社会特点各异，收入分配影响因素不同，收入分配遵循不同规则。加之不同研究者观察社会经济活动的方式、所使用的分析工具和分析方法不同，特别是由于收入分配与各阶层的福利密切相关，不同社会地位的人们往往提出不同观点甚至使用不同术语，这样就形成观点各异的分配理论。[①]

改革开放后，我国开始由计划经济向市场经济转型，从以农业为主、工业化程度较低的经济向现代化工业国家转变，中国经济社会发生了巨大而深刻的变化。对经济转型发展中出现的农民收入相对低下问题研究，应以经济学、社会学相关理论为基础，结合改革开放后经济社会结构的特点，做出恰当分析。下面将结合研究需要，介绍收入分配的相关基本理论和方法。

## 第一节 主流经济理论对收入分配规律的阐释

经济学作为研究经济运行规律的学科，对收入分配规律和收入分配差距问题有着丰富而深刻的研究。经济学关于收入分配的研究分为

---

[①] ［美］阿塔纳修斯·阿西马克普洛斯编：《收入分配理论》，赖德胜等译，商务印书馆1995年版。

两大分支：一是源于李嘉图，主要关注生产要素的功能性收入分配，从收入来源的角度研究收入分配，目的是分析各种要素对生产的贡献与其所得之间的关系是否合理。二是源于帕累托，关注的是家庭、个人等经济单位的规模性收入分配，目的是分析各个阶层的人口或家庭所得的收入份额之间的差距。

## 一　古典经济学及马克思主义经济学的收入分配理论

亚当·斯密（Adam Smith）认为收入在社会各阶级之间的分配是以财产（资本、土地）和劳动力的所有权制度为基础的。在资本主义经济体系中，拥有固定和流动资本的资本家处于中心地位。资本家不仅提供雇用劳动所需的资本，而且组织生产和承担风险，因此他不仅是剩余的受益者，也是这个剩余的索取者。工资的决定过程可以看作是劳资双方通过市场的讨价还价的一种协商过程，因为雇主对工人的需要没有工人对雇主的需要那么紧迫，雇主在一切工资争议中通常能比工人坚持更持久，所以在工资契约争议中雇主占有优势。但谈判的最坏结果一般不会使工资低于由历史和习惯决定的最低生活费用水平。

李嘉图在对收入分配问题的研究过程中发现，工资和利润、利润和地租是相互对立的。李嘉图以土地报酬递减规律为基础，将地租看成是土地的级差收益，即所谓的边际原则；以生存工资理论为基础，认为工资等于维持劳动力生存和延续所必需的生活资料的价值，利润是产品价值减去工资后的余额，即所谓的剩余原则。李嘉图认为，剩余分配与利润率、进而与资本积累率有因果关系。从长期来看，劳动者只得到保证最低生活水平的工资，而资本的利润率从长期来看有下降趋势。

马克思批判地继承了古典经济学的理论精髓，对资本主义社会经济运行规律进行了探索，形成了自己完整的理论体系。马克思认为，生产资料的占有方式决定收入分配。在资本主义体制下，生产资料归资本家所有，工人一无所有，只有出卖劳动力，工资是生产和再生产劳动力的费用，这一点与李嘉图的观点类似。资本家在生产和分配中居于主导地位。生产决定分配，不仅生产出的产品构成了分配的客观对象，而且劳动者与生产资料在生产过程中的结合方式决定了收入分配的特定形式。可以看出，在古典经济学主要代表人物及马克思的经济学说里，社会结构及社会制度对收入分配有着重要的影响。

## 二 新古典经济学及新古典综合派的收入分配理论

马歇尔（Alfred Marshall）在接受古典经济学家萨伊提出的"劳动—工资、资本—利润、土地—地租"三位一体观点的基础上，汲取了杰文斯（W. S. Jevons）等人的边际革命思想，将注意力从分配份额转向稀缺性资源的配置以及要素报酬与生产贡献之间的联系上。他认为一国国民收入是各生产要素共同创造的，分配就是国民收入如何分割为各生产要素的份额。克拉克进而指出，"对于分配的全面研究，就等于研究个别的生产，这就是分析财富创造的功能，寻找协同生产财富的三个生产要素对于它们共同生产的产品分别所贡献出的份额。每个生产要素参与生产过程中，都有其独特贡献，也都有相应的报酬——这就是分配的自然规律"。克拉克认为生产要素的价格就是生产要素所有者依据其所拥有的生产要素在生产中的贡献大小而获得的收入，因此收入分配问题也就是生产要素的价格决定问题。

在新古典经济学家眼中，资本和劳动在生产中具有同等重要的作用，既可以是资本雇用劳动，也可以是劳动雇用资本（贷款或融资）。威克塞尔及其追随者建立的模型表明，在均衡状态下，劳动和资本的收入是一样的。因为劳动可以通过借贷市场成为资本家中的一员，而竞争作用可以使二者趋同。[①] 至于生产要素在生产中的贡献大小及确定，哈耶克宣称，"市场结果非常重要，因为如果市场是自由的，它给予每个人的将是他的应得。""除了市场以外，没有人能够确定个人对整个产品贡献的大小，也无法确定应该给一个人多少报酬，才能使他选择从事某些活动，能够想为所有人服务和货物做出最大贡献。"[②] 19 世纪 20 年代，道格拉斯对劳动份额的观察值与按照边际生产力理论的计算值进行比较，发现二者极为接近。19 世纪 30 年代，希克斯

---

① 周振华、杨宇立：《收入分配与权利、权力》，上海社会科学院出版社 2005 年版。
② 哈耶克：《致命的自负》，中国社会科学出版社 2000 年版。

和罗宾逊引入替代弹性这一概念,分析要素价格相对变动与收入份额相对变动的关系,发现要素份额不受要素投入量变动的影响。①

新古典分配理论认为,在完全竞争的市场条件下,要素价格由其边际生产力所决定,要素收入份额等于要素价格与要素数量的乘积,产品完全被耗尽。而当市场存在垄断力量时,垄断方所获得的报酬大于其边际产品价值,竞争方所获得的报酬小于其边际产品价值。因此,琼·罗宾逊认为,具有市场垄断力量的一方将获得一部分剩余。②

新古典综合派的分配理论实际上是新古典经济学中收入分配理论的扩展。正如其代表人物 P. A. 萨缪尔逊（P. A. Samuelson）所说:"分配之谜——即如何在两个（或更多的）协作的生产要素之间分配他们共同生产的总产品——可以利用边际产品的概念而得到解决。"③

可见,西方占主导地位的新古典经济学及后来的新古典综合派从完全竞争市场出发,把分配看成要素价格的决定问题,构造出市场充分竞争条件下要素价格决定与收入分配模型。

### 三 人力资本理论

西奥多·W. 舒尔茨（1960）的人力资本理论（Human Capital）是现代科技不断进步、教育作用逐渐凸显的产物,他认为,人力资本是体现在人身上的资本,即对生产者进行教育、职业培训等支出及其在接受教育时的机会成本等的总和,表现为蕴含于人身上的各种生产知识、劳动与管理技能以及健康素质的存量总和。形成人力资本主要有5种途径:①卫生保健设施和服务;②在职培训;③正规的初等、中等和高等教育;④非企业组织的成人在职教育;⑤个人和家庭的迁移。教育投资是人力资本投资的主要途径。人力资本在经济增长中的作用大于物质资本。不应当把人力资本的再生产仅仅视为一种消费,而应视同为一种投资,这种投资的经济效益远大于物质投资的经济效益。舒尔茨（1960）指出,工资的差别主要是由受教育程度的不同而

---

① 哈耶克:《致命的自负》,中国社会科学出版社2000年版。
② 琼·罗宾逊:《经济学论文集》,商务印书馆1984年版。
③ P. A. 萨缪尔逊:《经济学》,商务印书馆1981年版。

引起的，教育能提高工人获取收入的能力，人力资本的改善是减少收入分配不公的重要途径。明瑟尔（Mincer）将人力资本作为收入分配的决定因素，建立了著名的明瑟尔收入方程，研究教育、工作经验和劳动收入的关系。发现受正规教育程度能够解释工资及收入差异的33%，且教育程度越高，离校后的人力资本投资与获得收入的弹性也就越高。明瑟尔的研究为全面系统地考察人力资本与收入之间的关系奠定了重要的理论和经验分析的基础。贝克尔（1975）研究显示，随着年龄的增长，收入一般都是按递减的比例增长，但增长率和减少率都与人力资本水平呈同方向变动关系；失业率一般与人力资本水平呈反方向变动的关系。人力资本理论是在新古典经济学框架内对收入分配理论进行了完善。

**四　经济发展中收入分配差距变动规律**

库兹涅茨[1]提出的收入分配差距"倒U曲线"假说，从宏观上描述了经济发展中收入差距的变动规律。库兹涅茨认为，在经济发展过程中，收入分配差距的长期变动轨迹是"先恶化，后改进"。在前工业社会向工业文明过渡的经济增长早期阶段，收入分配差距先是迅速扩大，而后是短暂的稳定，然后在经济增长的后期阶段，收入分配差距逐渐缩小。阿德尔曼[2]及其合作者对43个不发达国家的数据进行了分析，结果发现所有欠发达国家在发展起步阶段都经历了低收入群体收入份额的显著下降，而且在相当长的时期内，大约60%的最贫困人口的收入份额持续下降。但他们的研究结果并不完全支持库兹涅茨的"倒U曲线"假说，而是证实了他们自己提出的"倒J曲线"假说：即在经济发展过程中，归于穷人的收入份额起初急速下降，然后下降得不那么迅速，再然后取决于所选择的政策，曲线不是趋向于拉平（倒J形），就是在起步时便呈递增趋势（正U形）。因此，穷人收入状况的改进并不是自动地实现的，需要政府发挥作用。钱勒里、阿鲁

---

[1] Simon Kuznets, "Economic Growth and Income Inequality", *American Economic Review*, March 1955, pp. 1 – 28.

[2] Adelman and Cynthia Taft Morris, *Economic Growth and Social Equity in Developing Country*, Stanford University Press, 1973.

瓦利亚等①通过对十多个国家可信度较大的长时期的时间序列资料的分析，发现有些国家在较低收入水平上，占人口总数60%的低收入阶层的所得增长率快于高收入者；另一些国家则相反。同样，在较高收入水平阶段，情况亦如此。据此将样本国家和地区分成三种类型：增长导向型（如墨西哥和巴西，只注重经济快速增长，但收入分配问题越来越严重）、低速增长和公平分配型（以斯里兰卡为代表，经济增长率低但收入分配却相对公平）、快速增长和公平分配并进型（韩国及我国台湾）。

**五 福利经济学关于收入分配的论述**

福利经济学是研究社会经济福利的一种经济学理论体系，它为改进收入分配提供了一个伦理视角。建立在边际效应理论基础上的旧福利经济学（以庇古②为代表）认为社会经济福利的增减同收入分配合理与否紧密地联系在一起。如果社会分配与再分配是合理的，就会增进社会经济福利；反之，如果社会分配与再分配是不合理的，就会减少社会经济福利。在社会存在贫富两极分化的情况下，将边际效用较小的富人手中持有的货币向边际效用较大的穷人转移，可以增进社会总经济福利。

新福利经济学（以卡尔多③、希克斯④等为代表）进一步指出，在进行分配与再分配时，即使因一些人福利增加而减少了另一些人的福利，只要社会的总福利是增加的，这种分配与再分配就是合理的。到了20世纪初，英国经济学家霍布森认为，为了实现社会福利的最大化，国家必须干预经济生活。国家的干预不仅可以通过赋税消除贫富不均，而且可以对一些企业实行直接管制，以便把个人福利和社会福利调和起来，最终实现"最大多数人的最大幸福"。⑤

---

① 张道根：《经济发展与收入分配》，上海社会科学院出版社1993年版。
② [英] A. C. 庇古著：《福利经济学》，商务印书馆2006年版。
③ Nicholas Kaldor, "Welfare Propositions of Economics and Interpersonal comparisons of Utility", *Journal of Political Economy*, 1939, 550–555.
④ J. R. Hicks, "the Rehabilitation of Consumers' Surplus", *Journal of Political Economy*, 1941, 108–111.
⑤ 罗伯特·莱恩：《市场民主制度下幸福的流失》，耶鲁大学出版社2000年版。

新旧福利经济学的这种理念对调节收入分配、缩小城乡差距具有积极的借鉴意义。以工补农、以城补乡，加大收入分配调节力度，有利于我国社会经济福利的总体性大幅度提高。

## 第二节　发展经济学和新制度经济学视角下的收入分配

在现实社会中，市场存在各种垄断力量，直接影响收入分配。特别是在许多后起的发展中国家，存在严重的二元结构，市场结构严重失衡、要素流动受阻，其收入分配有其特殊性，不完全符合建立在市场均衡假设基础上的要素价格决定论。发展经济学理论中有关经济发展中收入分配的研究及新制度经济学中有关制度对收入分配的影响理论，对理解发展中国家特定市场与社会结构条件下收入分配有积极借鉴意义。

### 一　发展经济学对收入分配的研究

发展经济学是第二次世界大战后兴起的一个经济学分支，它以西方经济学理论为基础，研究发展中国家的经济发展问题，探讨发展中国家如何实现经济起飞，转变成发达国家。发展经济学理论指出，发展中国家经济系统区别于发达国家的特殊性不仅仅表现在发展中国家人均收入低、资本稀缺、技术落后等一些量的方面特征，更表现在质的方面，即发展中国家经济长期处于因技术刚性、制度刚性、结构刚性而形成的失衡状态。由于市场的不完善、占社会人口相当大比例的贫困人群缺少生产要素、权利与机会远非平等等因素制约，发展中国家存在着严重的市场失灵问题，发展中国家收入分配的均等化遇到其特有的障碍。Adelman和Robinson（1978）指出，发展中国家的收入分配被深深地嵌入社会经济结构之中，新古典主义的一般均衡模型并没有抓住发展中国家的本质特征，并不能对发展中国家收入分配做出科学的解释。① 发展经济学在探讨发展中国家工业化与劳动力转移机制以及在对某些发展中国家贫困问题的分析中，揭示了发展中国家收入分配的规律及影响因素。

1. 二元经济理论

1954 年，刘易斯发表了题为《劳动无限供给条件下的经济发展》的文章，提出了关于发展中国家经济二元结构的理论模型，后经费景汉与拉尼斯完善成为二元经济理论。刘易斯认为，后起发展中国家的经济结构中存在着发展水平差距悬殊、空间分布界限分明的两个部门：一个是以传统生产方法进行生产、劳动生产率很低、收入仅够维持生计的传统部门（也称为维持生计部门，subsistence sector）；另一个是以现代化方法进行生产、劳动生产率和工资水平超过传统部门的城市工业部门（也称为资本主义部门，capitalist sector）。传统部门主要分布在广大农村，而现代工业部门主要分布在城市。经济增长是一个生产要素包括劳动力从生产率低的传统部门向生产率高的现代部门流动的过程。

刘易斯指出，在经济发展的初期，由于现代部门非常狭小，吸纳就业能力十分有限，传统经济部门滞留大量剩余劳动力。在缺少非农就业机会情况下，接收新成员参加家庭农业生产，并让其获得基本生存物资是维持每一个家庭成员生存所必需的。因而传统农业部门收入分配不是遵循新古典主义的按照要素的边际贡献来进行"分配"（distribution）的，而是按照古典的"分享"（share）原则进行的。农业部门工资已不是通常意义上的由边际生产力决定的工资，而是家庭农场（集体农庄）平均产出。② 在家庭农场（集体农庄）所拥有的土地要素数量固定的情况下，随着加入家庭农场（集体农庄）劳动力人数的增加，劳动者的边际生产力肯定要下降，家庭农场人员收入水平就与参与就业的人数呈反方向变动。

---

① 黄季焜：《对农民收入增长问题的一些思考》，《经济理论与经济管理》2000 年第 1 期。

② 德布拉吉·瑞著：《发展经济学》，陶然等译，北京大学出版社 2002 年版。

如图 2-1 所示，横轴表示农业中劳动投入量，纵轴表示农业产出量。劳动投入从 $O$ 增加到 $A$，再分别增加到 $B$、$C$、$D$ 直至 $E$，设每一步增加的劳动量相等。与劳动投入量 $OA$、$OB$、$OC$、$OD$ 相对应的产出分别为 $OF$、$OG$、$OH$、$OI$。由于边际报酬递减规律，每个等量增加的劳动数量，所带来的产出增加是递减的，因此 $OF>FG>GH>HI$。当劳动投入量从 $D$ 增加到 $E$ 时，产出不再增加，出现劳动的边际生产力为零的情形。若按照新古典经济学的规则，则劳动者的工资为零。然而在传统农业家庭经营模式下，农业中报酬不是根据劳动的边际生产力决定的，而是根据劳动的平均生产力决定的。在图 2-1 中，如果劳动投入量最终是 $OE$ 的话（这时农业产出为 $OI$），农业劳动者的报酬是 $OI/OE$。可以想见，如果劳动者数量进一步增加，即超过 $E$ 点，平均产出将降低，农业报酬将继续减少。

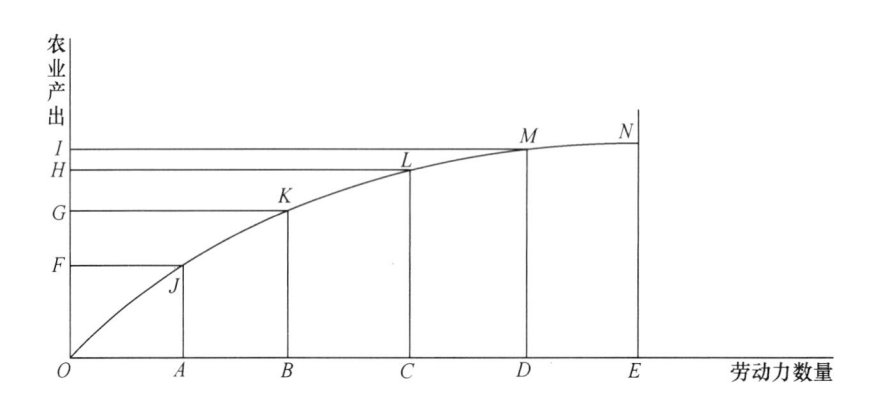

**图 2-1 农业生产函数与分享工资**

资料来源：蔡昉：《刘易斯转折点》，社会科学文献出版社 2008 年版。

而在大量劳动力蓄积在农业部门、劳动供给弹性是无限的条件下，工业部门只要支付略高于农村维持生计收入水平的工资，就可获得源源不断的劳动供给，因而工业部门缺乏按照工人的边际劳动生产率支付高工资的动力，工业部门的工资水平大致处于略高于农业部门生存工资的水平，工人工资可以保持在较低的"习俗性工资"水平。在 1954 年的论文中，刘易斯认为城乡收入差距是比较固定的，"资本主义的工资和维持生计的收入之间的差距通常为 30% 左右"。到了 1967 年,意识到城乡收入差距出现了扩大趋势,刘易斯把两者之间的差额提高到 50%。[①]

在刘易斯模式下,现代工业部门可以在一个较低的不变工资水平上获得无限劳动力供给,这样现代部门可以通过边际生产率和"习俗性工资"的差额获得利润。如果资本家将利润转化为投资,就会推动现代部门的发展。随着现代工业部门的不断扩大,国民收入中资本所占的份额不断扩大,而劳动占有的份额相对缩小,资本与劳动相对收入差距扩大。二元经济的发展就是通过国民收入分配向利润的倾斜,将收入相对集中在少数资本家手中加快资本积累,推动经济增长。

如图 2-2 所示,横轴 $L$ 表示现代工业部门劳动投入量,纵轴 $M$ 代表劳动的边际产出和工资水平,$OA$ 是传统部门的生存工资水平,$OW$ 是现代部门的工资水平,它表示工业部门只要提供略高于农业部门生存收入水平的工资,就可获得无限的劳动供给。$WS$ 既表示工业

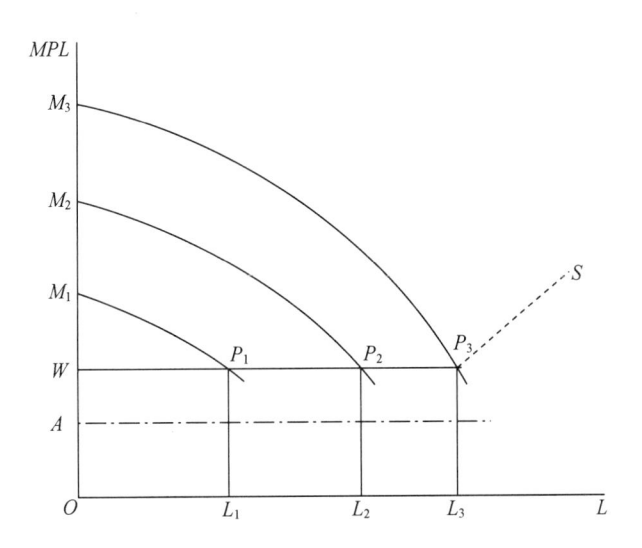

图 2-2 二元经济发展模型

---

① 王国霞:《我国农村剩余劳动力转移问题研究》,《山西大学学报》(哲学社会科学版) 2007 年第 4 期。

部门的工资水平变化趋势，也是该部门的劳动供给曲线。$M_1P_1$、$M_2P_2$、$M_3P_3$ 代表规模不断扩大的现代部门的边际生产力，也代表工业部门的劳动需求曲线。工业部门按照边际产品与工资相等的新古典主义原则雇用工人，在工业部门总产品 $OM_1P_1L_1$ 围出的面积中，$OWP_1L_1$ 为工人工资，$WM_1P_1$ 为资本家利润，资本家用利润再投资从而扩大规模，他仍可以按照不变的工资获得劳动力供给，利润规模就会扩大，这个过程可一直持续到剩余劳动力 $P_3$ 消失为止。

当现代部门的发展将传统农业部门的剩余劳动力吸纳完毕，如图 2-2 所示中 $P_3$ 点，劳动力变成稀缺生产要素，无限劳动力供给这一条件不复存在，工业部门的劳动供给曲线由水平转为上升。农业部门的收入分配古典原则将被抛弃，而代之以新古典原则，收入分配的二元性消失，整个经济的分配行为进入新古典世界。这被称为二元经济发展过程中的"刘易斯拐点"，也称为"刘易斯转折点"。在跨越"刘易斯拐点"后，劳动成为稀缺生产要素，这时对劳动需求的进一步增加，必然导致实际工资的提高，从而使国民收入分配中工资份额相对上升，利润份额相对下降，资本和劳动的相对收入差距缩小。

2. 哈里斯—托达罗模型

哈里斯—托达罗[①]（1970）的劳动力乡—城迁移模型假设经济中有两个部门，一个是农村部门，另一个是城市部门。城市正式部门往往向职工支付高工资，主要原因在于该部门可能有工会组织，工资受集体谈判影响；除此之外，城市正式部门往往被政府当作对外宣传的样板，因而最低工资法、退休金计划、失业补助以及其他服务也是法律所要求的。还有可能是企业有意给工人较高的超过正常水平的工资以激励和威胁工人努力工作。而城市非正式部门和农村部门工资比较低，原因可能是在这些部门没有工会也很难实施政府政策。这些部门大多为家庭劳动或劳动力非常容易监督，所以雇主没有激励去支付高工资作为威胁手段。

哈里斯—托达罗认为工资差异会刺激劳动力从农村部门流动到城

---

① 转引自德布拉吉·瑞著：《发展经济学》，陶然等译，北京大学出版社 2002 年版。

市部门，但城市部门存在较大的失业风险。农业劳动者是否迁入城市是根据他对城乡预期的收入差异的判断来决定的。对一个迁移者来说，只要城市部门的预期收入比当时农村普遍的收入水平高，它就会迁移。而城乡预期的收入差异取决于两个因素：一是城乡实际工资的差异；二是城市就业率或失业率的高低。当城市失业率很高时，即使城乡实际收入差异很大，农业劳动者也不会轻易做出迁移到城市的决策，因为城市的高失业率意味着他能够在城市找到工作的难度加大。换言之，农村流入城市的人口真正关心的是城乡预期的收入差异，只要未来的预期城市收入的"现值"看上去要大于未来预期乡村收入的"现值"，人们从农村向城市的流动就会继续下去。劳动力流动会在城乡期望收益相等点达到均衡。

哈里斯—托达罗认为由于技术进步使资本有机构成提高，工业产出的增长必然大于对劳动力需求的增长，由工业发展而提供的新的就业机会总是小于工业产出的增长，因此，依靠工业扩张不能解决发展中国家的失业问题，而应在创造城市就业机会的同时，大力发展农村经济，改变片面强调优先发展重工业的方针，增加农业投入与发展科技，在农村扩大就业机会，尽量减轻城乡经济机会不均等的现象。

3. 冈纳·缪尔达尔关于发展中国家收入分配的理论

冈纳·缪尔达尔（Gunnar Myrdal）研究南亚欠发达国家的经济发展时发现，发展中国家的收入分配不是一般的经济活动问题，不能简单套用新古典经济学的理论和方法，而必须讨论态度和制度关系方面的问题。[1]冈纳·缪尔达尔（1956；1957）[2] 指出，"在许多贫困的国家中，内在的封建性和其他不平等制度，以及剥夺穷人谋求致富机会的强权结构，会使导向不平等状态的自然过程不断继续和扩大"。

缪尔达尔以"非正统"思想从土地、软政权、教育等方面分析了

---

[1] 冈纳·缪尔达尔：《亚洲的戏剧——南亚国家贫困问题研究》，首都经济贸易大学出版社2001年版。

[2] Myrdal. G. Economic Theory and Under - Regions. London：London：Methuen Co.，Ltd.（1957）．转引自叶初升《发展经济学视野中的收入分配问题》，《江西社会科学》2005年第11期。

南亚发展中国家贫困的原因。缪尔达尔认为:"南亚国家存在着若干不利于经济发展的制度条件:土地占有制不利于农业的进步;推动创办企业、就业、贸易和信用的机构聊胜于无;有些国家还没将各种不同的人群整合为一个统一的国度;有些国家的政府机构缺乏必要的权威;有些国家公共管理的效率和廉政标准十分低下。所有这一切共同组成了'软弱的国家'。这些制度衰弱的根源是人民参与程度以及刚性的、不平等的社会分层。"

缪尔达尔认为土地使用权的无保障性剥夺了南亚佃农提高产出的积极性。更为重要的是,地租的变化没有与净收益挂钩,而是以总产量为转移,这对精耕细作有一股强大的内在阻力。地主在无须投资的情况下也能获得可观的收益,因而缺乏强有力的投资动机。

虽然程度各不相同,所有的不发达国家都属于"软政权","缺乏立法和具体法律的遵守与实施,各级公务人员普遍不遵从交给他们的规章与指令,并且常常和那些他们本应管束其行为的、有权势的人们与集团串通一气。腐败也属于软政权这个概念。"在软政权国家中,松弛和随意可以为那些掌握着经济、社会和政治大权的人所利用来牟取个人私利。腐败行为造成了发展的强大障碍与抑制,降低了人们对政府及政府机构的尊敬与忠诚。

国家越穷,可供教育政策所支配的资源就越少。这些国家受过教育的上等阶层和大众之间还有更大的鸿沟。"教育的垄断连同对土地使用权的垄断是不平等的最根本的基础,越是贫穷的国家根基越牢,甚至在努力普及大众教育时也是如此。"

缪尔达尔认为市场力量的作用是趋向于不平等。如果只听凭市场力量发挥作用,而不受任何政策干预的阻碍,那么,工业、商业、银行、保险、航运等经济活动都能获得大于平均利润的收益,并且,科学、艺术、文学、教育等将云集在某些地点和地区,从而使该国其他地区都或多或少地处于死水一潭的落后状态之中。

缪尔达尔的结论是,南亚国家要获得发展,要提高穷苦群众可悲的社会水平,需要进行激进的制度改革。①

**二　新制度经济学对收入分配的研究**

新制度经济学主要研究制度及其变迁。早期研究重点聚焦于产权制度安排对资源配置效率的影响,忽视不同的产权制度安排的分配效应。科斯认为,在交易成本为零和双方拥有签订权力重新配置契约的条件下,法定权利的配置对资源配置效率没有影响。德姆塞茨(1999)指出,"由于他(指科斯)没有意识到生产者财富的改变对于消费模式是重要的,因此认为物品的需求不受作为生产者的农民与牧民之间财富再分配的影响"。可以说,新制度经济学在研究不同制度安排对激励行为和资源配置效率的影响方面取得了引人注目的成就,但很少探讨制度安排对收入分配的影响。②

20世纪80年代后忽视产权制度安排的倾向开始有所改变。德姆塞茨和考特(1982;1992)认为,即使在交易成本为零的条件下,法定配置权力的改变会影响到财富在当事人之间的分配,这将导致对商品和劳务需求结构的改变,从而造成资源配置的变化。利比开普(Libecap,1989)认为,产权制度安排通过资源使用权的配置,不仅确定了在一个经济体系中谁是经济主体,也决定了社会中的财富(收入)分配。菲尼(Feeny,1983;1992)指出始终存在着一种使收入分配朝着有利于某一集团方面转移的制度创新动机,而这种创新必然遭到损失者的反对。只有基于重新分配收入斗争这个永恒背景,才能解释那种旨在提高效率的制度变化。③ 思拉恩·埃格特森(Thyáinn Eggertsson)认为,个人既可以在既定的制度框架内专心生产,也可以通过影响规则制定者、立法者和政府机构,争取有利于自己的法律或规则变动、实现个人财富最大化。具体选择哪种途径主要取决于改变权利结构的相对成本。当改变规则、改变权利结构的成本较低时,有影响的利益集团会推动制定一些只能使社会生产能力部分实现的经济

---

① 冈纳·缪尔达尔:《富裕国家与贫穷国家》,许大川译,台湾银行经济研究室1969年编印。
② 李忠明:《贫困的经济学分析》,博士学位论文,复旦大学,2008年。
③ 林红玲:《制度经济效率收入分配》,经济科学出版社2002年版。

制度。① 诺斯等学者研究了利益集团之间的博弈对制度变迁的影响过程，提出制度演进的方向是由社会中处于强势地位的利益集团所决定的。② 诺斯指出，与人们收入水平（经济利益）攸关的产权（经济）制度作为一种正式制度，往往是由国家决定的（诺斯，1994）③，因而界定和实施产权的契约行为将在政治领域里通过政治程序决定。所以产权制度变迁除了受相对价格、个人偏好、技术等因素影响外，政治家的作用、既得利益集团之间政治力量的对比与较量等政治方面的因素对产权制度的变迁起着重要作用。

达龙·阿西莫格鲁（Daron Acemoglu）④认为制度选择是利益相互对立的团体（groups）之间斗争的结果，而权力及其分配在利益冲突中起决定作用。达龙·阿西莫格鲁将制度分为经济制度和政治制度，经济制度决定了经济博弈的规则，如产权保护的强弱，达成合同能否执行，赢利机会是否均等；政治制度决定政治博弈的规则。政治制度调节政治权力的大小，并决定政治权力如何变更。政治权力包括法定政治权力和实际政治权力。法定政治权力是由宪法或选举法等政治制度规定的，而实际政治权力源于团体内集体行动能力的大小，如雇用军队、游说、行贿等形式的能力。一个团体即使没有政治制度分配的法定政治权力，但仍可能拥有某些其他政治权力，例如，他们可以拿起武器、动用雇佣兵、动员军队武力反抗，或是使用更经济的方法如和平示威。实际政治权力要依靠经济资源，当某个特定团体相对他人足够富有时，这个团体便会增加自己的实际政治权力，并试图建立符合自己利益的经济制度。

达龙·阿西莫格鲁认为经济制度是由政治权力内生所决定的，经济制度的均衡取决于团体间政治权力的对比。由于经济制度决定经济结果的分配，如财富的分配、实物资本和人力资本的分配等。不同的经济制度导致不同的资源分配，所以，在经济制度的选择中必然存在

---

① ［冰岛］思拉恩·埃格特森：《经济行为与制度》，商务印书馆2004年版。
② 王思琦：《农民负担与利益集团》，《学术探索》2004年第5期。
③ 商晨：《利益、权利与转型的实质》，社会科学文献出版社2007年版。
④ 孙圣民：《政治过程、制度变迁与经济绩效》，博士学位论文，山东大学，2007年。

各个团体和个人间的利益冲突。虽然制度间的效率比较在制度选择中起着一定的作用，但真正起到最终决定性作用的是团体的政治权力。哪个团体拥有更多的政治权力，他便可以保障自己偏好的制度。经济制度的均衡最终取决于各团体政治权力对比。

总之，政治制度规定着法定政治权力的分配，资源分配影响实际政治权力。由法定政治权力和实际政治权力组成的政治权力，反过来也影响经济制度的选择和将来政治制度的演变。达龙·阿西莫格鲁关于制度变迁的分析对分析制度改革以及与之相关的农民收入问题有积极借鉴意义。

## 第三节 社会学对收入分配的理论研究

收入分配也受到社会学家的关注，社会学家主要关注相关国家或地区收入分配不均等的状况，并从社会结构、社会因素角度分析收入差距形成的原因。

### 一 伦斯基分配制度动力学理论

伦斯基（Lenski, G. E.）认为，人本性自私，报酬供应又相对短缺，而社会又是不完全的系统，不可能使每个人利益与社会整体完全一致。那么在每个社会中都存在为争夺满足需要的资源而进行的斗争，而这种斗争又必须在不破坏人们社会结合本身的限度内进行，否则所有的人将无法生存。因而人类社会的分配，遵循两个基本规律，或两个看起来相互矛盾的原则，即需要和权力。①人们分享劳动产品所要达到的程度，要能保证那些其行为对他们自身是必不可少的或者是有益的那部分人的生存和生产力的延续；②对剩余产品——即人们生产出来的、超出了维持生产者自身延续需要的，则依照权力进行分配。前者是生存和生产力延续的必要，后者则涉及人类生产的剩余产品和服务的分配。

伦斯基指出，贫困者之所以陷入贫困主要是由于他们在经济过程、政治过程和社会中所拥有的资源很少。具体而言，穷人在经济领域里缺乏资本和技术等生产要素，因而难以获得较多的经济收入。在政治领域里他们缺乏政治活动的参与能力和机会，因此，也不可能对决策、投票等产生实际的影响。在社会生活中，穷人无力于影响教育、传媒和社区组织，他们普遍受到社会的歧视和排斥。总之，是权利结构的不平等、不合理，迫使社会部分成员"失能"而陷入贫困或长期维持着贫困。①

## 二 社会排斥理论

"社会排斥"是20世纪70年代后由欧洲研究贫困和不平等的学者提出。欧洲委员会认为社会排斥是对公民资格（citizenship）的权利，主要是社会权利（Social right）的否定，或者这些权利未充分实现。西方社会学理论认为，不平等和贫困是社会各群体之间争夺有限资源的结果。人们的需要丰富多样，但任何社会无法满足所有人的要求，也不会让每个人有机会去做实现其利益的事情，由此导致个人之间、集团之间、个人与集团之间，为谋取和实现其利益而展开各种竞争。竞争中所形成的资源和机会在不同群体间的不平等分割，使部分群体处于相对贫困和被排斥状态。

社会排斥是社会群体在寻求报酬最大化时采取的一种策略。一个社会群体为了维持群体的声望、垄断获利的机会或获益，就会通过一种适用的制度建立封闭的社会关系，排除某些参加者。排斥方式有强势排斥和契约排斥两种。强势排斥指在共同体内部存在权力或势力的不平衡，其中一方握有制定资源与机会分配规则的能力，可以通过暴力或以暴力机器支持的某种政治权力，将一些人隔绝或限制在某种资源与机会的获得途径之外。契约排斥指在共同体内部，人们就某种资源或机会的分配预先达成了一种契约，但是在现实运行中却常常由于信息不对称、竞争规则本身的不公平等原因，导致平等权利主体签订的契约结果却是极其不平等的。虽然排斥者和被排斥者之间经常围绕着资源与机会分配的优势地位而竞争，但强势阶层可以通过对分配途径的控制（如政治与政府实体、教育系统、生产系统、立法系统、司

---

① 伦斯基：《权利与特权》，浙江人民出版社1987年版。

法系统) 来支持对职业报酬的分配过程和不同位置新成员的招募过程, 维持既得利益。正如奈拉·卡伯 (Nails Kabbeer, 2002) 指出的那样, 制度机制是社会排斥的主要动力, 当制度机制系统化地拒绝对某些群体提供资源和认可, 使之不能完全参与社会生活时, 就导致社会排斥。[1]

### 三 劳动力市场分割理论

20 世纪六七十年代, 皮奥里 (M. J. Piore) 等人在原有的理论基础上提出了二元劳动力市场分割理论。该理论认为, 劳动力市场存在主要劳动力市场与次要劳动力市场的分割, 在主要劳动力市场中, 劳动者收入高、工作稳定、工作条件好、培训机会多、有良好的晋升机制, 而次级劳动力市场则与之相反, 劳动者收入低、工作不稳定、工作条件差、培训机会少、缺乏晋升机制。对于主要劳动力市场的劳动者而言, 培训教育能提高其收入, 而对次级劳动力市场的劳动者而言, 教育培训对他们收入的提高没有作用; 并且, 主要劳动力市场和次级劳动力市场间的流动较少。

二元劳动力市场最早主要是用来解释发达国家对外来劳动力的需求。发达国家的经济分为一个资本密集、高效率的主要部门和一个劳动密集、低效率的次要部门, 形成了劳动力市场的层次化。发达国家本国的工人一般不愿意从事不稳定和低效率的工作, 因为它有伤脸面, 有碍升迁。市场机制是无法消除这种障碍的, 因为如果提高了最低级劳动岗位的工资报酬, 那么为了维护整个等级结构, 高等级岗位的工资报酬也要相应提高, 这就会造成结构性通货膨胀。来自低收入国家的劳动力, 特别是那些打算短期工作或打算在特定时间回国的劳动力, 却愿意接受此类低等级工作。因为工资再低, 也总比自己在国内挣得多。况且, 迁移已使他们的地位和"面子"变得不很重要。

### 四 贫困文化论

贫困文化论是美国人类学家奥斯卡·刘易斯 (Oscar Lewis) 提出

---

[1] 李保平:《中国转型时期公共政策的社会排斥研究》, 博士学位论文, 吉林大学, 2006 年。

的一种从社会文化的角度解释贫困现象的理论,该理论通过对贫困家庭和社区的实际研究指出,在社会中,穷人因为贫困而在居住等方面具有独特性,并形成独特的生活方式。穷人独特的居住方式促进了穷人间的集体互动,从而使穷人与其他阶层人士在社会生活中相对隔离,这样就产生出一种脱离社会主流文化的贫困亚文化。处于贫困亚文化之中的人有独特的文化观念和生活方式,这种亚文化通过"圈内"交往而得到加强,并且被制度化,进而维持着贫困的生活。在这种环境中成长的下一代会自然地习得贫困文化,于是贫困文化发生世代传递。贫困文化塑造着在贫困中长大的人的基本特点和人格,使他们即使遇到摆脱贫困的机会也难以利用它走出贫困。贫困文化论把贫困归因于个人因素,有批评者指出,该理论夸大了穷人与其他人文化上的差异,实际上穷人本身并不是同质性很强的群体。

## 第四节 小结

由于不同学者所面临的经济社会结构不同,所使用的分析工具和研究视角不同,学者们提出的收入分配理论各不相同。古典经济学主要反映了早期资本主义生产方式下的社会产品分配规律,而新古典经济学的收入分配理论抛弃了古典经济学理论中社会制度条件的因素,构造了市场自由竞争条件下分配模式。发展经济学的收入分配理论研究了发展中国家特殊的社会经济结构条件下收入分配的规律。制度经济学和社会学重点探讨了制度安排和社会结构因素对收入分配的影响。

改革开放后,中国开展了市场化的改革,积极探索建立社会主义市场经济制度,因而以自由竞争市场为前提的新古典经济学收入分配理论作为一种理想化的理论模型,为分析研究正处于市场经济转型中的农民收入问题提供了"参照系"。然而,我国经济还处在由计划经济向市场经济转型过程中,计划经济影响还较为严重,行政权力对分配活动的干涉时有表现;同时我国又处在由传统农业社会向现代工业社会转型的过程中，二元经济结构特征明显；同时我国改革聚焦经济效率，忽视社会公平，计划经济时期形成的城市偏向的二元社会结构仍在延续，二元社会结构特征显著。因此对研究改革开放后农民收入问题需要借鉴发展经济学和制度经济学、社会学的研究思路和分析方法。

# 第三章 改革开放后农民收入增长状况与农民收入问题成因

本章主要回顾总结改革开放后农民收入增长状况和特征，分析农民收入问题的表现，厘清农民收入的影响因素，探寻改革开放后农民收入问题成因。

## 第一节 改革开放后农民收入增长状况及特征

### 一 改革开放后农民收入增长状况

毛泽东曾指出，"规律存在于历史发展过程中，应当从历史发展过程的分析中来发现和证明规律。"[①] 中国改革开放后农民增收缓慢、收入相对低下问题是在我国经济体制转型深入进行、农业及整个国民经济快速发展的宏观背景下累积演化而成的。要正确把握农民收入问题的成因，必须对我国城乡收入分配制度的历史和农民收入问题演进发展过程进行分析。

1. 改革开放前城乡收入分配制度与农民收入

新中国成立后我国照搬苏联计划经济体制，在城市发展全民所有制和集体所有制工商业，在农村实行人民公社制度，城乡生产活动、交换活动和收入分配受到国家计划严格控制，或者受到国家政策和计划的影响较大。国家通过对城乡生产活动、交换活动和分配活动的全面控制，通过压低农产品价格，在城市实行低工资低消费，通过工农

---

① 《毛泽东文集》（第8卷），人民出版社1999年版。

产品剪刀差等方式，加速国家积累，加速国家工业化。

我国改革开放前的城乡收入分配，是一种在国家全面控制下的、适应实现国家工业化发展目标要求的计划分配体制。为积聚工业化所需资本，国家实行全面的计划体制。在城镇，无论是国家行政机关、事业单位，还是国有企业或是集体企业，职工工资发放需执行国家统一标准。为加快国家积累，城镇职工的工资被限定在一个较低水平上，职工的住房、子女就学、医疗与保健、交通等需求主要通过福利分配的方式由所在单位解决，粮食等生活必需品实行低价配给的方式。在农村，农民被组织到人民公社及其下属的生产队参加集体劳动，按照国家计划安排生产粮棉油等农产品。生产队根据每一农民的年龄、性别评定出等级，并按照出勤情况记工分，作为年终分配的主要依据。农民集体劳动生产的产品首先要在国家和社队集体之间进行分配，生产队必须完成国家"公粮"（实物型农业税）和"统购"任务（按照国家确定的数量和价格卖给国家的粮食），剩余的粮食和出售统购粮所获得现金在做必要扣除和提留外，根据各个家庭劳动力获得工分的多少在生产队集体成员之间分配。当然计划经济时期农村粮食分配还考虑家庭人口数等因素。国家通过对粮食生产和流通的控制，控制着粮食价格，保证城市低工资低消费模式的运转。在完成国家的公购粮任务后，各户农民分得的粮食等农产品数量极为有限，大多数情况下农民仅能勉强维持家庭最低生存需要，基本上无剩余粮食可供交换。在计划经济体制下由于农村集体组织生产的产品种类和数量、农业税的数量、定购粮的数量和价格由国家规定，农产品的流通被国家有效控制，农村收入分配也在很大程度上受到国家严格控制。加之集体劳动体制引发大锅饭低效率，农业产出较低，农民收入处在一个极低水平。1957—1977年，农民人均纯收入仅仅从73元增长到117.1元，1978年农村普遍处于贫困状态，官方估计有2.5亿农村人口属于贫困人口，生活极度困难。

2. 改革开放后农民收入增长状况

为解决长期计划经济所造成的物质极度短缺、人民普遍贫穷问题，中共十一届三中全会决定将全党工作重点转移到经济建设上来，并针对计划经济体制所造成的平均主义盛行、权责不清、经济缺乏活力等弊端，从20世纪70年代末，我国开始在农村推进家庭联产承包制等改革，在城市开展了"扩权让利"、企业承包经营制等一系列改革措施，打破了平均主义，理顺权责利关系，并逐步发展社会主义市场经济。在各项改革措施推动下，我国经济快速增长，城乡居民收入大幅提高。从农民收入方面来看，1978年全国农民人均纯收入只有133.6元，1988年就超过500元，1994年全国农民人均纯收入跨越1000元，1997年越过2000元大关，在经过20世纪末连续数年徘徊后从2003年起增长加速，并于2005年达到3000元，2009年全国农民人均纯收入超过5000元，达到5153.2元，2014年全国农民人均纯收入更是达到9892元，接近10000元。

剔除物价上涨因素，2014年同1978年相比，增加了11.2倍（以1978年为100，2014年居民消费价格指数为606.7），1979—2014年年均递增7.2%。无论是与改革开放前的30年农民增速相比，还是与同期国外农民收入增速相比，这一速度无疑处于较高水平。如在1978—2003年，日本农户户均总收入（Total income of farm household）从5020.2千日元增长到7712千日元，25年仅增长了56%，美国农业工人的周工资从1985年的185美元增长到2010年的416美元，仅增长1.25倍。改革开放后农民收入增长状况如图3-1和表3-1所示。

表3-1　改革开放后农民收入增长状况和城乡收入差距的变化

| | 年份 | 农村居民家庭人均纯收入 | | | 城镇居民家庭人均可支配收入 | | | 城乡收入比 | 城乡收入差 | 城乡增速差异 |
|---|---|---|---|---|---|---|---|---|---|---|
| | | 绝对数（元） | 指数（1978年=100） | 指数（上年=100） | 绝对数（元） | 指数（1978年=100） | 指数（上年=100） | | | |
| 第一阶段 | 1978 | 133.6 | 100.0 | | 343.4 | 100.0 | | 2.57 | 209.8 | 0 |
| | 1979 | 160.2 | 119.2 | 119.2 | 405.0 | 115.7 | 115.7 | 2.53 | 244.8 | -3.5 |
| | 1980 | 191.3 | 139.0 | 116.6 | 477.6 | 127.0 | 109.7 | 2.50 | 286.3 | -6.9 |
| | 1981 | 223.4 | 160.4 | 115.4 | 500.4 | 129.9 | 102.2 | 2.24 | 277 | -13.2 |

续表

| 年份 | | 农村居民家庭人均纯收入 | | | 城镇居民家庭人均可支配收入 | | | 城乡收入比 | 城乡收入差 | 城乡增速差异 |
|---|---|---|---|---|---|---|---|---|---|---|
| | | 绝对数（元） | 指数（1978年=100） | 指数（上年=100） | 绝对数（元） | 指数（1978年=100） | 指数（上年=100） | | | |
| 第一阶段 | 1982 | 270.1 | 192.3 | 119.9 | 535.3 | 136.3 | 104.9 | 1.98 | 265.2 | -15 |
| | 1983 | 309.8 | 219.6 | 114.2 | 564.6 | 141.5 | 103.9 | 1.82 | 254.8 | -10.3 |
| | 1984 | 355.3 | 249.5 | 113.6 | 652.1 | 158.7 | 112.2 | 1.84 | 296.8 | -1.4 |
| 第二阶段 | 1985 | 397.6 | 268.9 | 107.8 | 739.1 | 160.4 | 101.1 | 1.86 | 341.5 | -6.7 |
| | 1986 | 423.8 | 277.6 | 103.2 | 900.9 | 182.7 | 113.9 | 2.13 | 477.1 | 10.7 |
| | 1987 | 462.6 | 292.3 | 105.2 | 1002.1 | 186.8 | 102.2 | 2.17 | 539.5 | -3 |
| | 1988 | 544.9 | 310.7 | 106.4 | 1180.2 | 182.3 | 97.6 | 2.17 | 635.3 | -8.8 |
| 第三阶段 | 1989 | 601.5 | 305.7 | 98.4 | 1373.9 | 182.5 | 100.1 | 2.28 | 772.4 | 1.7 |
| | 1990 | 686.3 | 311.2 | 101.8 | 1510.2 | 198.1 | 108.5 | 2.20 | 823.9 | 6.7 |
| | 1991 | 708.6 | 317.4 | 102.0 | 1700.6 | 212.4 | 107.1 | 2.40 | 992 | 5.1 |
| 第四阶段 | 1992 | 784.0 | 336.2 | 105.9 | 2026.6 | 232.9 | 109.7 | 2.58 | 1242.6 | 3.8 |
| | 1993 | 921.6 | 346.9 | 103.2 | 2577.4 | 255.1 | 109.5 | 2.80 | 1655.8 | 6.3 |
| | 1994 | 1221.0 | 364.3 | 105.0 | 3496.2 | 276.8 | 108.5 | 2.86 | 2275.2 | 3.5 |
| | 1995 | 1577.7 | 383.6 | 105.3 | 4283.0 | 290.3 | 104.9 | 2.71 | 2705.3 | -0.4 |
| | 1996 | 1926.1 | 418.1 | 109.0 | 4838.9 | 301.6 | 103.8 | 2.51 | 2912.8 | -5.2 |
| 第五阶段 | 1997 | 2090.1 | 437.3 | 104.6 | 5160.3 | 311.9 | 103.4 | 2.47 | 3070.2 | -1.2 |
| | 1998 | 2162.0 | 456.1 | 104.3 | 5425.1 | 329.9 | 105.8 | 2.51 | 3263.1 | 1.5 |
| | 1999 | 2210.3 | 473.5 | 103.8 | 5854.0 | 360.6 | 109.3 | 2.65 | 3643.7 | 5.5 |
| | 2000 | 2253.4 | 483.4 | 102.1 | 6280.0 | 383.7 | 106.4 | 2.79 | 4026.6 | 4.3 |
| | 2001 | 2366.4 | 503.7 | 104.2 | 6859.6 | 416.3 | 108.5 | 2.90 | 4493.2 | 4.3 |
| | 2002 | 2475.6 | 527.9 | 104.8 | 7702.8 | 472.1 | 113.4 | 3.11 | 5227.2 | 8.6 |
| | 2003 | 2622.2 | 550.6 | 104.3 | 8472.2 | 514.6 | 109.0 | 3.23 | 5850 | 4.7 |
| 第六阶段 | 2004 | 2936.4 | 588.0 | 106.8 | 9421.6 | 554.2 | 107.7 | 3.21 | 6485.2 | 0.9 |
| | 2005 | 3254.9 | 624.5 | 106.2 | 10493.0 | 607.4 | 109.6 | 3.22 | 7238.1 | 3.4 |
| | 2006 | 3587.0 | 670.7 | 107.4 | 11759.5 | 670.7 | 110.4 | 3.28 | 8172.5 | 3 |
| | 2007 | 4140.4 | 734.4 | 109.5 | 13785.8 | 752.2 | 112.2 | 3.33 | 9645.4 | 2.7 |
| | 2008 | 4760.6 | 793.2 | 114.9 | 15780.8 | 815.7 | 114.47 | 3.31 | 11020.2 | -0.43 |
| | 2009 | 5153.2 | 860.6 | 108.2 | 17174.7 | 895.4 | 108.83 | 3.33 | 12021.5 | 0.63 |

续表

| | 年份 | 农村居民家庭人均纯收入 ||| 城镇居民家庭人均可支配收入 ||| 城乡收入比 | 城乡收入差 | 城乡增速差异 |
|---|---|---|---|---|---|---|---|---|---|---|
| | | 绝对数（元） | 指数（1978年=100） | 指数（上年=100） | 绝对数（元） | 指数（1978年=100） | 指数（上年=100） | | | |
| 第六阶段 | 2010 | 5919 | 954.4 | 114.86 | 19109.4 | 965.2 | 111.26 | 3.23 | 13190.4 | -3.60 |
| | 2011 | 6977.3 | 1063.2 | 117.88 | 21809.8 | 1046.3 | 114.13 | 3.13 | 14832.5 | -3.75 |
| | 2012 | 7916.6 | 1176.9 | 113.46 | 24564.7 | 1146.7 | 112.63 | 3.10 | 16648.1 | -0.83 |
| | 2013 | 8895.9 | 1286.4 | 112.37 | 26955.1 | 1227 | 109.73 | 3.03 | 18059.2 | -2.64 |
| | 2014 | 9892 | | 111.20 | 28844 | | 107.01 | 2.92 | 18952 | -4.19 |

资料来源：《中国统计年鉴》（2014年）及2014年国民经济和社会发展统计公报。

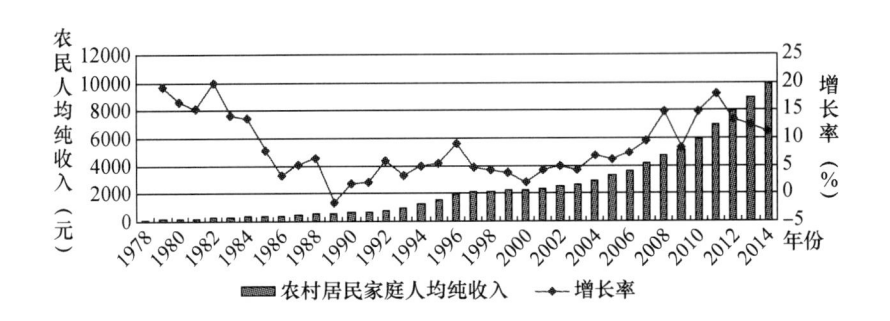

**图 3-1 改革开放后农民收入增长状况**

这一时期，农村居民实际生活水平不断提高，人均生活消费支出由1978年的116.06元增长到2013年的8383元，扣除物价上涨，农村居民人均消费水平提高了10.9倍。农民的衣食住行等各项消费都有很大改善。从食品消费来看，食品供应由短缺到过剩，充分满足了需要，而且食品消费结构不断优化，粮食等发热能食品消费开始下降，优质的保护性食品如肉、奶、蛋、水产品、水果等消费不断增加，蔬菜消费的品质和品种也在不断优化①，如表3-2所示。农民的

---

① 王恩胡、李录堂：《我国食品消费结构变迁与农业发展战略调整》，《中国农村观察》2007年第2期。

住房条件不断得到改善，人均住房面积由1980年的8.1平方米增加到2012年的37.1平方米，增长了3.58倍，房屋质量也有较大改善，由原来的主要是土木结构转变为以砖混结构为主。农民家庭的耐用消费品拥有量不断增加，品种构成与时俱进，由原来的自行车、缝纫机、手表为主转变为以摩托车、汽车、电视机、空调、洗衣机、电脑为主，如表3-3所示。如1978年我国农村居民每百户拥有自行车30.79辆，而到了2013年每百户拥有摩托车62.2辆，甚至部分农户还有汽车。农村居民拥有存款和生产资料等财富大幅增加，农村居民人均存款余额由1978年的7.0元增加到2005年的3301元，据西南财经大学《中国家庭金融调查报告》显示，到2011年农村家庭金融资产上升到3.1万元。[①] 农民家庭户均生产用固定资产原值也由1983年的468元/户增加到2012年的16974元/户。农村贫困状况也得到极大改善，1978年，全国共有贫困人口25000万，2013年降至8249万（国家提高扶贫标准之后数据）。农村居民恩格尔系数降至37.7%，总体上已摆脱了贫困，超越了温饱，迈进了小康生活阶段。

表3-2　　　　中国农村居民每人全年消费主要食品数量　　　　单位：千克

| | 农村 | | | | | | |
|---|---|---|---|---|---|---|---|
| | 1978年 | 1985年 | 1990年 | 1995年 | 2000年 | 2010年 | 2012年 |
| 粮食 | 247.8 | 257.5 | 262.1 | 258.9 | 250.23 | 181.4 | 164.3 |
| 蔬菜 | 141.5 | 131.1 | 134 | 104.6 | 106.74 | 93.3 | 84.7 |
| 食油 | 1.97 | 4.04 | 5.17 | 5.8 | 7.06 | 6.3 | 7.8 |
| 肉禽及制品 | 6.01 | 12 | 12.6 | 13.12 | 18.3 | 22.2 | 23.5 |
| 蛋及制品 | 0.8 | 2.05 | 2.41 | 3.22 | 4.77 | 5.1 | 5.9 |
| 水产品 | 0.84 | 1.64 | 2.13 | 3.36 | 3.92 | 5.2 | 5.4 |
| 鲜奶 | | | | | 1.06 | 3.6 | 5.3 |
| 水果（瓜果） | | | | 13.01 | 18.31 | 19.6 | 22.8 |
| 坚果及果仁 | | | | 0.13 | 0.74 | 1 | 1.3 |

资料来源：《中国统计年鉴》（1981—2005年）。

---

[①] 《中国家庭金融调查：高收入家庭储蓄占74.9%》，http：//business.sohu.com/20120515/n343239771.shtml。

表 3-3　中国农村居民家庭平均每百户年底耐用消费品拥有量

| 品名 | 1978年 | 1980年 | 1985年 | 1990年 | 1995年 | 2000年 | 2005年 | 2010年 | 2013年 |
|---|---|---|---|---|---|---|---|---|---|
| 自行车（辆） | 30.79 | 36.87 | 80.64 | 118.33 | 147.02 | 120.48 |  | 96 | 79 |
| 缝纫机（架） | 19.80 | 23.31 | 43.21 | 55.19 | 65.74 |  |  |  |  |
| 钟（只） | 24.33 | 30.95 | 37.32 | 49.01 | 67.94 |  |  |  |  |
| 手表（只） | 27.42 | 37.58 | 126.32 | 172.22 | 169.09 |  |  |  |  |
| 电风扇（台） |  |  | 9.66 | 41.36 | 88.96 | 122.62 |  |  |  |
| 洗衣机（台） |  |  | 1.90 | 9.12 | 16.90 | 28.58 | 40.2 | 57.3 | 67.2 |
| 家用电冰箱（台） |  |  | 0.06 | 1.22 | 5.15 | 12.31 | 20.1 | 45.2 | 67.3 |
| 摩托车（辆） |  |  |  | 0.89 | 4.91 |  |  | 59 | 62.2 |
| 收音机（台） | 17.44 | 33.54 | 54.19 | 45.15 | 31.05 |  |  |  |  |
| 黑白电视机（台） |  |  | 10.94 | 39.72 | 63.81 | 52.97 |  | 6.4 | 1.4 |
| 彩色电视机（台） |  | 0.39 | 0.80 | 4.72 | 16.92 | 48.74 | 84.1 | 111.8 | 116.9 |
| 收录机（台） |  |  | 4.33 | 17.83 | 28.25 | 21.58 |  |  |  |
| 照相机（架） |  |  |  | 0.70 | 1.42 | 3.1 |  | 5.2 | 5.2 |
| 空调机（台） |  |  |  |  |  | 1.32 | 6.4 | 16 | 25.4 |
| 抽油烟机（台） |  |  |  |  |  | 2.75 |  | 11.1 | 14.7 |
| 小汽车（辆） |  |  |  |  |  | 21.94 | 40.7 |  |  |
| 电话机（部） |  |  |  |  |  | 26.38 | 58.4 | 60.8 | 42.2 |
| 移动电话（部） |  |  |  |  |  | 4.32 | 50.2 | 136.5 | 197.8 |
| 组合音响（台） |  |  |  |  |  | 7.76 |  |  |  |
| 家用计算机 |  |  |  |  |  |  | 2.1 | 10.4 | 21.4 |

资料来源：《中国统计年鉴》（1981—2014年）。

## 二　改革开放后农民收入增长特征

随着经济的放开搞活、工业化城市化水平的迅速提高，改革开放后农民获取收入的来源和途径日渐增多，加之整个国家由计划经济体制向市场经济体制转变，农村经济市场化、货币化水平大幅提高，导致农民收入的来源、形式及增长出现了一些新的特征。

**1. 农村居民收入水平普遍提高**

改革开放后，我国农村居民收入水平普遍有了提高。按纯收入分组的户数占调查户比重来看,每一时段内低收入群体所占比重都在下降,高收入群体占比上升,同时各个时期低收入户的收入水平也在不断上升,高收入户的收入水平不断刷新,说明大多数农村居民收入水平都趋于提高。如2000年与1990年相比,年人均纯收入500元以下的农户比重已由35.05%下降至2.64%,2001元以上的农户比重已由1999年的1.99%上升至2000年的49.98%;而从2005年到2012年,年人均纯收入2000元以下的农户比重已由29.4%下降至5.6%。年人均纯收入10001元以上农户比重已由2005年的3.4%上升至2012年的30.3%。如表3-4所示。

表3-4　　　　农村居民按纯收入分组的户数占调查户比重　　　　单位:%

| 分组 | 1990年 | 1995年 | 2000年 | 2005年 | 2010年 | 2012年 |
| --- | --- | --- | --- | --- | --- | --- |
| 500元以下 | 35.05 | 5.12 | 2.64 | 1.68 | 9.5 | 5.6 |
| 501—1000元 | 47.23 | 24.54 | 11.54 | 5.30 | | |
| 1001—1500元 | 12.25 | 26.95 | 17.92 | 9.90 | | |
| 1501—2000元 | 3.48 | 17.31 | 17.92 | 12.56 | | |
| 2001-5000元 | 1.99 | 23.82 | 42.53 | 51.61 | 38 | 26.2 |
| 5001—8000元 | | | | 12.6 | 26.4 | 25.6 |
| 8001—10000元 | | 2.26 | 7.45 | 3 | 9.6 | 12.2 |
| 10001—15000元 | | | | 2.4 | 10.5 | 17.1 |
| 15001—20000元 | | | | 0.6 | 3.4 | 7.2 |
| 20001元以上 | | | | 0.4 | 2.4 | 6 |

资料来源:《中国统计年鉴》(2000—2014年)。

2. 农民收入的货币化程度提高

伴随着我国经济货币化程度不断提高,现金收入在农民收入中占比不断提高。计算现金收入在农民纯收入中所占的比重,可以观察出市场化水平的提高对农民收入形式的影响,如表3-5所示。1978—2006年我国农民人均现金纯收入由56.4元增加到3067.8元,增长53.7倍,而同期农民人均纯收入增长26倍,农民人均实物纯收入增长5.7倍。农民人均现金纯收入增速显著超出农民人均纯收入增速。

农民现金纯收入增长速度快，在全部纯收入中的比重由1978年的41.9%上升到2006年的85.5%，增长了43.6个百分点；相反，农民人均实物纯收入所占比重由1978年的58.1%下降到2006年的14.5%，这表明农民经营的商品化程度有了较大的提高，农民的收入形态货币化程度有较大的提高。

表3-5　　　　　　按形态划分的农民收入变化情况

| 年份 | 纯收入 绝对值（元/人） | 纯收入 相对值（%） | 现金纯收入 绝对值（元/人） | 现金纯收入 相对值（%） | 实物纯收入 绝对值（元/人） | 实物纯收入 相对值（%） |
|---|---|---|---|---|---|---|
| 1978 | 133.6 | 100 | 56.4 | 41.9 | 77.6 | 58.1 |
| 1980 | 191.33 | 100 | 94.37 | 49.32 | 96.96 | 50.68 |
| 1985 | 397.60 | 100 | 250.89 | 63.10 | 146.71 | 36.9 |
| 1990 | 686.31 | 100 | 439.72 | 64.07 | 175.52 | 35.93 |
| 1995 | 1557.74 | 100 | 987.02 | 62.56 | 590.73 | 37.44 |
| 2000 | 2253.42 | 100 | 1648.74 | 72.82 | 612.58 | 27.18 |
| 2005 | 3254.9 | 100 | 2738.3 | 84.1 | 516.6 | 15.9 |
| 2006 | 3587.0 | 100 | 3067.8 | 85.5 | 519.2 | 14.5 |
| 2010 | 5919.0 | 100 | 5143.7 | 86.9 | 775.3 | 13.1 |
| 2012 | 7916.6 | 100 | 7014.9 | 88.6 | 901.7 | 11.4 |
| 2013 | 8895.9 | 100 | 8042.7 | 90.4 | 853.2 | 9.6 |

资料来源：国家统计局农村经济社会调查司：《中国农村住户调查年鉴》（2014年）。

3. 农民收入来源渐趋多元化，非农收入比重大幅提高

在经济体制改革及第二、三产业发展带动下，改革开放后我国农民的收入来源发生了重大变化。家庭联产承包责任制实施之前，农户从农村集体经济中获得的工资性收入占主导地位。随着家庭联产承包责任制实施，农户成为生产经营的主体，家庭经营纯收入成为农户主要收入来源。1985年，家庭经营纯收入占农民纯收入的比重达到74.44%。随着农村劳动力流动政策逐渐松动和城市第二、三产业发展，越来越多的农村剩余劳动力脱离农业，进入工厂、进入城市，这

样农民收入中工资性收入占比逐渐提高,家庭农业经营性收入份额下降。1990 年来自家庭经营的收入占农民人均纯收入的比重约为 76%,2000 年下降到 63.34%,10 年间下降超过 12 个百分点。务工收入占全国农民纯收入比重 1990 年为 20.22%,2000 年上升为 31.17%,10 年上升了近 11 个百分点。进入新世纪,中国城市第二、三产业突飞猛进发展,加上国家对农民进城务工的肯定和支持,农村劳动力外出务工收入占全国农民平均纯收入比重继续攀升,到 2013 年,农村劳动力务工收入在农民平均纯收入比重为 45.25%,超过家庭经营收入占比。

如果将农民家庭经营收入细分为农业经营收入(大农业,包括农林牧渔业经营收入)和非农业经营收入(经营工、商、服务、文教等行业),可以看出,农业经营纯收入在农民纯收入构成中比重不断下降,从实行联产承包家庭责任制初期的 60% 降到现在的 30% 左右,说明农业经营已不再是农民收入的主要来源。但目前"三分天下有其一",仍占有较为重要的地位。同时随着 2003 年后国家反哺农业政策的实行,转移性收入有所增加,由 2003 年的 96.83 元迅速增加到 2013 年的 784.3 元,10 年期间增长了 7 倍多,占农民人均纯收入的比重也有显著提高,从 2003 年的 3.69% 提高到 2013 年的 8.82%,如表 3-6 所示。

表 3-6　　　　农民收入来源构成(1978—2013 年)　　　　单位:%

| 指标 | 1978年 | 1980年 | 1985年 | 1990年 | 1995年 | 1999年 | 2000年 | 2005年 | 2010年 | 2012年 | 2013年 |
|---|---|---|---|---|---|---|---|---|---|---|---|
| 工资性纯收入 | 66.09 | 55.62 | 18.16 | 20.22 | 22.42 | 28.52 | 31.17 | 36.08 | 41.07 | 43.55 | 45.25 |
| 家庭经营纯收入 | 26.80 | 32.72 | 74.45 | 75.56 | 71.36 | 65.53 | 63.34 | 56.67 | 47.86 | 44.63 | 42.64 |
| *农业经营纯收入 | 25.30 | 29.48 | 66.37 | 66.44 | 60.62 | 51.53 | 48.40 | 45.15 | 37.69 | 34.39 | — |
| *非农经营纯收入 | 1.50 | 3.24 | 8.10 | 9.14 | 10.74 | 14.00 | 14.94 | 11.52 | 10.17 | 10.25 | — |
| 财产性纯收入 | — | — | — | — | 2.60 | 1.43 | 2.00 | 2.72 | 3.42 | 3.15 | 3.29 |
| 转移性纯收入 | 7.11 | 11.71 | 7.42 | 4.23 | 3.63 | 4.53 | 3.50 | 4.53 | 7.65 | 8.67 | 8.82 |

资料来源:根据《中国统计年鉴》(1986—2014 年)整理计算而得。

4. 农民收入增长存在波动性

随着农民家庭经营的市场化水平提高和农民外出务工收入占总收入比重提高,农民收入与农产品市场行情及国家宏观经济形势关系日渐密切,加之粮价调整等重大政策的间断出台,改革开放后农民收入增长呈现出明显的波动性。按照农民人均纯收入增长速度差异,结合农民收入增长来源的变化,可将改革后农民收入增长分为六个阶段。

（1）1978—1984 年为高速增长阶段。1979 年国务院提高了粮食、棉花、生猪等重要农产品的收购价格,平均提价 24.8%。1980 年再次提高 8.1%。农产品提价,加之随后实施的家庭联产承包责任制,极大地调动了农民生产积极性,促进农业生产迅猛发展,带动农民收入快速增长。1978—1984 年,农民人均纯收入由 134 元提高到 355 元,年均增长 17.6%,扣除物价上涨因素,实际年均增长 14.8%,增幅超过了城镇居民,是新中国成立后增速最快的时期。这一阶段,农民收入的增长主要得益于家庭联产承包责任制和国家大幅度提高农产品收购价格的政策。

（2）1985—1988 年为缓慢增长阶段。1985 年以后,我国经济改革和发展的重心由农村转向城市,工业高速增长,而农业在政策效力释放完毕后增势减缓,出现徘徊局面。以乡镇企业为代表的农村非农产业的快速发展对农民收入增长作出了较大贡献,1985—1988 年乡镇企业总产值（当年价格）年递增 36.6%,农民所得工资收入年均递增 26.8%,弥补了农业收益增幅的减少。这期间农民人均纯收入年均实际增长 4.2%,导致这一时期城乡之间收入差距出现了逐年上升的势头。

（3）1989—1991 年为停滞徘徊阶段。治理整顿导致农产品市场需求萎缩,农民收入增长迟滞。扣除物价因素后,1989 年、1990 年、1991 年农民人均实际纯收入分别较上年增长 -1.6%、1.9% 和 2%,三年平均增长 0.7%,农民收入基本上处于停滞状态。这一时期,我国不但发生了较为严重的通货膨胀,而且农村非农产业不景气,大批劳动力回流农业,农民增收渠道变窄。

（4）1992—1996 年为恢复增长阶段。自 1992 年起农民收入增长走出低谷,开始回升,由 1992 年的 784 元提高到 1996 年的 1926 元,增长 1.45 倍，年均增长 25.21%，但扣除物价上涨因素后，农民收入增长率仍然很慢，实际年均增长仅为 5.6%，具有恢复性质。这一阶段拉动农民收入增长的主要动力来源于农业产出增加、国家大幅提高粮食等农产品价格（1994 年、1996 年粮食收购价格先后提高 46.6%和 41%）和邓小平南方谈话后外资企业、乡镇企业快速发展吸引大批剩余劳动力转移就业。

（5）1997—2003 年为缓慢增长阶段。这期间农民收入曾出现连续四年的下滑，1997—2000 年，农民收入增速分别为 4.6%、4.3%、3.8%、2.1%，增速逐年下降，且没有一个年份超过 5%。主要原因是农业长期持续发展后，农产品市场出现了阶段性、结构性和地区性过剩，农产品销售不畅，市场价格持续低迷，农产品收购价格总指数（1980 年为 100）1996 年为 420.5，1999 年下降为 324.3，下降 22.9%[①]，导致农民来自农业的收入停滞不前。同时，受亚洲金融危机冲击，国际国内市场需求不旺，乡镇企业效益下滑，城市就业压力增大，农民转移就业受阻，从而导致工资性收入增长乏力。

（6）2004 年至今为稳步快速增长阶段。城乡收入差距问题引发全社会的关注，注重社会公平，合理调整国民收入分配格局成为全社会的共识和国家政策的基点。从 2004 年起国家决定在农村税费改革基础上，分步取消了农业税，并开展粮食直补、良种补贴、农机具购置补贴、农资增支综合直补等一些支农政策，加大农村基础设施力度，积极推进义务教育、新型合作医疗制度、新型农村养老保险等农村社会事业发展，改善了农村生产生活条件，废除收容制度，推进户籍制度改革，颁布实施新《劳动法》，积极改善农民外出就业的环境，推动农民收入进入稳步快速增长阶段，城乡收入差距扩大态势有所扭转。2013 年，农民人均纯收入为 8895.9 元，较 2003 年增加了 6273.7 元。农村税费改革深入进行、农业税取消以及一系列支农惠农政策是这一阶段农民收入大幅增长的主要动力，农民人均纯收入中转移性收入所占比重由 2002 年的 3.69%增长到 2013 年的 8.82%。

---

① 张小兰：《经济转型期农民收入问题研究》，四川大学，博士学位论文，2003 年。

**5. 不同区域、不同类型农户之间收入差距扩大**

我国地域辽阔，各地农业条件和经济发展存在较大差异，导致不同区域农户之间收入增长悬殊。1978 年，东部、中部、西部地区农民人均纯收入分别为 172 元、133 元和 120 元，2000 年，三大地区农民人均纯收入名义值分别为 3476 元、2071 元和 1565 元，东部地区增长明显快于中部、西部地区，东部地区农民人均纯收入年平均名义增长率为 14.6%，中部和西部地区相应指标分别为 13.3% 和 12.4%。1980 年农民收入最高的上海市和农民收入最低的陕西省，其农民收入之比为 2.8，到 2000 年时，最高的上海与最低的西藏之比为 4.2。经济发达地区农民收入增长幅度明显高于落后地区，农民收入地区间差距不断拉大。进入 21 世纪后在国家一系列支农惠农政策及西部大开发政策推动下，西部农民收入增速提高，收入差距才有所缩小。从 2000 年到 2013 年，西部地区农民人均纯收入增长了 310%，而东部地区农民人均纯收入增长了 270%，东部与西部人均纯收入之比由 1.97 倍减少到 1.76 倍，但中部、西部地区与东部地区农民收入差距依然较大。从 2013 年各省市区农民收入数据来看，当年全国农村居民人均纯收入为 8895.9 元，但全国仅有 12 个省市区农民收入超过此水平，绝大多数省市区农民人均纯收入都低于此水平，特别是西南和西北的欠发达省区如甘肃、贵州、云南、陕西、青海、西藏等，农民年人均纯收入还不足 7000 元，最低的甘肃省农民人均纯收入仅有 5107 元，相当于全国平均水平的 60%，仅为上海农民人均纯收入的 1/4，如表 3-7 所示。

表 3-7　　各地区农村居民家庭人均纯收入及其增长状况　　单位：元

| 地区 | 1985 年 | 1990 年 | 1995 年 | 2000 年 | 2005 年 | 2010 年 | 2013 年 | 相当于全国平均水平（%） | 1985—2013 年增长率（%） |
|---|---|---|---|---|---|---|---|---|---|
| 全国 | 397.6 | 686.31 | 1577.74 | 2253.42 | 3254.9 | 5919.0 | 8895.9 | 100.00 | 2237.40 |
| 北京 | 775.08 | 1297.05 | 3223.65 | 4604.55 | 7346.3 | 13262.3 | 18337.5 | 206.13 | 2365.88 |

续表

| 地区 | 1985年 | 1990年 | 1995年 | 2000年 | 2005年 | 2010年 | 2013年 | 相当于全国平均水平（%） | 1985—2013年增长率（%） |
|---|---|---|---|---|---|---|---|---|---|
| 天津 | 564.55 | 1069.04 | 2406.38 | 3622.39 | 5579.9 | 10074.9 | 15841.0 | 178.07 | 2805.96 |
| 河北 | 385.23 | 621.67 | 1668.73 | 2478.86 | 3481.6 | 5958.0 | 9101.9 | 102.32 | 2362.72 |
| 山西 | 358.32 | 603.51 | 1208.3 | 1905.61 | 2890.7 | 4736.3 | 7153.5 | 80.41 | 1996.40 |
| 内蒙古 | 360.41 | 607.15 | 1208.38 | 2038.21 | 2988.9 | 5529.6 | 8595.7 | 96.63 | 2384.99 |
| 辽宁 | 467.84 | 836.17 | 1756.5 | 2355.58 | 3690.2 | 6907.9 | 10522.7 | 118.29 | 2249.21 |
| 吉林 | 413.74 | 803.52 | 1609.6 | 2022.5 | 3264 | 6237.4 | 9621.2 | 108.15 | 2325.42 |
| 黑龙江 | 397.84 | 759.86 | 1766.27 | 2148.22 | 3221.3 | 6210.7 | 9634.1 | 108.30 | 2421.61 |
| 上海 | 805.92 | 1907.32 | 4245.61 | 5596.37 | 8247.8 | 13978.0 | 19595.0 | 220.27 | 2431.38 |
| 江苏 | 492.6 | 959.06 | 2456.86 | 3595.09 | 5276.3 | 9118.2 | 13597.8 | 152.85 | 2760.41 |
| 浙江 | 548.6 | 1099.04 | 2966.19 | 4253.67 | 6660 | 11302.6 | 16106.0 | 181.05 | 2935.83 |
| 安徽 | 369.41 | 539.16 | 1302.82 | 1934.57 | 2641 | 5285.2 | 8097.9 | 91.03 | 2192.11 |
| 福建 | 396.45 | 764.41 | 2048.59 | 3230.49 | 4450.4 | 7426.9 | 11184.2 | 125.72 | 2821.08 |
| 江西 | 377.31 | 669.9 | 1537.36 | 2135.3 | 3128.9 | 5788.6 | 8781.5 | 98.71 | 2327.39 |
| 山东 | 408.12 | 680.18 | 1715.09 | 2659.2 | 3930.5 | 6990.3 | 10619.9 | 119.38 | 2602.16 |
| 河南 | 329.37 | 526.95 | 1231.97 | 1985.82 | 2870.6 | 5523.7 | 8475.3 | 95.27 | 2573.20 |
| 湖北 | 421.24 | 670.8 | 1511.22 | 2268.59 | 3099.2 | 5832.3 | 8867.0 | 99.67 | 2104.97 |
| 湖南 | 395.26 | 664.24 | 1425.16 | 2197.16 | 3117.7 | 5622.0 | 8372.1 | 94.11 | 2118.13 |
| 广东 | 495.31 | 1043.03 | 2699.24 | 3654.48 | 4690.5 | 7890.3 | 11669.3 | 131.18 | 2355.96 |
| 广西 | 302.96 | 639.45 | 1446.14 | 1864.51 | 2494.7 | 4543.4 | 6790.9 | 76.34 | 2241.52 |
| 海南 | — | 696.22 | 1519.71 | 2182.26 | 3004 | 5275.4 | 8342.6 | 93.78 | — |
| 重庆 | — | — | — | 1892.44 | 2809.3 | 5276.7 | 8332.0 | 93.66 | — |
| 四川 | 315.07 | 557.76 | 1158.29 | 1903.6 | 2802.8 | 5086.9 | 7895.3 | 88.75 | 2505.90 |
| 贵州 | 287.83 | 435.14 | 1086.62 | 1374.16 | 1877 | 3471.9 | 5434.0 | 61.08 | 1887.92 |
| 云南 | 338.34 | 540.86 | 1010.97 | 1478.6 | 2041.8 | 3952.0 | 6141.3 | 69.04 | 1815.13 |
| 西藏 | 352.97 | 649.71 | 1200.31 | 1330.81 | 2077.9 | 4138.7 | 6578.2 | 73.95 | 1863.68 |
| 陕西 | 295.26 | 530.8 | 962.89 | 1443.86 | 2052.9 | 4105.0 | 6502.6 | 73.10 | 2202.33 |
| 甘肃 | 255.22 | 430.98 | 880.34 | 1428.68 | 1979.9 | 3424.7 | 5107.8 | 57.42 | 2001.32 |
| 青海 | 342.95 | 559.78 | 1029.77 | 1490.49 | 2151.5 | 3862.7 | 6196.4 | 69.65 | 1806.79 |
| 宁夏 | 321.17 | 578.13 | 998.75 | 1724.3 | 2508.9 | 4674.9 | 6931.0 | 77.91 | 2158.04 |
| 新疆 | 394.3 | 683.47 | 1136.45 | 1618.08 | 2482.2 | 4642.7 | 7296.5 | 82.02 | 1850.48 |

资料来源：《中国统计年鉴》（2014年）。

不同种类农户如纯农户和农业兼业户之间收入差距扩大。国家统计局农户抽样调查资料表明，2000年，纯农户（只从事农业生产经营）、农业兼业户（以农业生产经营为主并从事非农工作）、非农业兼业户（以非农工作为主并从事农业生产经营）和非农业户（具有农民身份但不从事农业生产经营）的人均纯收入分别为1933元、1980元、2805元和5135元，这4类农户占农户总数的比例分别为19.2%、48.1%、29.4%和3.3%。其中，纯农户和农业兼业户的收入分别比全国平均水平低14.2%和12.1%，比收入最高的非农业户分别低62.4%和61.4%。[①]

农村内部收入分化加剧。在将农村住户调查资料按纯收入进行5等分分组（每组各占总户数的20%，分别为低收入户、中等偏下户、中等收入户、中等偏上户、高收入户）后，2013年，占农村人口20%的低收入户人均纯收入只有2583.2元，不到当年全国农村居民人均纯收入的1/3；而20%的高收入户人均纯收入为21272.7元，相当于低收入户组人均纯收入的8.24倍。农村高收入户与低收入户人均纯收入差异明显超过城镇居民，如表3-8所示。

表3-8　　　各年按五等分分组的农村居民收入情况　　　单位：元

| 年份 | 低收入户 | 中等偏下户 | 中等收入户 | 中等偏上户 | 高收入户 | 高收入户/低收入户 |
| --- | --- | --- | --- | --- | --- | --- |
| 2000 | 802 | 1440 | 2004 | 2767 | 5190 | 6.47 |
| 2001 | 818 | 1491 | 2081 | 2891 | 5534 | 6.77 |
| 2002 | 857 | 1548 | 2164 | 3031 | 5903 | 6.89 |
| 2003 | 865.9 | 1606.5 | 2273.1 | 3206.8 | 6346.9 | 7.33 |
| 2004 | 1007 | 1842.2 | 2578.6 | 3608 | 6931 | 6.88 |
| 2005 | 1067.2 | 2018.3 | 2851 | 4003.3 | 7747.4 | 7.26 |
| 2006 | 1182.5 | 2222 | 3148.5 | 4446.6 | 8474.8 | 7.17 |
| 2007 | 1346.9 | 2581.8 | 3658.8 | 5129.8 | 9790.7 | 7.27 |
| 2008 | 1499.8 | 2935 | 4203.1 | 5928.6 | 11290.2 | 7.53 |
| 2009 | 1549.3 | 3110.1 | 4502.1 | 6467.6 | 12319.1 | 7.95 |

---

① 国家统计局：《中国农村住户调查年鉴》，中国统计出版社2001年版。

续表

| 年份 | 低收入户 | 中等偏下户 | 中等收入户 | 中等偏上户 | 高收入户 | 高收入户/低收入户 |
|---|---|---|---|---|---|---|
| 2010 | 1869.8 | 3621.2 | 5221.7 | 7440.6 | 14049.7 | 7.51 |
| 2011 | 2000.5 | 4255.7 | 6207.7 | 8893.6 | 16783.1 | 8.39 |
| 2012 | 2316.2 | 4807.5 | 7041 | 10142.1 | 19008.9 | 8.21 |
| 2013 | 2583.2 | 5516.4 | 7942.1 | 11373 | 21272.7 | 8.24 |
| 2013/2000 | 322.09 | 383.08 | 396.31 | 411.02 | 409.88 | |

资料来源：根据《中国统计年鉴》（2002—2008年）整理计算。

从2001年到2013年，农村高收入户人均纯收入由5190元增加到21272.7元，增长了309%；而低收入户由802元增加到2583.2元，仅增长了222%，低于高收入组近1/3，少数高收入农户的收入在增长，多数低收入农户的收入增长不多，收入越低，增长越难，导致高收入户与低收入户的相对比由6.47增加到8.24。

## 第二节 改革开放后农民收入问题的表现及应对措施

### 一 改革开放后农民收入问题的表现

尽管改革开放后农民收入水平有较大幅度增长，但农民收入增长却不平衡、不稳定，存在明显波动性，特别是农民收入增长滞后于城市居民收入增长，导致城乡收入差距逐渐扩大、农民收入相对低下问题渐趋突出，形成所谓"农民收入问题"。"农民收入问题"的提出始于20世纪80年代后期，最早的研究文献发表于1986年，主要关注80年代初农民收入增长所引发的农村内部分化和1985年以后的收入增速放缓[1]；90年代后，随着市场化改革的深入，城市作为经济中心，其发展优势日益明显，而亚洲金融危机及农产品价格持续低迷，

---

[1] 黄荣武：《四川农民收入问题的分析与思考》，《经济体制改革》1986年第5期。

城乡经济发展及居民收入差距逐渐拉大，农民收入徘徊不前，农民增收、农民减负的问题在21世初引起社会各界的广泛关注。分析改革开放后整体情况，农民收入问题主要表现在以下几方面。

1. 绝对水平不高

尽管改革开放后我国农民收入增长较快、增幅较大，但从绝对收入水平来看，我国农民收入整体上长期处于较低水平。20世纪80年代农民年人均纯收入长期低于600元，90年代到21世纪初，大多数年份农民年人均纯收入不到2000元，2004年后在一系列惠农政策推动下农民收入增长加速，但到2013年，我国农村居民人均纯收入也只有8896元，相当于741.22元/月。搜集2013年全国各地城市最低工资线数据，发现2013年农民人均纯收入比各地城市最低工资线中最低值850元/月（贵州省息烽县）还低了12.8%。2013年收入最低的20%农村住户人均纯收入为2583.2元，相当于423.69美元（按照国家外汇管理局公布的2013年12月31日汇率①），低于世界银行2005年划定的每人每天消费1.25美元贫困线国际标准。② 按照国家有关部门统计，2013年年底，全国农村还有8249万农村贫困人口（贫困线标准每人每天收入6.3元，年收入低于2300元/人）。也就是到了2013年全国农村五分之一的家庭收入低于世界银行划定的贫困线，还有8000多万人口收入处于温饱边缘。

2. 相对差距悬殊

横向比较，我国农民收入水平远低于城镇居民收入水平，城乡收入差距悬殊。2013年，城镇居民人均年可支配收入26955元，而同期农村居民人均纯收入8896元，相差18059元。如果以农村居民人均纯收入为1，则城乡居民收入之比1978年为2.57:1，1985年降到历史的最低点，为1.8:1，以后长期处于不断上升的态势，差距不断扩大，到2007年为3.33:1，近年有所下降，2014年2.92:1。2013年，

---

① http://www.safe.gov.cn/wps/portal/sy/tjsj_ hlzjj_ inquire.
② 世界银行以1985年的美元为基准，考虑各国货币购买力水平的不同，提出了国际贫困线标准为人均每天1美元，考虑到物价水平和各国经济的发展变化，世界银行估计，按2005年美元计价，新的贫困线应该是人均每日1.25美元。

全国收入最低的20%城镇居民户其人均可支配收入11433.71元，高出当年全国农村居民的人均纯收入2537.8元，可以说，几乎所有城镇居民收入都高于农村居民平均水平（未考虑城乡生活费用指数差异及非货币化收入）。而当年农村居民中收入水平最高的20%的农户，人均纯收入只有21272.7元，只相当于当年城镇居民平均可支配收入（26955.1元）的96.8%，收入最高的农村居民其收入水平还比城镇居民平均水平略低一些。几乎所有的农村居民收入低于城镇居民，几乎所有的城镇居民收入高于农村居民，农村居民与城镇居民形成两个收入差距明显的群体。

进一步深入分析不难发现，用城市居民人均可支配收入和农村居民人均纯收入统计指标衡量城乡收入差距可能低估了城乡收入真实差距。为保障城市居民生活稳定，减少改革阻力，在改革开放后很长一段时间，国家实施了农副产品价格补贴、肉食补贴等一系列针对城市居民的名目繁多的补贴项目，城市居民所在的单位也往往利用各种时机发放实物福利，农村居民长期以来几乎未享受到实物性补贴与社会保障。李实、罗楚亮调研估算，2002年城镇居民当年实物收入均值为193元，全部城镇样本人口获得人均医疗补贴为293元、教育补贴为499元。综合考虑各类隐性补贴形式，城镇居民所获得的隐性补贴总量为4275元，远远高于农村居民所获得的人均收入水平。[①] 当然近年来随着市场化改革深入，城市居民享受的福利逐渐减少。在我国城乡居民收入调查中，城市居民的收入往往只计入工资收入，没有将其实际享有的实物性补贴与社会保障计算到收入之中，而农村居民在实物性补贴与社会保障方面几近空白，农民记账一般也不存在"隐性"收入部分。另外，国家统计局计算农村居民纯收入的口径和方法，本身就有可能低估了城乡收入差距水平。国家统计局计算农村居民纯收入包含了自产自用物品估价，而自产自用物品估价数值高低与采用的产量估值数、价格估值数紧密相关。2006年之前，农民需要向地方政府

---

① 李实、罗楚亮：《中国城乡居民收入差距的重新估计》，《北京大学学报》（哲学社会科学版）2007年第3期。

缴纳名目繁多的税费，中央政府为了减轻农民负担，往往规定税费占当地农民收入的最高比例，地方政府为了增加向农民收取的各种税费数量，同时要保证向农民收取的各种税费不超过国家规定，往往采取高估当地农民收入的行为。

3. 农民收入增长滞后，缺少内在稳定增长机制

考察改革开放后农民收入增长历程，发现我国农民收入增长幅度远低于国家经济整体增幅和城镇居民收入增幅。1979—2014 年中国 GDP 总量增长了 173 倍（未剔除价格因素），年均增速在 15.89% 以上，而农村居民人均纯收入年平均增幅只有 13.08%（未剔除价格因素），仅为 GDP 增速的 82.3%。

1978—2014 年，仅有 17 年（主要集中在改革开放初期和新时期惠农政策后）农村居民收入增幅超过当年城镇居民收入增幅，其余年份农村居民收入增幅一直低于城镇居民收入增幅。特别是在 20 世纪 90 年代以后，在国家经济发展加速大背景下，农民收入增长乏力，城乡居民收入增速差距明显拉大。1991—2007 年，GDP 年均增速在 10.3% 以上，全国城镇居民人均收入年均增长 8.2%，而同期农村居民人均纯收入年均增幅仅为 5.2%，城乡人均收入增速相差 3 个百分点；2000—2007 年城乡人均收入年均增速相差已接近 4 个百分点，如图 3-2 所示。

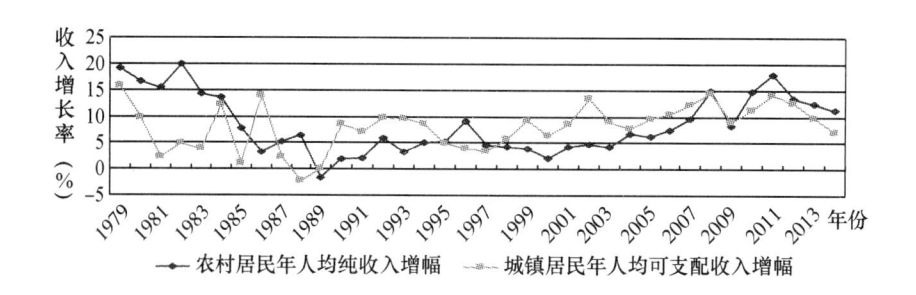

图 3-2 城乡居民收入增长比较

同时，改革开放后农民收入增长并不稳定，对国家政策的依赖性较大，增长呈一波三折。农民收入增长较快的阶段如 1979—1984 年

主要是由于国家实行了家庭联产承包责任制和大幅提高农副产品收购价格；而1992—1996年增长源于国家提高粮价；2004年后农民收入的稳步增长主要在于国家实施了取消农业税、实行粮食直补等政策；而国家如果没有调价措施或其他扶持性政策，农民收入增幅就明显放缓，如1985—1991年和1997—2003年。可以看出，农民收入增长对国家政策的依赖性较大，缺少自我持续稳定增长的内在机制。

**二　促进农民增收的政策措施回顾**

应该肯定，党和政府十分关心农民生活，高度关注农民增收，每当出现农民收入增幅趋缓时，都根据当时环境条件，及时采取不同的应对措施，促进农民增收。

1. 改革开放初期的体制变革与农产品调价

改革开放初期，由于受长期的大锅饭体制影响，农业生产效率低下，农业产出不高，计划经济体制又禁止农民外出务工经商，因而绝大多数农民处于难求温饱的贫困状态。

为了解决农业生产和农民的生活问题，中央顺应广大农民的意愿，在全国全面推广家庭联产承包经营制度，农民获得生产经营自主权和对劳动成果的占有权，农民生产积极性大增，粮食等农产品产量不断创出新高。同时，为改变长期扭曲的农产品价格体系，调动农民种粮积极性，国家连续提高农产品价格，提高农民种粮收益，增加农民来自农业生产的收入。1978—1984年农副产品收购价格总指数提高了53.6%。体制改革和农产品提价两项政策促使农业生产和农民收入双双大幅增长。1978—1984年，粮食产量的年平均增长速度为4.9%，[①]农民收入年均增幅超过两位数，属于"补偿性"超常增长。

2. 20世纪80年代中期的发展乡镇企业与结构调整

农业的连续丰收随即造成农产品低水平上的"卖难"局面出现，1984年国家有关部门开始调整政策，鼓励引导农民调整农村产业结构，发展多种经营，通过改善种植结构实现增收增效；同时国家放松

---

[①] 陈艳：《我国农民收入增长的长效机制研究》，博士学位论文，华中农业大学，2005年。

了对农民务工经商的限制，鼓励农民在当地（县以下）务工经商，鼓励农民发展乡镇企业，吸纳农村富余劳动力就地转移就业，促进农民收入持续增加。1985年，粮食播种面积下降了7000多万亩，经济作物面积大幅增加，加上乡镇企业异军突起，大批农民就地转移就业，农民收入继续增加。1985—1988年，农民收入实际年平均增长5%。增幅虽较实行联产承包责任制初期有较大回落，但仍属于较高水平。这一时期，农民从非农产业（乡镇企业发展）中获得的收入增加较多。

1988年物价闯关造成通胀后，国家随即实行紧缩政策，城市经济陷入萧条，农民外出就业机会减少，同时城市需求陡降导致主要农产品供给过剩，农民收入增长速度放慢。1991—1992年政府提出发展"两高一优"农业的思路，号召农民顺应市场需求提高的趋势，发展"高产、优质、高效"农业，通过农业内部品种结构和品质结构的调整增加农民收入。但由于经济紧缩，整个市场需求不足，这种农业内部调整思路未明显见效。①

3. 南方谈话后的转移就业与农产品调价

1992年邓小平南方谈话，激发了全国发展经济的热潮，全国出现大办开发区、招商引资、兴办工业的浪潮，特别是外资大量涌入及城市现代工业发展创造大量就业机会，吸引大量农村劳动力转移就业。虽然当时国家对劳动力跨区转移就业态度还不甚明确，但实践上还是采取容许的态度。有人估算当年就有4600万农民工进城，1993年增加到6000万，1994—1995年达到7000万—8000万，据我们自己估算，1990—2000年新增转移劳动力在4000万左右，转移就业为农民增收拓宽一条新道路。同时在经济繁荣、物价上涨的背景下，政府于1994年和1996年两次提高粮食收购价格，幅度达105%，② 有力地促进了农民收入增长。

---

① 何秀荣：《发展农业对我国农民增收作用有多大》，《现代农业装备》2003年第3期。

② 温铁军：《三农问题与世纪反思》，生活·读书·新知三联书店2005年版。

4. 亚洲金融危机后的结构调整与税费改革政策

1994年和1996年提高收购价格同样导致粮食增产，且再次创出历史最高产量（1996年粮食总产5045亿公斤），造成比1984年更为严重的总量过剩，导致粮价持续下跌。而在此情况下，国家一方面按保护价敞开收购农民余粮，另一方面，国家有关部委再次提出农业内部结构调整政策。1998年12月召开的中央农村工作会议指出，我国农产品供给由长期短缺变成"总量基本平衡、丰年有余"，农业发展进入了一个新阶段，主张通过调整农业产业结构增加农民收入。1999年7月国务院办公厅转发的《农业部关于当前调整农业生产结构若干意见的通知》，明确提出农业结构的调整要依靠科技进步，着力改善农产品的品种和质量，发挥区域比较优势，大力发展高产优质高效农业。但农产品作为生活必需品，较低的需求收入弹性决定了通过发展农业增加收入的空间极其有限。加之受亚洲金融危机冲击，外贸出口徘徊不前，城市工业发展缓慢，整个市场疲软，农民外出就业受阻，农民增收困难重重。

同时，由于1994年开始实行的分税制改革缺陷逐渐显现，县乡财政普遍困难，基层政府为了满足公共产品供给需要，不断向农民伸手，农民负担日趋沉重，引起社会各界广泛关注。进入21世纪后，推进农村税费改革，减轻农民负担就成为增加农民收入的重要措施。2000年中央发布了《中共中央国务院关于进行农村税费改革试点工作的通知》，要求取消乡统筹费、农村教育集资等专门面向农民征收的行政事业性收费和政府性基金、集资；取消屠宰税；取消统一规定的劳动积累工和义务工；调整农业税和农业特产税政策；改革村提留征收使用办法。2000年开始，安徽省首先进行了以"并费入税"为主要内容的农村税费改革试点，2002年扩展至全国16个省市区，2003年农村税费改革在全国全面展开，全国有14个省（区、市）通过取消特产税和降低特产税税率，为农民减轻负担19.46亿元。在2004年降低农业税税率和免征农业税试点改革中，吉林、黑龙江、上海、北京、天津、浙江、福建、西藏等省市区和其他省市区的274个县（市）免征或基本免征农业税；河北、内蒙古、辽宁、广东、河南等12个省区的农业税税率降低3个百分点,并取消屠宰税、牧业税、除烟叶外的农业特产税。2005年12月第十届全国人大常委会第十九次会议通过了关于废止农业税条例的决定,从2006年起中国历史上延续两千多年的"皇粮国税"走向了终结。降低税费制止了伸向农民的攫取之手,确实缓解了农民生产生活困境,但降低税费没能带来新的增收点,无法改变农民收入低下的局面。

5. 2004年以来的反哺农业政策

从2004年起,中央彻底改变了长期实施的挤压农业政策,开始转向反哺农业,先后实施种粮直补、良种补贴和购买农机具补贴。2004年中央财政安排粮食直补资金116亿元,2005年增加到132亿元,2006年又进一步增加到142亿元。2006年起实行农资综合补贴和其他多种形式的农业补贴,农业补贴力度不断加大。2007年国家开展新农村建设,加大对农村基础设施帮扶力度,同时推进农村医疗保险和农村养老保险等社会保障体系建立。免除农民的税费以及增加政府财政对农业和农民的支持,改变了国家与农民之间传统的"取予"格局,不仅直接增加了农民转移性收入,同时还改善了农村生产生活条件,增强农业和农村经济内在活力,增强了农民收入增长的经济基础。农民收入在内外因素的支持下步入迅速增长的轨道。

总体来看,改革开放以来,政府为解决农民收入低下问题,先后采取了包括农业经营制度变革、提高农产品收购价格、实行保护价收购、调整结构、优化品质、发展乡镇企业、开放进城务工、减轻税负乃至取消农业税、实施农业补贴等措施。这些措施都在一定时期、一定程度上对促进农民增收起到了积极作用,但由于长期历史发展中形成的复杂的经济和社会因素交织影响,加之我国农民数量非常庞大,农民收入低下的问题在各种措施下虽有所缓解,但并未彻底解决,农民收入问题长期持续反复。系统分析影响农民收入增长的因素,识别造成农民收入低下的真正原因,辨识制约农民收入增长的关键因素,有助于采取有针对性的增收措施,促进农民收入持续增长,彻底扭转农民收入相对偏低的局面。

## 第三节　改革开放后农民收入问题成因分析

经济学家欧文·费雪在《利息理论》开篇写道："收入是一连串的事件。"[①] 阿马蒂亚·森指出，"贫困的直接原因往往比较清楚，无须做太多分析，但其最终原因却是模糊不清的，是一个远没有定论的问题。"[②] 收入分配事关社会各阶层的切身利益，一个社会的收入分配格局是在各阶层为最大化自己利益的过程中经过复杂的博弈甚至斗争形成的，既受经济因素制约，也受社会和政治因素影响；单个个人的收入水平既受客观外界环境条件影响，也受主观自身条件限制。正因为收入分配受到多种因素的制约，收入问题的原因也就十分复杂，而且多方面因素存在相互交织、相互作用。

根据前面分析，改革开放后农民收入问题焦点是农民收入增长缓慢、城乡收入差距过大，因而对农民收入问题原因的探究，应当既分析制约农村居民收入增长、导致农民收入低下的因素，也要考察参照群体城镇居民收入增长较快的原因。但各国在解决收入差距问题时政策重点都放在促进低收入群体增收上。因而，本书重点放在分析制约农民收入增长的因素上。

对制约农民收入增长的因素，国外学者基于发达市场经济体系的现实，主要从农产品需求特征、农产品市场波动等角度进行分析，讨论如何弥补市场缺陷，对农业生产和农民收入实施支持政策；探讨贫困地区和贫困人口的特征并提出政府和相关组织如何加强对贫困地区和贫困人口的支持，缓解农村贫困问题。而改革开放后中国作为一个发展中大国，正处于由传统农业社会向现代工业社会、从计划经济向市场经济转型阶段，经济发展水平不高，劳动力严重过剩，二元经济转化尚未完成；计划经济遗迹明显，市场发育还不成熟、不完善，农

---

[①] 周其仁：《收入是一连串事件》，北京大学出版社 2006 年版。
[②] 阿马蒂亚·森著：《贫困与饥荒》，王宇等译，商务印书馆 2004 年版。

村劳动力流动受到一定限制，有着与发达国家不同的经济与社会环境。因而影响我国改革开放后农民增收的因素除了发达市场经济国家常有的农产品市场价格、农村地域特征等因素外，还有中国作为转型发展国家所特有的经济和社会体制因素。国内对农民收入问题的研究，从资源禀赋、农业投入、产业组织、农产品市场等角度进行了较为广泛的分析，如分析人力资本、金融资源、科技推广、财政补贴、农业合作组织、农村基础设施等技术性因素对农民收入的影响，这些无疑都在一定程度上解释了各有关技术性因素对农民收入增长的制约，也对农民增收实践起到积极作用。但令人遗憾的是，这些技术性措施虽在一定时间、一定区域范围内能起到增收作用，却并未从根本上扭转农民收入低下的局面。改革开放后农民收入长期、整体上低于城镇居民收入，并在国家多项增收政策作用下仍未能彻底解决，必然存在一个系统性的因素在发挥作用，且这一因素长期存在、短期难以改变。在此，笔者从农民收入诸来源入手，分析制约农民收入各组成部分增长的关键因素，分析各种限制因素背后的深层经济社会环境体制因素，弄清各有关因素制约农民收入增长的机理。在此基础上制定系统化的农民增收对策，破解制约农民增收的关键环节，形成明确的增收路径和政策体系。

## 一 中国改革开放后农民收入问题形成原因

如前所述，改革开放后我国实行家庭联产承包责任制，农户成了经营主体，农民收入来源和形式发生了变化，由原来主要依靠在农村集体组织中的劳动收入转变为主要依靠家庭经营收入。同时，农民在土地面积狭小、劳动力利用不充分的背景下，利用国家工业化大发展、劳动力转移政策松动的机会，进城务工经商。工资性收入在农民收入中的比重上升，并成为农民增收的主要来源。2004年后，随着国家实施种粮直补等一系列直接收入补贴政策出台，加之在城市建设不断扩张、征地拆迁规模逐渐扩大及经济发展农民财产不断增加等因素影响下，农民财产性收入逐渐增加，转移性收入和财产性收入成为农民收入的重要来源。循着农民收入各个来源，分析制约农民各种收入增长的因素，从而探寻农民收入问题形成的主要原因，如图3-3所示。

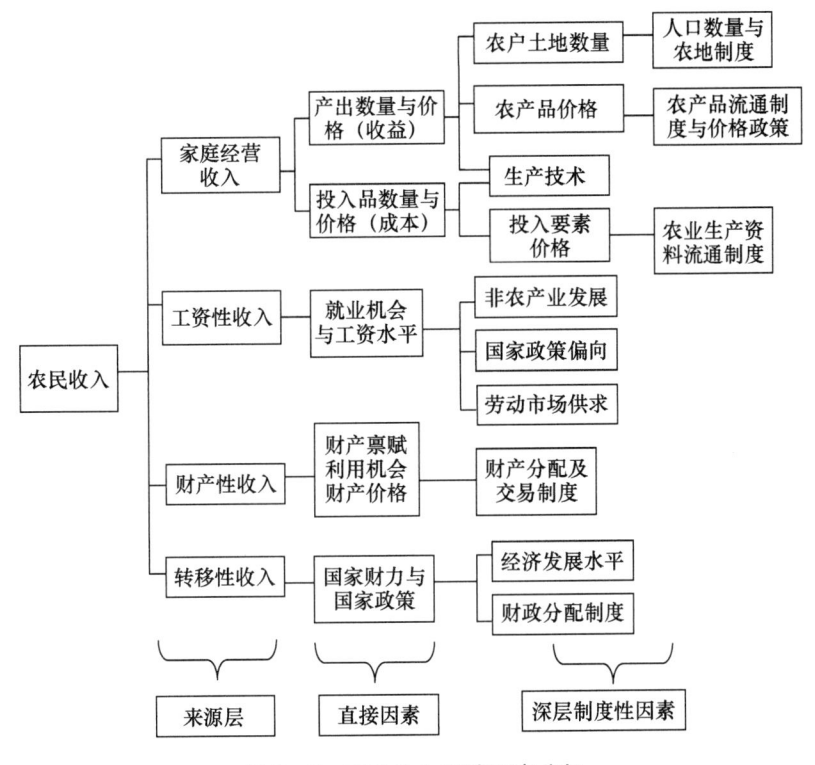

图 3-3  农民收入影响因素分析

1. 人均土地资源少、农产品贸易条件较差等因素制约农民经营性收入增长

家庭经营收入长期是农民收入的主要来源，它是农村住户以家庭为生产经营单位进行农业和其他家庭经营活动而获得的收入。改革开放后国家政策日益宽松，农户也可以从事工业、建筑业、交通运输业、批发和零售贸易餐饮业、社会服务业、文教卫生业等非农经营，但由于传统和现实多种因素制约，改革开放以来绝大多数农民主要以家庭为经营单位从事以种植业为主要内容的农业经营活动。作为最能体现农民群体收入的职业特性的农业经营纯收入，在农民人均纯收入中也占有较高份额，如 1985 年家庭经营农业纯收入占比达到 66.37%，随着经济发展农民收入日趋多元化，家庭经营收入比例有所下降，但直至 2012 年仍达到 34.39%，仍然是农民收入的主要来源。因而笔者以种植业为例分析影响农民经营性收入的因素。

农民从农业经营活动中获得的纯收入一方面取决于农业生产活动产出的数量和价格，另一方面取决于投入耗费。前者决定了农业生产经营活动的收益，而后者反映了农业生产经营活动的成本。而农业生产的产出数量既取决于土地等资源数量、质量以及光热、降水等外部资源条件因素，也取决于农业生产设施、农业生产的人力投入等人为因素。人（户）均土地资源的数量多寡、土地质量高低、气候资源的适宜与否、种质资源品质、排灌设施、水肥控制的精准程度、适时科学的劳动投入都会影响到农业生产的产出水平。其中，土地资源作为农业生产最基础、最重要的生产要素，对农业产出数量有根本性的制约作用。农业生产依赖于土地资源，人均土地多，人均农业产出才能增加，农民收入增加才有基础。由于人口基数较大、劳动力转移缓慢、土地平均承包等因素影响，改革开放后我国农村人均拥有的土地资源较少、生产经营规模较小。国外发达国家农户户均耕地动辄数百公顷，甚至上千公顷，而我国户均耕地不足1公顷。甚至与人多地少的日本相比，我国农村人均土地面积仅相当于其四分之一。在人均耕地面积十分狭小的条件下，无论怎样精耕细作，其产出总量也较为有限，这必然影响到农民收入的增长。

农产品价格决定着农产品价值实现程度，影响着农民收入的增长。在产出既定条件下，农产品价格上升就意味着农民销售农产品收入增加，农民的纯收入也才有可能随之增加。而农产品价格既受到市场总体供求态势的影响，也受到由市场结构所决定的竞争地位的影响。农产品供过于求、农民组织化程度低都会导致农产品价格偏低；而供不应求、农民组织化程度高，必然会有利于抬高产品价格。此外，政府的干预也是影响农产品价格的重要因素。农产品特别是粮食属必需品，粮价直接决定城市居民生活费用支出，影响一国工资水平，影响非农部门的利润水平和资本积累速度。发达国家经济发展水平高，居民恩格尔系数较低，粮价上涨对城镇居民生活影响较小，整个经济对农产品价格上涨的容忍度较高，因而发达国家大多实行了农产品价格支持政策，通过稳定粮价、维持农产品高价格实现对农民利益的保护。而改革开放前我国长期实行低工资、高积累政策，城镇居民的生活水平还不高，如1978年城镇居民恩格尔系数高达57.5%，农产品价格上涨会对城市居民生活产生较大影响，国家受到城市利益集团的巨大压力，长期延续计划经济时期的粮食流通体制和粮价管理传统，对粮食的收购、流通、销售一直进行严格控制，粮食市场价格也一直受到国家经济及行政手段的严格控制（尽管有几次较大幅度调价），粮价长期处于相对较低水平。

农业生产的成本取决于生产活动技术方式及要素价格。改革开放后，随着农业科技的进步，我国农业生产模式日趋现代化，农业生产往往要投入大量化肥、农药等商品化投入品，也需要使用现代化的播种、收割和运输机械服务，农业投入品（服务）的价格上涨将直接引起农业生产成本增加，减少农业生产的纯收益。随着改革开放后市场经济体制建立，农业投入品价格管制逐渐放松，渐趋市场化。在国家无法有效控制农资价格情况下，农资价格上涨会将粮价上涨带来的利益吞噬殆尽。如在1989—1992年，农产品收购价格提高了5%，而同期农业生产资料价格却上涨了33.59%。从改革开放后整体形势来看，尽管国家不断上调农产品收购价格，但粮食等农产品贸易条件仍较为不利。如根据陕西调研资料推算，陕西粮食价格虽由1982年的0.438元/公斤增长到2001年的1.062元/公斤，增幅142%，但同期整个市场零售商品价格上升了194%，化肥、农药等生产资料价格上涨了274%。[①] 撇开农业劳动生产率提高速度低于工业这一点，单从农产品和农业生产资料的价格走势来看，由于国家对农产品和农业生产资料管制的非对称性，农产品和农业生产资料上涨存在非对称性，农产品的贸易条件在现实市场有所恶化。

2. 非农就业的机会不足和非农就业工资水平较低制约农民工资性收入增长

与农业规模化、专业化程度较高国家所面临的农民收入问题不

---

[①] 王恩胡：《陕西农民收入问题与对策研究》，载陕西省社会科学界联合会编《和谐陕西研究报告》，陕西人民出版社2006年版。

同,影响我国农户收入的还有兼业收入问题。① 我国农村人口众多,人均土地十分有限,因而劳动力外出兼业比例较高,兼业收入在农民收入中占有重要地位。20世纪90年代后农村劳动力外出兼业获取工资性收入逐渐成为农户提高收入水平的主要途径。工资性收入指农村住户成员受雇于单位或个人,靠出卖劳动而获得的收入。农户的工资性收入水平一方面取决于农户非农就业的参与率,另一方面取决于市场的工资水平。前者受到非农产业发展状况及各地劳动就业政策的影响,后者取决于劳动力市场供求形势和工资政策。由于劳动力供应由人口基数决定,短期内难以改变,因而决定农民工资性收入的因素主要就是宏观经济形势、产业的要素密集偏向和国家及地方政府的劳动工资政策。经济发展特别是第二、第三产业发展速度越快,经济发展中偏向于发展劳动密集型产业,非农产业提供的就业机会越多,国家保护劳动者权益的力度越大,农民所能获得的工资性收入水平越高。

从我国改革开放后的情况来看,20世纪80年代中期开始,计划经济体制下的二元分割的政策有所松动,开始允许农村劳动力外出流动,90年代之后发展为"鼓励流动并规范引导"。但我国在农村劳动力流动政策与实践上流露出的城市偏向的政策倾向始终都非常明显,长期强调农村剩余劳动力转移的主要方式应当是"离土不离乡",甚至屡次发文要求控制农村劳动力向城市的盲目流动,对农村劳动力流动的限制仍然比较严格。同时由于农村剩余劳动力过于庞大,城市劳动力市场特别是城市次级劳动力市场严重供过于求,对城市劳动力市场工资形成压制,而城市社会对农民工的歧视政策及政府干预不力,导致农民工工资待遇太低,影响农民工资性收入增长。

3. 农民财产数量较少、财产权利受限制约农民财产性收入增长

财产性收入指金融资产或有形非生产性资产的所有者向其他机构提供资金或将有形非生产性资产供其支配,作为回报而从中获得的收入。农民的财产主要包括土地、房屋、资金(含各种有价证券)、实物等,农民的财产性收入,指农民对所拥有的财产通过出租、分红和

---

① 杨治:《产业经济学导论》,中国人民大学出版社1988年版。

金融资产增值等方式所取得的收入。我国农民的财产性收入来源主要以储蓄利息、住房租金和土地补偿为主。农民财产性收入水平取决于农民初始财产水平的多寡和财产运用的机会、财产报酬水平。

在国外财产性收入一般占居民当年纯收入的 30% 左右[1]，美国农业从业人口财产性收入占纯收入的比例接近 40%。[2] 由于历史和现实多方面原因，改革开放后很长一段时期我国大多数农民长期处于贫困状态，家庭财富积累低下，如 2000 年农村居民人民币储蓄存款余额只有 15405.8 亿元，人均 1969 元，不到城镇居民人均储蓄（14240.6元）的七分之一。加之农村地处偏远，农户信息不灵，投资渠道单一，农民财产性收入一般只有数量极少的储蓄利息，财产性收入只具有象征意义。特别是农村土地制度设计导致的农民土地、房产（含宅基地）产权残缺，农民土地和房产事实上难以流动；国家对土地一级市场垄断，农民土地权益受到限制，农民所使用土地的财产性功能尚未充分发挥，导致农民土地和房产收益较低。其他方面如动产、房屋、车辆出租、专利技术转让等方式则更少。尽管随着市场经济的发展和农民收入水平的提高，农民家庭拥有的财产逐渐增加，财产性收入逐渐开始成为促进农民增收新的亮点，1993—2011 年，农民财产性收入由 7 元增加到 228.6 元，年均增长率高达 21.4%，财产性收入增长率也高于农民人均纯收入，对农民增收也做出了一定的贡献。但是距离城镇居民财产性收入 649 元的水平仍有很大差距，农民财产性收入仍处较低水平。

4. 国家对农业和农民补贴水平太低制约农民转移性收入增长

转移性收入指农村住户和住户成员无须付出任何对应物而从国家、社会组织和其他个人获得的货物、服务、资金或资产所有权等，不包括无偿提供的用于固定资本形成的资金，是农村住户在二次分配中的所有收入。目前农民转移性收入主要来源于国家的转移支付。从世界范围

---

[1] 何洋：《提高我国农民财产性收入探讨》，《现代商贸工业》2009 年第 16 期。
[2] 肖红华、刘吉良：《提高农民财产性收入的途径》，《湖南农业大学学报》（社会科学版）2008 年第 4 期。

看，补贴已成为发达国家农民收入的重要来源。据统计，美国和欧洲经济共同体提供的补贴占农民收入的 1/3—1/2，日本农户年收入的 40% 来自政府补贴。[1] 发达国家的农业已成为"反哺性"产业。

农户获得的转移性收入水平一方面取决于国家财力、国家政策取向，另一方面也受农民人数多寡的影响。一国经济发展水平越高，财力越雄厚，政策越是向农民倾斜，农民人数越少，农民个人能得到的转移性收入就越多。改革开放后我国长期延续通过剪刀差、农业税费等方式汲取农业剩余支持工业和城市发展的做法，只是到了 2004 年以后，中央提出了"两个趋向"的思想，并开始取消农业税、实施种粮直补等各项支农政策，我国农业政策才由过去的挤压农业转向支持农业。但由于目前我国处于工业化中期阶段，农民人数众多，而国家的经济实力、财政力量还较为有限，所以农业补贴虽然已经开展，但补贴水平还十分有限。

### 二 二元经济社会结构是改革开放后农民收入问题长期持续的关键

从上面的分析可以看出，我国改革开放后农民收入低下、城乡收入差距扩大的关键因素在于农民人数众多，农民人均拥有土地等生产资料有限，经营规模较小，农业产出有限；城市第二、三产业发展不足，农民非农就业机会有限，且农村剩余劳动力数量巨大，压制城市劳动力市场工资水平，农民工资性收入不高。受经济发展水平和农民人数众多约束，国家无力大幅补贴农业，甚至在较长时间内延续挤压农业政策，农民所获补贴收入有限。农村土地制度不合理、农民自身财产水平较少影响农民财产性收入。

农业部门滞留大量劳动力，农村人均土地资源有限，这既由我国农村人口众多的客观条件决定，也与改革开放后我国工业化发展程度低、未能有效吸收剩余劳动力、实现二元经济结构转化密切相关。的确，比起美国、加拿大、澳大利亚、法国等国，我国人多地少，人均农业资源十分有限，但这不应成为限制农民扩大经营、增加收入的绝

---

[1] 卢荣善：《从国际比较看中国农民持续增收的有效途径》，《经济学动态》2007 年第 11 期。

对约束。纵观世界，对大多数国家来说，土地资源总量基本上是恒定的，在正常条件下人口也是平稳增长的。但依靠发展经济，通过发展现代工业吸收农村转移劳动力，就能提高农民人均土地资源占有量、增加农民农业经营收入，也可在经济发展、农民人数减少的条件下增加对农民补贴。事实上，大多后发国家经济发展过程中都曾遇到现代工业部门狭小、农业部门劳动力过剩导致人均产出较低的问题，形成落后小规模农业与现代化工业的鲜明对比，即二元经济的基本特征。但通过转移农村劳动力，实现二元经济的转化，成功扩大了农业经营规模，增加了农民收入。与我国同样面临人多地少问题的日本和我国台湾地区，均通过工业化、城市化成功地解决了农村人均资源少的问题。日本 1950 年可耕地 504.8 万公顷，当年全国人口 8411.5 万人，全国人均拥有耕地 0.06 公顷，人多地少名副其实。1960 年日本可耕地增加到 607.1 万公顷，但由于人口增加，人均耕地也只有 0.064 公顷。此后由于城市化、工业化推进，可耕地逐年减少，2000 年减少到 483.0 万公顷，但由于工业的发展，大量农村人口转移到城市，每一农户平均拥有可耕地由 1950 年的 0.851 公顷增加到 2000 年的 2.124 公顷，农户人均拥有可耕地由 1950 年的 0.1335 公顷增加到 2000 年的 0.461 公顷，农村劳动力平均拥有可耕地由 1960 年的 0.27 公顷增加到 2000 年的 0.704 公顷，增长了 161%。[1] 我国台湾 1960 年共有耕地 79.15 万公顷，全岛人口 1085 万人，人均耕地 0.0729 公顷（1970 年全岛人均拥有耕地 0.056 公顷），人均耕地确实非常狭小。后来随着工业化进程推进，全岛可耕作地总面积下降到 57.92 万公顷（2010 年），但由于工业化、城市化水平提高，农牧户人口由 586.34 万下降到 297.55 万，从而使农村人均可耕地面积从 0.1349 公顷上升到 0.1947 公顷，增长了 44.3%。[2]

我国人口众多，耕地面积有限，2000 年人均耕地只有 0.096 公顷，属于人均耕地资源短缺的国家，但我国目前的人均耕地资源比日

---

[1] 根据日本国统计局数据计算得出，http：//www.stat.go.jp/。
[2] 根据台湾统计资讯网数据计算得出，http：//www.stat.gov.tw/。

本、我国台湾地区战后经济高速增长前的条件还好一些。在整个国家人均土地资源有限的情况下，如果能随着工业化进程推进农业劳动力转移和城市化，那么农村人均耕地、农村每个劳动力平均耕种土地、每个农户平均拥有土地都会增加。但我国1978年后开展的经济改革最初目标是通过体制变革、引入市场机制提高效率、增加农产品和工业品供给，改变当时经济落后物资短缺局面，国家对工业化带来的城市化及农村人口转移准备不足，缺少向工业社会、城市社会转型的思想准备和路径设计。加之出于对拉美国家城市化过程中"城市贫民窟"的恐惧，国家长期延续计划经济时期形成的二元分割的社会结构体系，限制和歧视农民流动，农民没能在国家工业化进程加速、经济现代化水平提高的过程中顺利融入现代城市、彻底转入第二、第三产业。所以尽管转移劳动力农民工有3亿，但这些人户口仍在农村，仍没放弃农村承包地，参与承包土地的农村人口总数基本没有减少，所以农村人均土地、户均土地、劳均土地都没有增长，农村人口人均土地仍处于较低水平，农民收入增长必然非常困难。与此同时，农村劳动力转移缓慢，过多剩余劳动力滞留农村，对城市劳动力市场工资水平形成强大挤压，制约着农民工资性收入。而农民人数众多、农民所获补贴收入有限也与农村剩余劳动力转移进程缓慢、城市化水平低下直接相关。

　　制约改革开放后农民收入的增长除了特定的二元经济发展阶段，还与一些损害农民利益的制度规定存在有关。由于客观条件、思想认识等多方面原因，计划经济时期所遗留的许多损害农民权利、剥夺农民机会的二元分割社会制度长期延续，农民生产及经营行为受到一定干预，农民转移就业受到排斥，农民的土地产权受到限制，农村公共产品供给缺位等，在多方面损害农民权益，制约农民收入增长。

　　目前学术研究所提出的有关农民收入增长的许多技术性原因，如农业投入不足、农村金融资源外流、农民负担较重等，都直接或间接与我国计划经济时期遗留下来的二元经济结构和二元社会体制有关。因而，二元经济社会结构是制约农民收入增长的宏观性、系统性、深层性决定因素，是导致我国改革开放后农民收入相对低下的根本原因。对此，本书将在后续章节中详加分析。

## 第四节 小结

本章回顾了我国改革开放后农民收入增长演进的历史进程，指出农村家庭联产承包制、企业承包经营制、建立现代企业制度等一系列改革措施有力推动国民经济高速发展，促进农民收入大幅增长。剔除物价上涨因素，2014年同1978年相比，农民人均纯收入增长了11.2倍。农民总体上已摆脱了贫困，超越了温饱，迈进了小康生活阶段。

尽管农民收入增幅较大，但增长不平衡、不稳定，存在明显波动性，不同区域、不同类型农户之间收入差距较大。特别是农民收入增长长期滞后于城市居民收入增长，导致城乡收入差距逐渐扩大、农民收入相对低下问题渐趋突出。党和政府十分关注农民增收，先后采取了包括提高农产品收购价格、实行保护价收购、调整结构、优化品质、发展乡镇企业、开放进城务工、减轻税负乃至取消农业税、实施农业补贴等措施，虽在一定时期、一定程度上对促进农民增收起到了积极作用，但并未彻底解决农民收入相对低下的问题。

从农民收入的各种来源出发分析影响农民收入增长的因素，发现制约农民收入增长的关键是我国正处于工业化、城镇化发展初期阶段，现代工业部门狭小，大量劳动力滞留在农村，导致农村人均土地资源狭小，农户经营规模较小，人均农业产出有限，影响农民经营性收入增长；同时在存在大量剩余劳动力的情况下，城市第二、第三产业工资水平增长受到抑制，影响农民从外出务工获得的工资性收入的增长；而工业化发展程度低、国家财力有限，就很难对数量庞大的农村人口进行补贴，影响农民转移性收入增长。工业化发展初期阶段的二元经济结构特征是制约农民收入增长的深层因素。另外，改革开放后我国原有计划经济遗留下来的城乡二元社会体制仍在限制农民经营活动自由、阻碍农村劳动力流动，延缓了二元经济结构的转化，一些不合理的制度仍在延续，损害农民的经济利益。二元经济结构和二元社会结构，即二元经济社会结构是我国改革开放后农民收入问题产生的宏观性、系统性背景，是农民收入相对低下问题长期未得到彻底解决的根本原因。

# 第四章　二元经济结构转化与农民增收

在新古典经济学完全竞争市场模型中，要素流动不受任何阻碍和限制，市场竞争均衡最终可使各种生产要素的报酬率等于其边际价值。但不受任何阻碍和限制的市场只是一种理论假设，现实世界往往存在各种阻碍和限制。如果市场存在垄断力量时，垄断者可通过垄断高价或垄断低价掠夺交易对手获得超额利润；而在市场发育不完善、市场严重失衡时，市场力量不均衡使一些要素价格偏离其边际价值[1]，社会分配就会偏离新古典经济学的原则。

改革开放后我国不断推进计划经济向市场经济的转型，增强经济体系内在活力和产出效率，但由于采取的是渐进模式，计划体制改革很不彻底，要素市场特别是劳动力市场未彻底放开，没有形成充分完善的市场竞争。特别是作为后起的发展中国家，长期片面发展重工业的发展模式使我国经济呈现典型的二元经济结构特征。而1978年后我国长期延续城乡分割的传统体制，农村劳动力只能边缘化进入城市务工，却很难在城市落户定居，导致二元经济转化缓慢。二元经济结构条件下，大量剩余劳动力不能顺利转移出去，一方面造成农业劳动生产率低下，农业劳动报酬低下；另一方面，又对城市劳动力市场形成强大压力，使转移劳动力缺少市场谈判地位，抑制农民外出务工收入增长。

---

[1] 琼·罗宾逊：《经济学论文集》，商务印书馆1984年版。

# 第一节　中国二元经济结构形成与演进

## 一　二元经济结构及其测度

二元经济结构通常是指发展中国家常见的使用落后技术进行生产的传统农业部门和使用先进技术进行生产的现代化工业部门并存的经济现象。二元经济的核心就在于同庞大的劳动力供给相比，现代工业部门非常狭小，吸纳劳动力有限，大量劳动力滞留在传统农业部门，劳动生产率远低于现代工业部门。当然，随着传统农业部门的剩余劳动力向现代非农产业的转移，农业劳动生产率提高，最终使农业的边际生产力也就与非农产业的劳动边际生产力趋于相等，农业部门与非农部门的发展趋于均衡，经济结构也就实现了一元化。

二元经济结构的特点集中体现在传统农业部门劳动的边际生产力远远低于以现代工业为代表的非农产业劳动的边际生产力。二元经济结构下，传统农业部门较大劳动力份额创造出较小的产出份额，而工业为代表的现代部门较小的劳动力份额却创造出较大的产出份额。二元经济结构体现了农业和工业两部门经济效率的差异程度。目前理论研究中用来测度二元经济结构的指标主要有比较劳动生产率指标、二元对比系数指标、二元反差指数和二元规模对比系数等，本书主要利用比较劳动生产率和二元对比系数来衡量二元经济结构程度。

（1）比较劳动生产率。指某一个部门的产值比重（或收入比重）同在此部门就业的劳动力比重的比率。

比较劳动生产率 = 某部门的产值比重/某部门就业的劳动力比重

一个部门的相对收入或产值比重越高，劳动力相对比重越低，比较劳动生产率就越高。比较劳动生产率的国际比较表明，农业的比较劳动生产率低于1，非农产业的比较劳动生产率高于1。二元经济结构症结是劳动力滞留于传统农业部门，导致产值和劳动力在现代工业部门和传统农业部门之间的配置扭曲，使得农业比较劳动生产率远低于工业比较劳动生产率。国民经济中农业与非农业两部门的比较劳动生产率的差距越大，经济结构的二元性就越强。

（2）二元对比系数。二元对比系数是二元经济结构中农业与工业比较劳动生产率的比率。

二元对比系数＝第一产业比较劳动生产率/第二、三产业比较劳动生产率

二元对比系数与二元经济结构的强度呈反方向变动，二元对比系数越小，表明两部门的差距越大，两个部门的结构反差越大，二元经济结构就越显著。二元对比系数在理论上处于0—1（小数）。当为0时，表明农业比较劳动生产率为0，经济二元性最显著；而为1时，农业和工业的比较劳动生产率相同，二元经济完全转变成了一元经济，经济的二元性消失。发展中国家的二元对比系数通常为0.31—0.45，发达国家一般为0.52—0.86。[1]

## 二 中国二元经济结构的形成与发展

林毅夫（1994）[2]认为，我国二元经济结构的形成始于新中国成立初期，政府选择的重工业优先发展的赶超战略，导致了工业部门和农业部门之间的二元经济结构。而夏耕（2005）[3]认为，中国的二元经济起始于19世纪中叶兴起的"洋务运动"。笔者认为，二元经济的根本特征是指先进的高效率的现代工业经济和落后的低效率的传统农业经济并存的经济形态，按此特征，中国二元经济结构产生应肇始于19世纪中后期。尽管在明代末期江浙等中国手工业发达地区曾产生了资本主义的萌芽，但直到1840年中国还是一个纯粹的在封建帝王统治下的大一统的农业社会。1840年后，资本主义列强发动侵略中国的战争，强迫中国开放贸易。列强为了自身的利益，在中国口岸办银行、修铁路、建工厂；清朝官员为强军保国而开展的"洋务运动"把一些近代先进工业"移植"到我国；同时一些简单的修理、制造、食

---

[1] D. Gale Johnson, "Can Agricultural Labour Adjustment Occur Primarily through Creation of Rural Non-farm Jobs in China?", *Urban Studies* Volume 39, Number 12/November 1, 2002, 2163-2174.

[2] 林毅夫：《中国的奇迹：发展战略与经济改革》，上海三联书店1994年版。

[3] 夏耕：《中国城乡二元经济结构转换研究》，北京大学出版社2005年版。

品和纺织等加工业在东部沿海地带开始兴起。于是在传统农业的汪洋大海中出现了近代工业的孤岛，初步形成了近代先进工业经济和传统农业经济并存的二元经济形态。

由于受封建势力和官僚资本集团的盘剥和外国资本的掠夺，旧中国农村经济长期停滞，原始资本积累十分缓慢，工业虽有所发展，但在整个国民经济中的比重不大，总体上仍是一个落后的农业国。1936年抗战前夕工业在中国工农业总产值中的份额仅略多于10%；[1] 1949年新中国成立时，工业总产值占工农业总产值的比重仅为30%，其中重工业比重为7.9%。"畸形的殖民地工业集中于城市，而且数量很少；广大农村基本上处于自然经济状态，生产方式落后，生产水平很低，农民自给而不能自足。"[2]

新中国成立伊始，国内经济基础十分薄弱。1949年全国工农业总产值只有466亿元，全国的工业固定资产只有100多亿元；工业年净产值也仅有45亿元；国民经济的其他成分，基本上是由小生产者的农民组成。农业劳动力占总劳动力的比重在85%以上。[3] 而当时的国际格局更为险恶，以美、英为首的西方国家对中国新生共产主义政权极端仇视，对我国采取了一系列政治上孤立、经济上封锁、军事上包围的措施。面对国内经济极端落后和极端复杂的国际政治、军事、经济环境，新生政权迫切需要发展现代工业，增强国家经济与军事实力。加之当时世界上发达国家都实现了重工业化的示范效应（当时普遍认为重工业化意味着现代化大工业，较高的重工业意味着较高的经济发展水平和较强的经济实力），我国选择了与西方发达国家不同的、重工业优先发展的工业化发展战略。"社会主义工业化是我们国家在过渡时期的中心任务，而社会主义工业化的中心环节，则是优先发展

---

[1] 陶文达：《中国社会主义经济发展概论》，辽宁人民出版社1991年版。
[2] 中共陕西省委农村政策研究室：《三元结构中的农村改革与发展》，陕西人民出版社1988年版。
[3] 胡鞍钢：《中国现代经济发展的初始条件》，《当代中国史研究》2005年第1期。

重工业"①，这句话集中体现了当时中国领导层对中国发展道路的设计。西方发达国家工业化的过程一般要依次经历轻工业—基础工业—重工业三个发展阶段，但新中国成立后选择超越轻工业和基础工业发展阶段的重工业优先发展的工业化发展战略，即赶超型发展战略。

重工业优先发展的战略措施在国民经济发展的第一个五年计划期间和此后很长一段时间得到很好贯彻，政府对电力、钢铁、有色金属、汽车、拖拉机和飞机制造等重工业进行了重点投资，重工业在经济基础设施建设中占据了核心的位置，如表4-1所示。

表4-1　　　　1952—1978年投资结构变化情况（用现价计算）

| 年份 | 基本建设总投资（亿元） ||||  基本建设投资结构（%） |||
|---|---|---|---|---|---|---|---|
| | 合计 | 农业 | 轻工业 | 重工业 | 农业 | 轻工业 | 重工业 |
| "一五" | 611.58 | 41.83 | 37.47 | 212.79 | 7.1 | 6.4 | 36.2 |
| "二五" | 1307 | 135.71 | 76.59 | 651.71 | 11.3 | 6.4 | 54.0 |
| 1963—1965年 | 499.45 | 74.46 | 16.47 | 193.71 | 17.6 | 3.9 | 45.9 |
| "三五" | 1209.09 | 104.27 | 42.62 | 498.89 | 10.7 | 4.4 | 51.1 |
| "四五" | 2276.37 | 173.08 | 103.03 | 874.94 | 9.8 | 5.8 | 49.6 |
| 1976—1978年 | 1259.8 | 136.13 | 74.76 | 624.49 | 10.8 | 5.9 | 49.6 |

资料来源：林毅夫：《中国的奇迹：发展战略与经济改革》，上海三联书店1994年版。

重工业属于资本密集型产业，需要国家具有相当高的资本积累能力和资本动员能力。由于我国当时的经济发展水平十分低下，仅占工农业总产值30%的工业无法为国家工业化提供资本积累。而且在当时"冷战"思维盛行、主要资本主义国家对我国采取敌视封锁的特定国际环境下，无法通过引进外资的办法来补充国内资本的不足，这样农业就成为重工业优先发展提供积累的主渠道。为最大限度地动员农业剩余为国家工业化筹集资本，我国建立了与重工业优先发展战略相适

---

① 《中华人民共和国第一届全国人民代表大会第二次全体会议文件》，人民出版社1955年版。

应的高度集中的计划经济体制，政府通过农业税、工农业产品价格"剪刀差"、财政转移支付等方式强制性地把农业中的剩余，甚至有时候将必要的生产补偿转移到工业，以支持工业的扩张和发展。据冯海发、李溦（1993）估计，1953—1978年仅通过"剪刀差"形式农业向工业提供的积累达3376亿元，相当于同期全民所有制各行业基本建设新增固定资产总数3680亿元的92%。① 如果再考虑到农业税费、储蓄等形式，农业对国家工业化做出的贡献就更大了。

汲取农业剩余在短时期内确实加速了工业化进程，使我国在较低的国民收入水平上实现了较高的工业化水平。如1978年我国第二产业产值比重达到了44.8%，大致相当于中等发达国家的水平。但在我国农业生产力水平很低的情况下，重工业优先发展必然造成对农业剩余的过度抽取，使农业不堪重负，制约了农业的发展。例如，按不变价格计算，1975年的农业劳动生产率比1957年的低11.6%。农村经济停滞不前，农民收入长期得不到提高，农业资本投入长期不足，农业技术停滞，农业再生产能力受到限制，反过来也在动摇着实施重工业优先发展战略的基础。另外，优先发展重工业还减弱了经济增长吸收劳动力就业的能力，重工业属于资本密集型产业，吸纳的劳动力有限，造成农村剩余劳动力的大量积累。国家为防止农村人口向城市的转移，在城乡之间建立起以户籍制度为核心的城乡二元分割管理制度，限制农村人口流向城市，限制农村劳动力转入城市工业。这样国家在从农业部门获得大量资本的同时，却没有相应地随着产业结构的变化而改变就业结构，致使在工业迅速发展的情况下，农业劳动力长期维持在很高的水平上。改革开放前的27年里，农业的产值份额从57.7%下降到32.8%，下降约25个百分点，而农业的劳动力份额由83.5%降至70.5%，仅下降13个百分点，产值份额下降与劳动力就业份额下降之比为1.76∶1，劳动力份额下降明显滞后于产值份额变动。如果按照库兹涅茨的经验数据作为判别标准，在1978年，我国

---

① 冯海发、李溦：《我国农业为工业化提供资金积累的数量研究》，《经济研究》1993年第9期。

工业占总产值的比重已达44.8%，具有人均3000美元以上中等发达国家的特征；而如果从劳动力就业结构看，当年农业劳动力占比高达73.3%，具有人均200美元以下农业国家的特征。[①]

以牺牲农业为代价的工业化战略，尽管工业发展速度快，但却没能带动农业等其他产业的共同发展，导致了工业部门和农业部门之间的二元经济结构的日趋严重。从1952—1970年，农业部门的比较劳动生产率持续下降，从0.60降至0.44，非农业部门的比较劳动生产率则不断上升，从3.0提高到3.4，二元生产率对比系数从0.20降至0.13。进入20世纪70年代以后，由于工业部门的效率大幅度下降，两部门的比较劳动生产率同时呈现下降态势。到1978年，二元生产率对比系数提高到0.16的水平，如表4-2所示。

表4-2　　　　　改革开放前中国二元经济结构演进

| 年份 | 农业比较劳动生产率 | 非农产业比较劳动生产率 | 二元对比系数 |
| --- | --- | --- | --- |
| 1952 | 0.605 | 3.00 | 0.202 |
| 1953 | 0.552 | 3.201 | 0.173 |
| 1954 | 0.549 | 3.219 | 0.170 |
| 1955 | 0.556 | 3.216 | 0.173 |
| 1956 | 0.536 | 2.928 | 0.183 |
| 1957 | 0.496 | 3.176 | 0.156 |
| 1958 | 0.586 | 1.577 | 0.372 |
| 1959 | 0.429 | 1.939 | 0.221 |
| 1960 | 0.356 | 2.233 | 0.159 |
| 1961 | 0.469 | 2.798 | 0.168 |
| 1962 | 0.480 | 3.385 | 0.142 |
| 1963 | 0.488 | 3.411 | 0.143 |
| 1964 | 0.467 | 3.461 | 0.135 |
| 1965 | 0.464 | 3.375 | 0.138 |
| 1966 | 0.461 | 3.373 | 0.137 |
| 1967 | 0.493 | 3.262 | 0.151 |
| 1968 | 0.517 | 3.158 | 0.164 |
| 1969 | 0.466 | 3.370 | 0.138 |

---

① 国家计委经济研究所课题组：《二元结构矛盾与90年代的经济发展》，《经济研究》1993年第7期。

续表

| 年份 | 农业比较劳动生产率 | 非农产业比较劳动生产率 | 二元对比系数 |
| --- | --- | --- | --- |
| 1970 | 0.436 | 3.375 | 0.129 |
| 1971 | 0.428 | 3.246 | 0.132 |
| 1972 | 0.417 | 3.180 | 0.131 |
| 1973 | 0.424 | 3.127 | 0.136 |
| 1974 | 0.434 | 3.032 | 0.143 |
| 1975 | 0.420 | 2.965 | 0.142 |
| 1976 | 0.433 | 2.777 | 0.156 |
| 1977 | 0.395 | 2.769 | 0.143 |
| 1978 | 0.399 | 2.437 | 0.164 |

资料来源：根据《新中国五十年》计算整理。

### 三　改革开放后二元经济结构的演进

1. 产业发展、劳动力变动与二元经济结构的演进

1978年以后，我国开始以经济建设为中心，积极实施市场导向的制度变革，赋予农户、企业经营自主权和利益分享，极大地调动起生产者、经营者的积极性，农业和其他部门都有较大发展，创造了经济长期保持两位数高速增长的奇迹，但由于农业自身的技术特征，农业增长滞后于非农业部门，而计划经济时期形成的城乡二元分割体制改革滞后，导致农业部门劳动力数量长期居高不下，城乡二元经济结构转化过程迟滞。

农业和非农业部门增长差异。二元经济结构实质是农业和非农部门劳动生产率的差异，如果农业部门发展快于非农部门，农业劳动生产率同非农部门劳动生产率差距就会减小，二元经济状况就会改善。反之，农业部门发展慢于非农部门，两者劳动生产率差距拉大，二元经济状况就会恶化。尽管改革开放后农业部门和非农部门都有较大发展，但由于农业内在的技术和市场特征，农业增长常常滞后于非农部门。农业是生物体自然再生产和人类劳动生产合二为一的过程，其发展受到土地等自然资源和生物体自身规律强烈约束，增速往往远低于受自然资源约束较少的工业和服务业。从市场需求方面来看，农业部门是食品生产供应部门，作为生活必需品，食品需求缺乏弹性，经济

增长收入增加，食品需求也不会有非常大的增长，食品支出在人们消费支出中比重逐渐下降，这就是恩格尔定理。因而经济增长中，农业部门（第一产业）在整体经济中占比会下降，会出现农业的小部门化现象。而我国改革开放后推行出口导向战略，大力发展出口加工业，我国工业部门高歌猛进，第三产业也随着国家工业化、城市化进程加速而迅猛发展，导致农业和非农产业发展差距拉大。改革开放以来，农业部门（第一产业）增加值由1978年的1018.4亿元增长到2013年的55321.7亿元，扣除物价上涨后增长9.15倍，工业（第二产业）增加值由1736亿元增长到256810亿元，扣除物价上涨后增长24.90倍，服务业（第三产业）增加值由895.8亿元增长到275887亿元，扣除物价上涨后增长51.85倍。相比较而言，农业部门发展远逊于第二、三产业这些非农部门，农业部门增幅不到第二产业的一半，只有第三产业的五分之一。农业在经济中占比大幅下降，从1978年占GDP比重27.9%降为2013年的9.41%，而同期非农产业（第二、第三产业）占GDP比重由72.10%增长到90.59%。农业增长滞后于非农部门，农业和非农部门劳动生产率差距拉大，影响到二元经济状况改善。

除部门之间发展差异外，农业部门劳动力数量影响到二元经济结构的转化。农业部门劳动力数量增加，农业劳动生产率就会下降，农业部门与非农部门劳动生产率差距就拉大，经济结构二元性就会强化；农业部门劳动力数量减少，农业劳动生产率就会提高，农业与非农部门差距变小，经济结构二元性就会变弱。而农业部门劳动力数量一方面取决于农村劳动力供给数量及其增长，另一方面受制于农村过剩劳动力能否顺利转移。我国农村实行集体所有制，与刘易斯模型中传统部门实行"分享"规则一样，新增劳动力都会无条件成为新成员，参加集体或家庭劳动，都会进入农业生产体系，与原有成员一起分享劳动成果。因而如果加入农业体系中人数越多，则劳动生产率就会下降；反之，如果有人从农业生产体系转移出去，处在农业生产体系中的人越少，则劳动生产率就会提高。在经济发展转型过程中，农业部门劳动力数量减少对二元经济结构转化至关重要。但由于我国农村人口基数过于庞大，农村劳动力数目巨大，且在人口增长内在规律作用下，农村劳动力人数也一度处于增长之中。劳动力（也称劳动适龄人口）指年龄处于适合参加劳动阶段的人口，人口学一般以16—64岁的人口为劳动适龄人口；中国一般规定男子16—60岁、女子16—55岁的人口为劳动适龄人口。国家发布的资料中有乡村从业人员和乡村就业数据，但无农村劳动力数据。本书依据国家统计局人口调查数据及农村住户调查数据来估算农村劳动力。具体有三种估算方法：第一，根据乡村人口数乘以劳动年龄段（16—64岁）人口比例估算得出，乡村人口数来自《中国统计年鉴》农业统计部分，劳动年龄段（16—64岁）人口比例根据《中国统计年鉴》人口统计中15—64岁年龄段人口占总人口比例调整得出，这一估算是较为宽泛的劳动年龄人口数，它可能将一些虽处劳动适龄阶段但因为身体原因（残疾或丧失劳动能力）、社会原因（上学）、个人原因（缺少劳动意愿）没有参与到劳动市场的人也包括在内，是最宽泛意义上的劳动力估算，称为农村劳动力1。第二，仍根据乡村人口数乘以劳动年龄段（16—64岁）人口比例进行估算，但剔除接受教育阶段人口和年龄超过60岁者。因为在中国，18岁以下青年大多数仍在校学习，大多未进入劳动力市场；而60—64年龄段人口，虽然部分还参加生产劳动，但大多数已难以从事较为繁重农业体力劳动，有些女性劳动力甚至在60岁之前基本上退出了生产行列，因此，可考虑把15—18岁及61—64岁人口从劳动力基数中减去，这样估算更符合中国情况，该估算数字称为农村劳动力2。第三，根据农村住户调查中每户整半劳动力数据和乡村户数推算而来，形成农村劳动力3。具体估算数如表4-3所示。

表4-3　　　　　　　　我国农村劳动力数量估计　　　　　　单位：万人

| 年份 | 农村劳动力1 | 农村劳动力2 | 农村劳动力3 | 乡村就业人员 |
| --- | --- | --- | --- | --- |
| 1978 | | | 39898.1 | 30638 |
| 1982 | 48884.25 | 42773.72 | 47524.36 | 33867 |
| 1987 | 54192.62 | 47418.54 | 60504.9 | 39000 |
| 1990 | 57400.95 | 50225.83 | 64487.88 | 47708 |
| 1995 | 59140.98 | 51748.36 | 67516.93 | 49025 |

续表

| 年份 | 农村劳动力1 | 农村劳动力2 | 农村劳动力3 | 乡村就业人员 |
|------|------------|------------|------------|--------------|
| 2000 | 62508.35 | 54694.8 | 67616.44 | 48934 |
| 2005 | 65636.75 | 57432.15 | 70623.34 | 46258 |
| 2010 | 69129.69 | 60488.48 | 76515.4 | 41418 |
| 2012 | 69095.85 | 60458.87 | 75046.5 | 39602 |

资料来源：根据历次人口普查数据及中国住户调查年鉴数据估算。

可以看出，尽管农村劳动力估算数不尽相同，但无论从哪组数据来看，我国农村劳动力规模都过于庞大。更为关键的是由于20世纪六七十年代高出生率时代出生的大批婴儿在改革开放后陆续进入劳动年龄阶段，成长为新增劳动人口，导致在改革开放后相当长一段时间农村地区劳动力供应长期持续增长。按口径1，从1982年到2012年，中国农村新增劳动力2.1亿；按口径2，新增劳动力1.7亿；按口径3，新增劳动力2.8亿，新增人口数比世界上绝大多数国家的劳动力总数还要大。实现二元经济结构转化要求减少农业中的劳动力数量，但数以亿计的新增劳动力源源不断地进入劳动力大军，给减少农业劳动力、提高农业活动生产效率，加速二元经济结构转化造成了巨大的困难。

影响农业部门就业劳动力数量的因素除了农村劳动力供应总量外，农业富余劳动力能否顺利转移也很关键。由于农业的小部门化，在经济发展过程中，农业劳动力就应随着非农产业的发展转移出去，进入第二、第三产业，但由于我国改革的出发点是解决工农业产品极度短缺的问题，一直聚焦于解决计划经济体制下农业和工业部门的低效率，增加产品供给，对工业化、城镇化内在规律认识不够深入，对经济发展中农业劳动力转移缺乏足够的思想准备和整体长远规划，在改革开放后很长一段时间对农民转移就业态度和政策相对保守，80年代长期强调离农不离乡的就地转移，90年代在沿海工业蓬勃发展、农民大规模跨区流动的情况下，仍通过各种行政手段限制流动。特别是受传统计划经济思维影响，害怕农民进城冲击城市社会管理秩序、影响城市居民福利，坚持城乡分割的二元社会政策，农民只是被允许部分地参与现代第二、第三产业活动，但却无法在城市安身，无法融入城市，导致劳动力转移进程较为缓慢，对此本书在下一章进行专门论述。

对改革开放后农村劳动力乡—城转移数据，国家长期缺少专门统计，直至世纪之交，转移进城农民工成为我国产业工人主要部分后，国家统计局才开展有关农村转移劳动力的专项调查，2008年后国家统计局才将农民工的调查列入常规项目。在此之前，许多学者对农民工转移问题进行了研究，对农民工转移数据进行了估计。笔者根据前面对农村劳动力数据的估计，结合城乡就业数据，估计了农村转移劳动力数。农村劳动力总数减去乡村就业人数就是转移到城市的农村劳动力数。

鉴于1990年之前乡村就业人员可能被低估[①]，据此推算农村转移劳动力数据可能会存在偏差，因此本书主要分析1990年后数据，如表4-4所示。

表4-4　　　改革开放后农村劳动力转移数量估计　　　单位：万人

| 年份 | 农村劳动力1 | 农村劳动力2 | 乡村就业人员 | 转移农村劳动力1 | 转移农村劳动力2 |
|---|---|---|---|---|---|
| 1987 | 54192.62 | 47418.54 | 39000 | 15192.62 | 8418.544 |
| 1990 | 57400.95 | 50225.83 | 47708 | 9692.95 | 2517.831 |
| 1995 | 59140.98 | 51748.36 | 49025 | 10115.98 | 2723.36 |
| 2000 | 62508.35 | 54694.8 | 48934 | 13574.35 | 5760.804 |
| 2005 | 65636.75 | 57432.15 | 46258 | 19378.75 | 11174.15 |
| 2010 | 69129.69 | 60488.48 | 41418 | 27711.69 | 19070.48 |
| 2012 | 69095.85 | 60458.87 | 39602 | 29493.85 | 20856.87 |

资料来源：历次人口普查数据和农村住户调查数据。

① 1987—1990年全国15—64岁人口只增加了4321万人，但这一时期乡村就业人员增加8708万人，据此怀疑1990年之前乡村就业人员可能被低估。

如果从宽泛的劳动力数据1来分析，从1990—2012年，中国农村转移劳动力从9692.95万人增加到29493.85万人；如果以较为严格的农村劳动力数据2为基础，中国农村转移劳动力从2517.831万人增加到20856.87万人。

对照国家统计局1998—2002年农村劳动力转移专项调查数据和2008年后全国农民工监测调查数据，可以看出，本书对中国转移劳动力估算数据1比较接近实际。国家统计局农村劳动力转移专项调查数据显示，1998—2002年，中国转移劳动力数据分别为1.38亿、1.40亿、1.52亿、1.58亿、1.65亿。国家统计局农民工专项抽样调查结果显示，2008—2014年，国内目前农民工（转移农村劳动力）分别为2.25亿、2.3亿、2.42亿、2.52亿、2.62亿、2.68亿和2.73亿。可以看出，改革开放后随着经济发展，我国农村劳动力转移取得了巨大成就，大幅减少了农业劳动数量，有力地促进了二元经济结构转化。

表4–5　　　　　　　　各年农民工总量　　　　　　　单位：万人

| 年份 | 农民工总量 | 其中<br>外出农民工 | 其中<br>本地农民工 |
| --- | --- | --- | --- |
| 2008 | 22542 | 14041 | 8501 |
| 2009 | 22978 | 14533 | 8445 |
| 2010 | 24223 | 15335 | 8888 |
| 2011 | 25278 | 15863 | 9415 |
| 2012 | 26261 | 16336 | 9925 |
| 2013 | 26894 | 16610 | 10284 |
| 2014 | 27395 | 16821 | 10574 |

资料来源：国家统计局：《全国农民工监测调查报告》（2009年、2014年）。

正是在改革开放后农业与非农产业竞相发展、农村劳动力持续增加与大量转移等多种因素共同作用下，中国城乡二元经济结构波动发展，出现一个由减弱到增强再减弱的过程，如表4–6所示。

表 4-6　　　　　　改革开放后中国二元经济结构的变化

| 年份 | 第一产业产值 (%) | 第二、三产业产值 (%) | 第一产业就业人员 (%) | 第二、三产业就业人员 (%) | 第一产业比较劳动生产率 | 第二、三产业比较劳动生产率 | 二元对比系数 |
|---|---|---|---|---|---|---|---|
| 1978 | 28.2 | 71.8 | 70.5 | 29.5 | 0.40 | 2.43 | 0.16 |
| 1979 | 31.3 | 68.7 | 69.8 | 30.2 | 0.45 | 2.28 | 0.20 |
| 1980 | 30.2 | 69.8 | 68.7 | 31.3 | 0.44 | 2.23 | 0.20 |
| 1981 | 31.9 | 68.1 | 68.1 | 31.9 | 0.47 | 2.14 | 0.22 |
| 1982 | 33.4 | 66.6 | 68.1 | 31.9 | 0.49 | 2.09 | 0.23 |
| 1983 | 33.2 | 66.8 | 67.1 | 32.9 | 0.49 | 2.03 | 0.24 |
| 1984 | 32.1 | 67.9 | 64.0 | 36 | 0.50 | 1.89 | 0.27 |
| 1985 | 28.4 | 71.6 | 62.4 | 37.6 | 0.46 | 1.90 | 0.24 |
| 1986 | 27.1 | 72.9 | 60.9 | 39.1 | 0.45 | 1.86 | 0.24 |
| 1987 | 26.8 | 73.2 | 60.0 | 40 | 0.45 | 1.83 | 0.24 |
| 1988 | 25.7 | 74.3 | 59.3 | 40.7 | 0.43 | 1.83 | 0.24 |
| 1989 | 25.1 | 74.9 | 60.1 | 39.9 | 0.42 | 1.88 | 0.22 |
| 1990 | 27.1 | 72.9 | 60.1 | 39.9 | 0.45 | 1.83 | 0.25 |
| 1991 | 24.5 | 75.5 | 59.7 | 40.3 | 0.41 | 1.87 | 0.22 |
| 1992 | 21.8 | 78.2 | 58.5 | 41.5 | 0.37 | 1.88 | 0.20 |
| 1993 | 19.7 | 80.3 | 56.4 | 43.6 | 0.35 | 1.84 | 0.19 |
| 1994 | 19.9 | 80.1 | 54.3 | 45.7 | 0.37 | 1.75 | 0.21 |
| 1995 | 20.0 | 80.0 | 52.2 | 47.8 | 0.38 | 1.67 | 0.23 |
| 1996 | 19.7 | 80.3 | 50.5 | 49.5 | 0.39 | 1.62 | 0.24 |
| 1997 | 18.3 | 81.7 | 49.9 | 50.1 | 0.37 | 1.63 | 0.22 |
| 1998 | 17.6 | 82.4 | 49.8 | 50.2 | 0.35 | 1.64 | 0.21 |
| 1999 | 16.5 | 83.5 | 50.1 | 49.9 | 0.33 | 1.67 | 0.20 |
| 2000 | 15.1 | 84.9 | 50.0 | 50 | 0.30 | 1.70 | 0.18 |
| 2001 | 14.4 | 85.6 | 50.0 | 50 | 0.29 | 1.71 | 0.17 |
| 2002 | 13.7 | 86.3 | 50.0 | 50 | 0.27 | 1.73 | 0.16 |
| 2003 | 12.8 | 87.2 | 49.1 | 50.9 | 0.26 | 1.71 | 0.15 |
| 2004 | 13.4 | 86.6 | 46.9 | 53.1 | 0.29 | 1.63 | 0.18 |
| 2005 | 12.2 | 87.8 | 44.8 | 55.2 | 0.27 | 1.59 | 0.17 |
| 2006 | 11.3 | 88.7 | 42.6 | 57.4 | 0.27 | 1.54 | 0.17 |
| 2007 | 11.3 | 88.7 | 40.8 | 59.2 | 0.28 | 1.50 | 0.18 |

续表

| 年份 | 第一产业产值（%） | 第二、三产业产值（%） | 第一产业就业人员（%） | 第二、三产业就业人员（%） | 第一产业比较劳动生产率 | 第二、三产业比较劳动生产率 | 二元对比系数 |
|---|---|---|---|---|---|---|---|
| 2008 | 10.34 | 89.66 | 39.60 | 60.40 | 0.26 | 1.48 | 0.18 |
| 2009 | 9.88 | 90.12 | 38.10 | 61.90 | 0.26 | 1.46 | 0.18 |
| 2010 | 9.62 | 90.38 | 36.70 | 63.30 | 0.26 | 1.43 | 0.18 |
| 2011 | 9.53 | 90.47 | 34.80 | 65.20 | 0.27 | 1.39 | 0.20 |
| 2012 | 9.53 | 90.47 | 33.60 | 66.40 | 0.28 | 1.36 | 0.21 |
| 2013 | 9.41 | 90.59 | 31.40 | 68.60 | 0.30 | 1.32 | 0.23 |

资料来源：《中国统计年鉴》（2014年）。

从改革开放初期到80年代中期，农村改革促进了农业发展，提高了农业劳动生产率，城乡二元经济结构一度出现了弱化态势。家庭联产承包责任制的实施和农副产品收购价格的提高极大地刺激了农业发展，1978—1984年我国农业增加值年均增长7.3%，农业部门的比较劳动生产率从0.40提高到0.50，而这一时期城市工业部门改革尚未开展，城市非农部门增长缓慢，城市非农部门的比较劳动生产率从1978年的2.44降至1984年的1.89，二元生产率对比系数从1978年的0.16提高到1984年的0.27，城乡二元经济结构明显改善。

1985年起国家将改革的重点由农村转到城市。国家一方面通过实施承包经营责任制、建立现代企业制度等改革措施，增强城市国有工业经济的活力；另一方面还放宽政策促进个体私营经济及乡镇企业、外资企业等非国有部门的发展，诱发了工业部门连续数年的高速增长，1985—1993年工业增加值的年均增长率达到13.2%。而当时管理层对农村剩余劳动力的去向存在不同主张，虽一度采取较为开明的政策，允许农民进入小城镇，准许农民务工经商，从事长途贩运，但整体上对工业化城市化过程中农民流动思想准备不足，特别是受传统计划经济传统思维影响，认为农村劳动力流动会造成粮食供应负担，会打乱城市原有经济秩序，对农村劳动力流动采取阻碍和限制的政策，如在1989年国家连续多次发文，强调要使农村富余劳动力就地消化和转移，防止出现大量农村劳动力盲目进城找活干的局面。对进城务工的农村劳动力，主张要运用法律、行政、经济的手段，实行有效控制，严格管理。正由于受制度改革滞后影响，农业劳动力转移步履维艰，加之农村人口基数庞大，农村劳动力未明显下降。农业净产值在三次产业中的比重从1988年的27.2%降为1991年的26.6%，而农业劳动力的比重不降反升，从59.3%升至59.8%。由此导致二元对比系数从1985年的0.24降至1993年的0.19，二元经济结构特征出现了强化态势。

邓小平南方谈话后，沿海地区掀起了开发区热，大批外资涌入中国投资办厂，吸引数以千万计农民工外出务工，缓解了农村劳动力过剩局面。同时，在出现了高通货膨胀的局面后，国家先后两次调高粮食收购价格，刺激了农业生产，农业占国内生产总值的比重恢复到20%以上。在此情况下，农业比较劳动生产率从1993年的0.35上升到1996年的0.39，二元对比系数也相应从0.19提高到0.24，二元特征暂时缓和。

1997年经济"软着陆"后，物价特别是农产品价格持续下跌。加之受亚洲金融危机影响，城市下岗失业人员增多，出于维护社会稳定等多方面的考虑，国家对城市部门采取支持措施，对农村劳动力转移采取了种种抑制和限制措施，农村劳动力外出务工环境恶化，劳动力转移放缓。从1996年到2003年，农业比较劳动生产率持续下降，从0.39降至0.26，达到历史最低点；而非农产业比较劳动生产率则从1.62提高到1.71；两部门生产率再次呈现逐年拉大的态势。相应地，二元对比系数从0.24降到0.15，二元经济结构不仅未能减轻，相反又有进一步强化的倾向。

2004年后，我国涉农政策导向出现历史性变化，开始由依靠农业剩余进行资本积累转为反哺农业，国家相继出台了一系列扶持农业发展、缩小城乡发展差距的措施，我国的二元经济结构开始有所缓和。2004年以来，中央政府先后减免取消农业税、开展种粮直补、实施良种补贴、农机补贴等多项措施，极大地调动了农民积极性。同时，国家鼓励农民转移就业，保护外出务工人员的合法权益，农民外出务工的环境明显改善，促进了农村剩余劳动力转移。二元对比系数从2003年的0.15提高到2013年的0.23，二元经济结构状况有明显改善。

2. 中国二元经济结构转化拐点探讨

尽管改革开放后随着经济发展、剩余劳动力转移，我国二元经济结构有所改观，但由于劳动力总量过于庞大及国家劳动力转移政策改革滞后，二元经济结构转化迟缓。根据刘易斯二元经济模型，随着剩余劳动力转移，农业剩余劳动力消失，劳动力市场从古典状态转变为新古典状态，农业部门也需要与工业部门一样根据边际生产力支付工资，二元经济结构转化为一元化，进入现代经济增长阶段。农业部门开始需要根据边际生产力支付工资的时点（现实经济中往往是一个时期）被称为刘易斯拐点。也有学者指出，在农业部门工资决定由从古典"分享"原则转变为新古典边际生产力原则之前，还有一个过渡阶段，这样就形成三阶段模型。第一阶段，农业部门劳动力严重过剩，劳动力转移不会引起农业部门产出减少，农业劳动边际生产率为零，劳动力供给具有无限的弹性；第二阶段，劳动力供应趋紧，劳动力转移会引起农业部门产出减少，农业劳动的边际生产率开始上升；第三阶段，剩余劳动力消失，两部门工资决定遵循同样的边际生产率原则。从第一阶段到第二阶段的转折点称为"短缺点"，从第二阶段进入第三阶段的转折点称为"商业化点"，农业部门需要根据边际生产率支付工资的"商业化点"标志着二元经济结构转化的完成。

在实践中，判断"刘易斯拐点"标准有两种：一是数量标准，看农业部门的剩余劳动力数量是否消失；二是工资标准，看传统农业部门的工资和现代工业部门的工资是否趋同。经过改革开放连续多年高速发展后，中国劳动力市场出现了一些变化，民工荒在一些地方呈现，于是引发关于中国是否达到刘易斯拐点即二元经济转化的转折点的讨论。蔡昉（2005，2010）指出，人口转变与二元经济发展两个过程具有共同的起点、相关和相似的阶段特征甚至重合的变化过程，根据人口预测结果等经验材料，可以认为中国人口红利逐渐消失和刘易斯转折点到来。① 张晓波、杨进、王生林基于对甘肃省农忙和农闲时期工资变化的长期调研资料，发现无论是否控制其他影响因素，实际工资水平总是不断地向上攀升，甚至农闲时期也是如此，据此作者得出剩余劳动力的时代已经结束的论断。② 卿涛、杨仕元、岳龙华（2011）基于中国 1990—2009 年 31 个省区市的面板数据，运用拓展的 Minami 准则对刘易斯拐点进行研究，结果表明，中国已越过了刘易斯第一转折点，即"短缺点"，但无充分的理由表明中国进入了刘易斯第二转折点，即"商业化点"。③ 汪进、钟笑寒（2011）运用跨国平行数据进行回归分析，发现刘易斯转折点在人均 GDP 为 3000 美元至 4000 美元（2000 年国际美元）时出现。但由于政策和制度限制，中国的人均 GDP 虽已超越了这一水平，但农业劳动力比重远高于该经济发展水平下的世界平均值，中国的农业劳动力转移仍有较大潜力。④ 周燕、佟家栋（2012）认为，中国的二元经济转型是城镇化、工业化和经济开放过程的并存。中国的工资差距仍在行业和地区间存在，并吸引着剩余劳动力向东部地区的劳动密集型制造业和服务业转移，因此刘易斯拐点尚未到来。⑤ 笔者拟在前面对我国农村劳动力及其转移估算数据基础上，估计农村剩余劳动力数量，同时结合近年来工资变化来判别中国目前二元经济转化情况。

在此需区分农业剩余劳动力和农村剩余劳动力两个概念。农业剩余劳动力是在一定时期、一定生产技术条件下，一个国家或地区内从事农业生产的劳动者数量与农业生产需要的最低劳动者数量之间的差额。农村剩余劳动力是指在一定时期、一定生产技术条件下，一个国

---

① 蔡昉：《人口转变、人口红利与刘易斯转折点》，《经济研究》2010 年第 4 期。
② 张晓波、杨进、王生林：《中国经济到了刘易斯转折点了吗？——来自贫困地区的证据》，《浙江大学学报》（人文社会科学版）2010 年第 1 期。
③ 卿涛、杨仕元、岳龙华：《"Minami 准则"下的刘易斯转折点研究》，《中国人口科学》2011 年第 2 期。
④ 汪进、钟笑寒：《中国的刘易斯转折点是否到来》，《中国社会科学》2011 年第 5 期。
⑤ 周燕、佟家栋：《刘易斯拐点、开放经济与中国二元经济转型》，《南开经济研究》2012 年第 5 期。

家或地区农村域内拥有的劳动者数量与农业生产需要的最低劳动者数量之间的差额。如果按照刘易斯分享模式，农业是劳动力蓄水池，农村劳动力无条件进入农业，这样农村剩余劳动力和农业剩余劳动力就完全等同。但如果由于社会因素，部分进入劳动年龄、被统计为农村劳动力的人没有进入农业生产领域，如16—18岁农村在校学生，从人口统计角度应当算作农村劳动力，但这些人仍在校学习，未参与农业生产活动，这部分是人口学意义上的农村劳动力但不是农业劳动力。如果把上述因素考虑在内，农业剩余劳动力和农村剩余劳动力不完全相等。

目前估算农村剩余劳动力的方法很多，刘易斯（1989）提出了两种测算方法，狭义测算法是用农业现有的劳动力数量减去现有的农业生产技术、耕作方法下农业对劳动力的需要量；广义测算法是用农业现有的劳动力数量减去采用先进的农业生产技术和组织管理条件下农业所需要的劳动力数量。钱纳里和赛尔昆（1998）通过对多国经验数据进行分析，得出与不同经济发展水平所对应的各部门劳动力份额和各部门产值份额，即"国际标准结构"，然后用被研究的国家农业劳动力份额与该"国际标准结构"相比较，从而估计出被研究国家农业剩余劳动力数值。陈锡康等（1992）分别采用刘易斯广义和狭义的测算思想测算了1987年我国的剩余劳动力，采用狭义思想的算法，将中国当时农业生产技术水平条件下每公顷耕地需要的劳动力数量确定为3.2409人，据此推断，1987年中国的农村剩余劳动力为9003万人；采用广义思想的算法，认为在当时国际农业技术水平下每公顷耕地需要的农业劳动力应当是1.2083人，据此推断，1987年我国的农业剩余劳动力约为2亿。农业部课题组和国家统计局也曾测算了我国广义农村剩余劳动力，农业部课题组参照日本1985年时的农业技术水平，以每个劳动力耕种12.7亩地作为标准，估算出需要1.96亿农业劳动力，农业劳动力中超过这个数字的即是农村剩余劳动力，国家统计局根据类似方法估算出2002年我国农村剩余劳动力还有1.8亿人左右。蔡昉（2010）建立了一个农村农业劳动力是否外出的决策模型，模型中包含了性别、年龄、受教育程度等个体特征，利用相关数据进行回归得到劳动力的外出概率。研究发现年龄和受教育程度是决定农村劳动力是否外出的主要因素,并利用这两个因素对劳动力的外出概率进行了估计,之后结合不同年龄段的统计数据就可得到对应的农村剩余劳动力,加总可得农村剩余劳动力数量,最终结果是2007年我国农村剩余劳动力为4357万。可以看出蔡昉所计算的实质是可以进行转移的农村剩余劳动力。①

对农村剩余劳动力进行测算需要以一定的技术水平为基础,确定在该技术水平下农业生产需要的劳动力数量,而我国农村地域广阔,各地农业生产技术水平差异很大,且不同种类农业生产的技术特征差异很大,这使得农业生产所需劳动力及剩余劳动力估计极易产生偏差。且剩余劳动力不应是个纯技术概念,劳动力供应还会受到市场工资水平的影响,市场工资水平提高,劳动力转移的意愿就会增强,因而能否动员出更多劳动力转移也与市场工资水平有一定的关系。此外,我国目前农村户数为2.1亿—2.5亿户,从理论上讲,每一农户都需要一定的劳动力从事家务工作,这也会强烈影响到可转移的农村剩余劳动力数量。在此笔者结合我国目前农业现实,借鉴相关研究,对我国剩余劳动数量做粗略的估计。

刘易斯是用农业现有的劳动力数量减去一定农业生产技术水平下农业对劳动力的需要量作为剩余劳动力数量。这里的关键是确定农业对劳动力的需要量。农业部课题组计算剩余劳动力数量时,参照日本1985年农业技术水平,以每个劳动力耕种12.7亩地作为标准;陈锡康(1992)分别按照每个劳动力耕种4.63亩地和每个劳动力耕种12.41亩地测算我国剩余劳动力。1998年全世界平均每个劳动力耕种1.1公顷,美国为57.0公顷,日本为1.5公顷,韩国为0.7公顷,印度为0.6公顷,泰国为0.8公顷。从农村劳动力平均耕作面积来看,2000年日本农户每个劳动力耕种面积0.704公顷,2010年我国台湾地区农牧户每个劳动力耕种面积0.317公顷。② 2012年,我国耕地面

---

① 徐文烨:《中国农村剩余劳动力数量研究》,硕士学位论文,浙江大学,2009年。
② 台湾统计资讯网,http://www.stat.gov.tw/ct.asp?xItem=1200&ctNode=555&mp=4。

积为12172万公顷，参照上述资料，如果每个农村劳动力耕种面积提高到接近世界平均水平1公顷计算，那么我国只需要1.217亿农业劳动力。如果考虑到我国劳动力资源丰富，每个农村劳动力耕种面积按照发展中国家水平0.7公顷计算，则我国只需要1.74亿农业劳动力。2012年，我国第一产业从业人员为2.58亿。因此，我国农业剩余劳动力总量为0.84亿—1.361亿。2012年，我国农村劳动力为6.05亿，按此推算，我国农村剩余劳动力总量为4.31亿—4.833亿，考虑到2012年农村劳动力中已转移2.95亿，则尚待转移的农村剩余劳动力总量约为1.36亿—1.883亿。考虑农村劳动力估算中包含50岁以上人员和女性劳动力，许多人缺乏外出转移就业的能力，因而如果估计只有一半具有外出就业的能力，那么我国农村可转移的富余劳动力还有0.68亿—0.94亿。如果按劳均耕地0.5公顷（介于我国台湾和日本实际水平之间）计算，则我国需要2.434亿农业劳动力；而2012年，我国第一产业从业人员为2.58亿。由此推算我国农业剩余劳动力总量只有0.146亿。2012年，我国农村劳动力为6.05亿，按此推算，我国农村剩余劳动力总量约为3.616亿，农村劳动力中已转移2.95亿，则尚待转移的农村剩余劳动力总量约为0.666亿。

按照钱纳里-赛尔昆思路，2013年，我国第一产业的从业人员为2.42亿，占全国从业总量的31.4%。与世界其他国家相比，第一产业从业人员比重明显过高。现代发达国家第一产业从业人员比重都在10%以下。如美国1994年从事第一产业的人员只占全部从业人员的2%，日本1990年为7.1%，以色列1986年为5%，德国1995年为2.4%。[①] 如果我国第一产业就业人口比重下降到10%的水平，则2013年我国第一产业只需要0.77亿人。而2013年我国第一产业实际就业人口为2.42亿人，这就意味着第一产业剩余劳动力总量达1.65亿人。表明如果按照国际农业先进标准测算，我国剩余劳动转移任务还很艰巨。当然，如果考虑到我国劳动力资源丰富，农业发展需发挥

---

① 《2002年中国经济需要关注的几个重大问题》，http：//www.china.com.cn/zhuanti2005/txt/2002-02/05/content_ 5105200. htm。

要素禀赋优势，将第一产业就业人口比重确定到15%的水平，那么我国第一产业只需要1.156亿人，意味着第一产业剩余劳动力总量达1.26亿人。

如果要按照工资标准分析，就要看农业部门的工资是否与现代工业部门趋同，看农业部门边际劳动生产率是否显著上升。2003年以后，受国家一系列反哺农业的政策撬动和新《劳动法》实施的推动，农民工的工资和农民收入水平有较快增长。但现有证据无法证明农业部门的工资和工业部门已经趋同。2003—2013年每一农村劳动力平均从农业等生产经营中获得收入从2256.87元增长到7461.58元[1]，增长了230.61%，而城镇单位就业人员平均工资从13969元增长到51483元，增长了268.55%，劳动者从农业部门获得的报酬水平增长还低于城镇非农部门。分析这一阶段农民收入增长的动因，也可以看出，来自农业部门的收入并不是农民收入增长的主要驱动力量，且增长速度偏低。从2003年到2013年，农民人均纯收入从2622.2元增长到8895.9元，增长了239.25%，这一时期对农民收入增长贡献最大的是工资性纯收入，对农民收入增长的贡献率为49.52%；其次是农民经营性收入，对农民收入增长的贡献率为35.89%；农村居民家庭平均每人转移性纯收入从96.8元增长到784.3元，对农民人均纯收入增长的贡献率为10.96%；农村居民家庭平均每人财产性纯收入从65.8元增长到293元，对农民收入增长的贡献率为3.62%。农民从事农业等生产所获得的收入增幅仅为146.10%，低于这一时期其他形式收入增幅，单从这一点，很难说传统农业部门与工业部门收入出现了趋同。

考察农业劳动生产率变化，发现在21世纪，农业劳动力转移速度加快，农业从业人员大幅下降，但农业产值不但没有下降，反而在国家一系列支农政策推动下大幅增加，这与刘易斯模型中农业劳动

---

[1] 农业部门工资可用农村劳动力平均从农业等生产经营中获得收入来近似替代，用农村居民人均经营性纯收入乘以家庭人口数除以家庭劳动力数得出。在此假设家庭劳动力都从事农业生产经营，此假设不完全符合现实，但笔者在此主要观测增长速度。

短缺、劳动力转移会引起农业产出减少完全不符；分析农业劳动生产率增长，发现农业平均劳动生产率增幅达到390.82%，远高于第二、第三产业。当然由于基数较小，农业劳动生产率2013年只有23564.2元/人，与第二、第三产业差距较大，仅为第二产业劳动生产率的21.87%，第三产业的26.63%。从边际生产率角度，也无法断定剩余劳动力转移完成。（如表4－7所示）

表4－7　　　　　　　　三次产业劳动生产率增长

| 年份 | 产值（亿元） | | | 从业人员（万人） | | | 劳动生产率（元/人） | | |
| --- | --- | --- | --- | --- | --- | --- | --- | --- | --- |
| | 第一产业 | 第二产业 | 第三产业 | 第一产业 | 第二产业 | 第三产业 | 第一产业 | 第二产业 | 第三产业 |
| 2003 | 17381.7 | 62436.3 | 56004.7 | 36204 | 15927 | 21605 | 4801.0 | 39201.6 | 25922.5 |
| 2004 | 21412.7 | 73904.3 | 64561.3 | 34830 | 16709 | 22725 | 6147.8 | 44229.2 | 28410.1 |
| 2005 | 22420.0 | 87598.1 | 74919.3 | 33442 | 17766 | 23439 | 6704.2 | 49306.6 | 31963.3 |
| 2006 | 24040.0 | 103719.5 | 88554.9 | 31941 | 18894 | 24143 | 7526.5 | 54894.2 | 36679.4 |
| 2007 | 28627.0 | 125831.4 | 111351.9 | 30731 | 20186 | 24404 | 9315.4 | 62335.9 | 45628.6 |
| 2008 | 33702.0 | 149003.4 | 131340.0 | 29923 | 20553 | 25087 | 11262.8 | 72495.7 | 52353.3 |
| 2009 | 35226.0 | 157638.8 | 148038.0 | 28890 | 21080 | 25857 | 12192.9 | 74780.6 | 57251.8 |
| 2010 | 40533.6 | 187383.2 | 173596.0 | 27931 | 21842 | 26332 | 14512.3 | 85789.8 | 65925.0 |
| 2011 | 47486.2 | 220412.8 | 205205.0 | 26594 | 22544 | 27282 | 17856.0 | 97770.1 | 75216.3 |
| 2012 | 52373.6 | 235162.0 | 231934.5 | 25773 | 23241 | 27690 | 20321.1 | 101184.1 | 83761.1 |
| 2013 | 56957.0 | 249684.4 | 262203.8 | 24171 | 23170 | 29636 | 23564.2 | 107761.9 | 88474.8 |
| 增幅（%） | | | | | | | 390.82 | 174.89 | 241.30 |

总体来看，尽管改革开放以来，国家采取各种积极措施，促进农业发展提高农业生产效率；广大农民也抓住城市现代工业及服务业发展机遇，进城务工经商，农村劳动力转移虽取得一定成绩，缓解了农业部门劳动力过剩状况，我国的二元经济结构与改革开放前相比有一定程度的改善。但由于长期限制农村劳动力非农化，限制农村人口进城定居，农村劳动力仍不能融入城市，融入现代产业，农村劳动力转

移受到很大阻碍，导致就业结构转化滞后于产业结构。加之我国农村人口数量庞大，农村劳动力数量过于庞大，虽然转移了数以亿计的过剩劳动力，我国农村劳动力仍存在大量剩余，农业就业占比高于农业产值占比，农业部门与非农产业部门存在着较大差距，农业的劳动生产率和现代化水平并未随着国家工业化、现代化进程而逐渐提高。我国的二元对比系数始终很低，即使在二元对比系数最高的1984年，也仅为0.27，显著低于发展中国家的平均水平（0.31—0.45）。传统部门和现代部门的二元仍存在显著差异，二元经济结构转化远未完成，经济结构整体上仍是二元经济结构。①

## 第二节 二元经济结构制约农民增收的机理分析

根据前面的分析，改革开放后由于国家仍长期延续城乡分割的社会政策，加之我国农村人口基数庞大，我国的二元经济结构转化滞后，二元经济结构特征仍较为明显，这从多个方面对农民的增收产生不利的影响。

### 一 二元经济结构制约农民经营性收入增长

1. 劳动力滞留导致人均土地面积狭小，制约农民经营性收入增长

土地是农业生产最基础的生产资料，农业生产离不开土地，土地资源数量是决定农业产出的最主要因素，拥有较多的土地资源，就可以获得较多的农业产出，得到较高的农业收入。但土地作为自然资源具有不可再生性，如果加入农业生产的劳动者数量增加，劳动者人均拥有的土地数量就会减少，在技术水平没有大的突破的情况下，农业劳动者人均产出水平就会下降。

我国农村实行土地集体所有制。由于长期实行重工业优先发展的

---

① 高帆：《中国二元经济结构转化：轨迹、特征与效应》，《学习与探索》2007年第6期。

赶超型战略，城市第二、第三产业吸纳就业能力有限，农民非农就业机会较少，加之缺乏完善的社会保障制度，因而从20世纪80年代家庭经营责任制实行之初，我国农村就一直坚持平均分配土地的原则。20世纪90年代第一轮家庭承包责任制到期后，绝大多数地方都继续沿用平均分配土地的做法，按照各户新的人口情况重新平分土地。目前在我国农村，除留有少量土地由村民小组机动调整外，绝大多数集体土地被按照人头进行平均分配，不分男女，不论老幼，也不考虑村民之间人力资本的差异。在没有其他经济来源的情况下，平均分配土地有助于保障每一集体成员生存需要，是土地集体产权性质的内在要求。农村均田承包是刘易斯"分享"模式的翻版，在一个集体（村庄）范围内通过定期调整承包土地、平均分配农业生产资料就意味着平均分配农业的可能产出。不同的是，刘易斯式分享是在一个家庭内平均分享农业产品，而我国是通过在一个集体范围内分享农业资源而分享农业产出。当然从90年代第二轮家庭承包责任制重新平分土地后，我国绝大多数地区农村土地再未调整，这样各户新增劳动力就更趋同刘易斯"分享"模式，在家庭内共享生产资料，共享经营成果。在各户人口增长大体均衡情况下，农户整体上还是平均分配土地，平均分享产出。当然农户生产经营中努力程度的差异会使得其实际得到的农业产出份额与生产资料的份额出现一定程度的偏差。

由于我国农村劳动力基数较大，每年还有大量的新增劳动力，在二元社会结构改革滞后、农村劳动力转移缓慢情况下，这些劳动力就蓄积沉淀在农业部门。在我国改革开放后很长时间内，农业中的劳动力不但没有减少，反而还在增加，导致人均耕地减少，农业劳动力生产效率下降。如从1985年到2000年，我国农村就业劳动力总数由39050.1万人增加到49962.1万人，净增10912万人。尽管乡村非农部门吸收了8451万新增劳动力（乡村非农劳动力同期从6713万人增加到15164.6万人），但农业就业劳动力总量仍然从30351.5万人增加到32797.5万人。过多的劳动力滞留在农业中，导致人均土地资源十分有限①，我国农村人均耕地面积只有1.5—2亩，远远低于劳动力充分就业的需要。虽然技术进步使得改革开放后土地的产出效率有较大提高，如小麦单产由1983年2802千克/公顷增加到2006年4550千克/公顷，稻谷单产由1983年5096千克/公顷增加到2006年6232千克/公顷，玉米单产由1983年3624千克/公顷增加到2006年5394千克/公顷。但按乡村从事农业生产的劳动力计算，劳均产出仅仅由1983年的1.22吨/人增长到2005年的1.61吨/人，20多年仅增长了31%，增长十分有限；假如没有非农产业吸纳12120万新增劳动力，按照乡村劳动力总数计算，劳均粮食产量还由1983年的1.12吨/人下降到2005年的0.96吨/人。国外的经验表明，单纯依靠农业收入，人均耕地1亩仅能维持基本温饱；人均耕地10亩以上，可以实现温饱有余；人均耕地100亩以上，才可达到小康生活水平；人均耕地1000亩以上，可以达到富裕水平。②劳动力转移进程缓慢，过多劳动力滞留在农业中，人均土地资源过于狭小，必然造成人均产出不高，农民收入增长缺乏经济支撑。

表4-8是国内学者计算的改革开放后一些年份我国农业、国有工业和农村工业的劳动边际生产力，即在这三个部门，每新增一个劳动力的使用可以增加的年产值。从中可以看出，农业劳动的边际生产力最低时，只有国有工业的5.5%（1989年）和农村工业的49.6%（1992年）。正因为过多劳动力滞留在农村，导致农业的边际劳动生产率低下，农业劳动力收入增长缺乏经济基础。

表4-8　　　　　　　　　　分部门边际劳动生产力　　　　　　　　单位：元

| 年份 | 农业 | 国有工业 | 农村工业 |
| --- | --- | --- | --- |
| 1987 | 476.2 | 7708.5 | 588.9 |
| 1988 | 476.7 | 8125.9 | 708.4 |
| 1989 | 447.8 | 8086.4 | 705.6 |

---

① 根据中国统计年鉴乡村从业人员数据推算。
② 姜法芹：《对促进农民增收措施实施效果的反思》，《学习论坛》2004年第4期。

续表

| 年份 | 农业 | 国有工业 | 农村工业 |
|------|------|---------|---------|
| 1990 | 524.5 | 8048.6 | 652.8 |
| 1991 | 555.7 | 8467.1 | 880.6 |
| 1992 | 601.2 | 9346.2 | 1211.2 |

资料来源：Yang Dennis Tao and Hao Zhou（1999），"Rural Urban Disparity and Sectoral Labor Allocation in China"，Journal of Development Studies，Vol. 35，No. 3，pp. 105 – 133. 转引自蔡昉《刘易斯转折点》，社会科学文献出版社2008年版。

2. 二元经济结构下城市现代部门规模过小，影响农产品市场需求

二元经济结构转化滞后，不但直接导致农村人均土地狭小，人均农业产出减少制约农民增收，而且还制约农产品需求增长，影响农民增收。农民生产的农产品，一部分是自用，另一部分作为城镇居民消费品或作为工业的原材料。城市对农产品的需求，一是取决于城镇居民收入增长，二是取决于城镇居民数量的增加。由于受恩格尔定律制约，城市居民收入增长不可能带来农产品需求的大幅度增长，因此增加农产品市场需求的关键就是增加城市人口。改革开放后随着经济发展，我国城市化水平有较大幅度提高，城市化率由1978年的17.92%提高到2012年的52.57%，但由于国家对现代城市病、城市贫民窟的担忧，采取限制农民进城落户的政策，城市化严重滞后于工业化，2012年我国非农产业产值达到90.47%，远高于城镇化比率，同时，我国城市化的质量却不是很高，存在2.36亿农民工，这些人没有真正的市民资格，且由于经济与社会等因素限制，这部分流动农村人口的生活模式与原城市市民有很大区别。扣除这部分流动人口，真实的城市化率不到35%。城市化水平滞后于工业化，城市化发展水平不高，农产品市场需求狭小，农产品在较低的市场水平上遭遇市场需求约束。我国在1984年、1995年粮食大丰收后都曾出现过粮食销售困难、价格下跌的局面。如1995年我国每亩农业纯收入平均为376元，到2000年下降至161元，严重影响农民收入增加。改革开放后屡次出现的农产品供大于求、价格下跌，表面上看是农业生产不适应市场

需求，农产品过剩所致，其实这些现象的背后就隐藏着二元经济结构下城市化发展水平滞后、农产品需求不旺的问题。

**二　二元经济结构制约农民工资性收入增长**

改革开放后，随着经济的发展和对劳动力外出就业控制的放松，工资性收入已成为农民收入的重要组成，成为农民收入的主要来源。有研究表明，在刚刚落实联产承包家庭经营责任制的1985年，农村居民家庭人均纯收入中工资性收入占比只有18.16%，家庭经营纯收入占比高达74.45%，但到了2000年，工资性收入占比超过30%，达到31.17%；2013年农村居民家庭平均每人工资性纯收入占比45.25%，超过农村居民家庭经营纯收入占比（42.64%）。农民增收的部分主要来源于外出务工所获得的工资性收入，1985—2013年农民人均纯收入由387.6元增长到8895.9元，其中工资性收入由72.2元增长到4025.4元，对农民收入的贡献率达到46.52%，家庭经营性收入由296元增长到3793.2元，对农民收入的贡献率为41.15%，工资性收入对农民增收的贡献超过家庭经营收入。在工资性收入成为农民增收的主要动力情况下，非农就业机会的多寡和非农就业工资水平高低成为影响农民增收的重要因素。

非农就业机会分析。改革开放后，我国经济高速发展，国家建设突飞猛进，创造一定的劳动力需求。但在世界科技迅猛发展、国际国内市场日趋激烈的大背景下，国内企业为应对市场竞争，普遍注意运用先进技术、采用先进设备，由此导致的资本有机构成提高，影响城市第二、第三产业吸收劳动力的能力。如全国规模以上工业企业1980年资产总计4233亿元，2005年资产增加到244784亿元，增长了56.83倍；而同期企业从业人员仅由5600万人增长到6896万人，仅增长了23%。同时经济社会发展，人工成本逐渐上升，城市工业、服务业减少人工使用的趋势愈加明显，如最近几年，我国重要的外贸出口加工基地东莞屡屡传出企业用机器人替代工人的消息[①]，这必然限

---

① 李华：《东莞屡屡传出企业用机器人替代工人》，http://cul.china.com.cn/cswh/2015-12/13/content_8446811.htm，2015-12-13。

制农民工转移的空间。加之由于计划经济所形成的二元的社会体制改革滞后，国家对农村剩余劳动力转移长期采取抑制和排斥的政策，国家体制内的单位没有向农民工开放，加之农民自身知识和技能水平有限，转移农村劳动力所能参与的就业岗位集中于低技术含量、低报酬、劳动条件差的非正规岗位（关于岗位保留制度二元社会结构对农民外出就业的限制下章详述），这又进一步压缩了农民工就业选择的空间。

而从劳动力供给方角度看，由于农村人口技术过于庞大，劳动力供应严重过剩，长期存在大量农村剩余劳动力，普通劳动力严重供过于求，使得城市次级劳动力市场的工资水平长期受到压制，制约了农民工资性收入的增长。家庭联产承包责任制的实行提高了农业劳动生产率，释放出大量农村剩余劳动力。农村剩余劳动力开始向城镇、向非农产业规模转移。20世纪80年代中期，乡镇企业"异军突起"，吸收了大量农村剩余劳动力。1984年至1988年，农村劳动力总计转移5566万人，每年平均转移1113万人，劳动力转移的总量年均增长23.11%。从1988年下半年开始，我国国民经济出现社会供求总量失衡，结构矛盾加剧，国家开始实行治理整顿政策，农村剩余劳动力的转移进入了"缓慢期"。1989年至1991年，累计转移农业劳动力296万人，平均每年增加99万人，转移劳动力总量平均每年仅增长1.1个百分点。1992年邓小平南方谈话掀起了我国经济体制改革和对外开放新高潮，沿海地区外商投资迅速增加，开发区建设遍及全国，农村劳动力转移也随之出现加速的势头，特别是农村劳动力的乡城转移、跨区域流动迅速增加，成为这一时期农村劳动力转移的突出特点。据韩俊等人的估算，仅1992年流入城市的农村人口已达3500万人，而1993年外出的农村劳动力更多达5000万—6000万人（韩俊等，1994）。① 1992年至1996年，农村剩余劳动力转移累计达4122万人，劳动力转移总量年均增长7.9%，年均增加824万人，农村劳动力非农化率由20.7%迅速提高到28.8%，提高了8.1个百分点。然而，

---

① 韩俊等：《跨世纪的难题：中国农业劳动力转移》，山西经济出版社1994年版。

进入1997年以后，随着国有企业改革深入推行，致使大量工人下岗，城乡就业态势趋紧，农村剩余劳动力转移速度逐年下降，1997年、1998年、1999年农业劳动力转移速度分别为1.1%、0.6%、0.4%。这期间，农村剩余劳动力累计转移957万人，劳动力转移的总量年均增长2.4%，平均每年增加319万人。进入21世纪以来，随着国家对农民进城就业的各种不合理限制的取消，以及包括就业、保障、户籍、教育、住房、小城镇建设等在内的多个方面配套改革的深入推行，农村剩余劳动力向非农产业、向城市转移就业进入了一个持续稳定增长的新时期。根据我们估计，2005年年末农村转移劳动力达1.84亿人，而国家农民工监报告则显示，到了2010年年末，农村转移劳动力上升至2.42亿人。[1] 由于我国人口基数过于庞大，因而在改革开放后城市第二、三产业吸收了上亿农村劳动力情况下，农村劳动力过剩问题依然严峻。国家统计局农调总队估计1999年我国农村剩余劳动力有1.7亿人，王国霞2004年估计我国农村剩余劳动力为1.8亿—2.1亿。根据我们前面的分析，我国农村尚待转移的过剩劳动力保守估计也有0.68亿—0.94亿。尽管各位研究者对我国剩余劳动力规模的估计不尽相同，但大都认可改革开放后中国农村长期存在大量过剩劳动力这一事实。

大量农村剩余劳动力的存在及其向城市的流动，造成城市劳动力市场严重的供求失衡局面，对城市工业部门工资（主要是城市次级劳动力市场工资）形成强大压力，制约着工业部门工资的增长。费景汉和拉尼斯指出，由于在农业部门存在着对工业实际工资起抑制性影响的失业人员储备，因此任何实际工资明显上升的趋势和由此产生的工农部门间的非正常工资差别，都会由于农业劳动者向工业部门的流动而受阻。哈里斯—托达罗（1970）揭示只要城市预期收入大于乡村预期收入，劳动力乡城流动就会继续下去。劳动力从乡村到城市的流动会加大城市劳动力市场的供给，压低城市劳动力市场的工资。在劳动

---

[1] 张雅丽：《中国工业化进程中农村剩余劳动力转移研究》，中国农业出版社2009年版。

供给弹性是无限的条件下，工业部门只要支付略高于农村维持生计收入水平的工资，就会获得无限劳动力供给，工业部门管理者作为理性经济人，自然没有动力支付更高的工资水准。我国改革开放后正值劳动力数量迅速增长的时期，从1983年到2000年，仅农村劳动力净增13272.3万人，平均每年净增800多万。据国家统计局农调总队2002年测算，1978—2000年，全国农村累计向非农产业转移农业劳动力1.3亿人，平均每年转移591万人。王国霞2000年估计，1982—2000年我国从乡村迁往城市的总人口累计已达到2.1亿，其中农村劳动力达到1.1亿。根据胡景北（2009）的研究，仅在1996—2007年，中国大约有2亿到2.2亿人从农村迁入城镇，至少有6.6千万劳动力从乡村转入城市，7.1千万劳动力从农业转入非农产业。从1996年到2006年，中国城镇新增总就业中，84%来自乡村劳动力的转移，城镇自有劳动力的增加只占了16%。[1] 每年都有近千万农民工涌进城市寻找工作，再加上城市新增劳动力，城市劳动力市场供求严重失衡，工资被压得很低。据报道在经济发达的珠江三角洲地区，由于劳动力供过于求，外来工收入水平从20世纪90年代到21纪初12年间仅提高了68元。2003年后，由于一系列惠农政策实施，加上新劳动法实施及劳动市场供求关系改变，农民工工资增长迅速，如2013年农民工平均月收入2609元[2]，尽管增幅很快，但只有当年全国城镇非私营单位就业人员年平均工资（51474元[3]）的60.8%，仍处于相对较低水平。

### 三 二元经济结构制约农民转移性收入增长

20世纪30年代后，主要资本主义国家纷纷采取农产品价格支持、直接收入支付等政策，建立、完善农业保护制度，以使农业生产者获

---

[1] 胡景北：《中国乡城移民的宏观经济学》，http：//www.hujingbei.net/，同济大学中德学院经济发展研究所，2009年版。
[2] 国家统计局：《2013年全国农民工监测调查报告》，http：//www.stats.gov.cn/tjsj/zxfb/201405/t20140512_551585.html。
[3] 国家统计局：《2013年城镇非私营单位就业人员年平均工资51474元》，http：//www.stats.gov.cn/tjsj/zxfb/201405/t20140527_558626.html。

得与社会上其他职业大致均衡的收入水平。改革开放后，我国逐渐放开农产品市场，为避免价格过分波动，保护农业生产，国家也开始实施农产品保护价格等农业保护措施，后来还实施多项支援农业和扶助农民的措施，农民可从国家获得一部分转移性收入。而农民获得的转移性收入水平受国家财力水平和农业部门的相对规模两个因素制约，农业部门规模越小，农民人数越少，农民人均获得的补助水平就可能越高。

由于我国二元经济结构转化迟滞，大量剩余劳动力滞留农业，使得农业劳动力占全部劳动力比重居高不下，农村人口数量十分庞大。1978年我国农业在三次产业结构中的比例高达28.1%，70.5%的劳动力从事农业生产，82.08%人口居住在农村。且1978年我国财政收入仅为1132亿元，财政状况较为困难，国家财政根本无力对占全国总人口80%以上的农民进行补贴。随着改革开放以来我国经济的高速增长，社会财富不断增加，农业在GDP中的份额逐年下降，2004年农业在GDP中的份额已下降到13.0%，第二、第三产业在GDP中的比重高达87%，占绝对主导地位。2004年，居住在城镇的人口占总人口的比重为41.76%，城市化水平得到较大提高，农业劳动力比重、农村人口比重已降低到一定水平。同时随着经济发展，我国财政实力不断增强，2004年财政收入达到26396.47亿元。我国逐渐具备了反哺农业、支持农业的条件。正是基于经济发展、财力增加和农村人口减少的国情，我国从2004年开始实行了粮食直补等一系列农业补贴，补贴品种逐渐增加，补贴力度逐渐加大，到2012年，转移性收入占农民人均纯收入的比重达到了8.67%，比2004年增长了4个百分点。但如果与国外农民从国家获得补贴收入相比，我国农民获得的补贴水平还很低。主要是我国目前农村人口数量过于庞大，而国家财力还比较有限。若能再进一步加速劳动力转移，降低农村人口，同时提高国家财政农业补贴力度，农民的人均转移性收入就会增加。如将农业补贴提高到农业GDP的10%，2012年农业GDP为50892.7亿元，则有农业补贴总额5089亿元，当年农村人口为9.7065亿，则每人可获补贴收入524.28元；如果让流动进城农民落户，则农村人口数就降为6.4222亿人，则每人可获农业补贴792.4元。如果把农业补贴提高到农业 GDP 的 20%，则当年农村人口每人可获补贴收入为 1050 元。只有在大幅度减少农民数量的前提下，提高农民补贴强度才有基础。

### 四 改革开放后二元经济条件下部门收入增长对比

在刘易斯二元经济结构中，农业部门的工资是一个由生存需要、社会习俗等因素决定的较低水平的生存工资，而工业部门的工资水平是以农业部门的较低的生存工资为基础制定的，处于略高于农业部门工资的水平上。在农村剩余劳动力被掏干（刘易斯转折点）之前，国民财富分配宏观上有利于资本所有者。改革开放后的我国二元经济条件下，农业部门收入份额、工业部门工资份额、工业部门利润份额及增长速度有什么特征呢？对此我们利用 1985—2005 年农业及其他部门收入数据进行实证分析。

首先分析改革开放后我国农业部门收入增长情况。现有统计资料中没有农民从事农业生产经营获得的收入总额的资料，为此，本书利用农业部《中国农业发展报告 2007》[1]中有关数据进行推算，利用该报告农民收入统计中农民家庭经营第一产业（农牧）所获得的人均收入数据，再乘以乡村人口数，即可获得历年农民从农业中获得的收入总额，如表 4-9 所示。

表 4-9　　　　　历年农民从农业中获得的收入总额

| 年份 | 乡村人口（万人） | 家庭第一产业纯收入（元/人） | 农民得自农业收入总额（亿元） |
|---|---|---|---|
| 1983 | 83536 | 212.7 | 1776.39 |
| 1985 | 84420 | 263.8 | 2227.08 |
| 1990 | 89590 | 456.0 | 4085.32 |
| 1995 | 91675 | 956.5 | 8768.68 |
| 2000 | 92820 | 1090.7 | 10123.84 |
| 2005 | 94907 | 1469.6 | 13947.60 |
| 2005/1985 | — | 6.26 | — |

资料来源：农业部：《中国农业发展报告》（2007），http：//www.agri.gov.cn/sjzl/baipshu.htm。

---

[1] 中华人民共和国农业部：《中国农业发展报告》（2007 年）。

可以看出,从 1985—2005 年,农业部门收入总额(农民得到的农业经营收入总额)从 2227.08 亿元增长到 13947.60 亿元,增长了 6.26 倍。

再看城镇非农部门中工资所获得份额增长情况。对非农部门中工资份额的估算采用《中国统计年鉴》中有关工资总额数据。该工资总额包括国有单位、城镇集体单位、其他单位,不完全是工业企业,如表 4 - 10 所示。

表 4 - 10　　　　　　　　历年职工工资总额　　　　　　单位:亿元

| 年份 | 工资总额合计 | 国有单位 | 城镇集体单位 | 其他单位 |
| --- | --- | --- | --- | --- |
| 1978 | 568.9 | 468.7 | 100.2 |  |
| 1980 | 772.4 | 627.9 | 144.5 |  |
| 1985 | 1383 | 1064.8 | 312.3 | 5.9 |
| 1990 | 2951.1 | 2324.1 | 581 | 46 |
| 1995 | 8100 | 6080.2 | 1182 | 637.8 |
| 2000 | 10656.19 | 7612.91 | 918.96 | 2124.31 |
| 2005 | 19789.86 | 12009.22 | 867.78 | 6912.85 |
| 2006 | 23265.92 | 13600.13 | 944.94 | 8720.85 |
| 2005/1985 | 14.31 | 11.28 | 2.78 | 1171.67 |

资料来源:根据《中国统计年鉴》(1982—2007 年)整理计算。

可以看出,从 1985—2005 年,现代非农部门收入总额从 1383 亿元增长到 2005 年的 19789.86 亿元,增长了 14.31 倍。

改革开放后现代工业部门利润增长情况。我国统计年鉴所提供的工业部门利润总额数据 1997 年及以前为乡及乡以上独立核算工业企业数据;1998 年起改为全部国有及年主营业务收入在 500 万元以上非国有工业企业数据,这两个指标口径有一定变化,但仍具有较强可比性,如表 4 - 11 所示。工业部门利税总额(包括企业利润和上缴税金)由 1985 年的 1656 亿元增长到 2005 年的 26320.82 亿元,增长了 15.89 倍。

表4-11　　　　　　　历年工业部门利润增长情况

| 年份 | 资产总计（亿元） | 利润总额（亿元） | 税金总额（亿元） | 全部从业人员年平均人数（万人） | 利税总额（亿元） |
|---|---|---|---|---|---|
| 1978 | 4525 | | | | |
| 1980 | 4233 | 692 | 367 | 5600 | 1059 |
| 1985 | 6972 | 929 | 727 | 6605 | 1656 |
| 1990 | 15953 | 560 | 1386 | 7663 | 1946 |
| 1995 | 79234 | 1635 | 3415 | 8360 | 5050 |
| 1997 | 103400 | 1703 | 4037 | 7873 | 5740 |
| 1998 | 108822 | 1458 | 4064 | 6196 | 5522 |
| 2000 | 126211 | 4393 | 5119 | 5559 | 9512 |
| 2005 | 244784 | 14803 | 11518 | 6896 | 26320.82 |
| 1997/1980 | 24.4 | 2.5 | 11.0 | 1.4 | 5.4 |
| 2005/1985 | 35.1 | 15.9 | 15.8 | 1.0 | 15.89 |

资料来源：根据《中国统计年鉴》（2006年）数据整理计算。

将农业部门收入增长幅度、非农部门工资增长幅度以及工业部门利润增长情况对照，发现从1985年到2005年农民从农业中总共获得的收入仅增长了6.26倍，而非农部门工资增长了14.31倍，工业企业的利税总额（包括企业利润和上缴税金）增长了15.89倍。非农部门职工工资总额的增长略低于工业部门利润的增长，说明以城市工薪收入者为主体的现代部门劳动者收入基本上随着产业的盈利增加而增加，可以分享到经济发展的好处，而农民农业收入增长严重滞后于城市工资总额的增长和企业利税的增长，必然导致农民在整个国民收入分配中份额下降，城乡收入差距扩大就难以避免。

## 第三节　二元经济结构影响农民增收的实证分析

为实证检验二元经济结构对农民收入增长的影响，本书拟以2004年全国31个省（市、区）截面数据及全国改革开放以来的时间序列数据为基础，运用计量工具，从静态和动态两个角度考察改革开放后城乡二元经济结构对农民收入增长的影响。选择 2004 年全国各省（市、区）截面数据的原因在于 2004 年以后，我国涉农政策发生重大转折，2004 年基本反映了城乡二元分割政策改革实施前的经济现实。

## 一　二元经济结构影响农民增收的静态分析

### 1. 样本说明和数据来源

我国幅员广阔，各地经济发展水平和城乡居民收入差异较大。为实证检验二元经济结构对农民收入增长的影响，本书首先以全国（大陆地区）31 个省（市、区）作为样本，用 2004 年各省区截面数据对二元经济结构和城乡收入差距指标进行回归分析。在本书的研究中，基础数据包括全国大陆 31 个省（市、区）的第一产业就业，第二、三产业就业，第一产业产值，第二、三产业产值，农民人均纯收入，城镇居民人均可支配收入等。本章前半部分已有二元经济结构的测度指标，但考虑到二元对比系数绝对值小、各省（市、区）之间以及各年份之间数值差异不明显，不便于进行计量分析，为此本章改用二元对比系数的倒数反映二元结构程度，并称为二元系数（Dual - economy，DE）。二元系数 = 非农产业比较劳动生产率/农业比较劳动生产率，此指数越小，表示两部门差距越小，二元结构程度越低。因变量是反映农民相对贫困的城乡收入差距指数（Income Gap，IG），城乡收入差距指数 = 城镇居民人均可支配收入/农村居民人均纯收入，此指数越小，表示城乡收入差距越小。具体如表 4 - 12 所示。

表 4 - 12　　2004 年各省（区）二元系数和城乡收入差距指数

| 地区 | 第一产业就业（%） | 第二、三产业就业（%） | 第一产业产值（%） | 第二、三产业产值（%） | 二元对比系数 | 二元系数 | 城乡收入差距指数 |
| --- | --- | --- | --- | --- | --- | --- | --- |
| 北京 | 6.76 | 93.24 | 2.40 | 97.60 | 0.34 | 2.94 | 2.53 |
| 天津 | 18.86 | 81.14 | 3.49 | 96.51 | 0.16 | 6.43 | 2.28 |
| 河北 | 45.06 | 54.94 | 15.63 | 84.37 | 0.23 | 4.43 | 2.51 |
| 山西 | 43.47 | 56.53 | 8.33 | 91.67 | 0.12 | 8.47 | 3.05 |
| 内蒙古 | 53.83 | 46.17 | 18.66 | 81.34 | -0.20 | 5.08 | 3.12 |

续表

| 地区 | 第一产业就业（%） | 第二、三产业就业（%） | 第一产业产值（%） | 第二、三产业产值（%） | 二元对比系数 | 二元系数 | 城乡收入差距指数 |
|---|---|---|---|---|---|---|---|
| 辽宁 | 36.34 | 63.66 | 11.20 | 88.80 | 0.22 | 4.52 | 2.42 |
| 吉林 | 47.65 | 52.35 | 18.96 | 81.04 | 0.26 | 3.89 | 2.61 |
| 黑龙江 | 48.45 | 51.55 | 11.08 | 88.92 | 0.13 | 7.54 | 2.49 |
| 上海 | 7.14 | 92.86 | 1.30 | 98.70 | 0.17 | 5.85 | 2.36 |
| 江苏 | 27.77 | 72.23 | 8.54 | 91.46 | 0.24 | 4.12 | 2.20 |
| 浙江 | 24.70 | 75.30 | 7.26 | 92.74 | 0.24 | 4.19 | 2.45 |
| 安徽 | 51.03 | 48.97 | 19.37 | 80.63 | 0.23 | 4.34 | 3.01 |
| 福建 | 37.60 | 62.40 | 12.85 | 87.15 | 0.24 | 4.09 | 2.73 |
| 江西 | 45.90 | 54.10 | 20.36 | 79.64 | 0.30 | 3.32 | 2.71 |
| 山东 | 40.24 | 59.76 | 11.48 | 88.52 | 0.19 | 5.19 | 2.69 |
| 河南 | 55.43 | 44.57 | 18.69 | 81.31 | 0.18 | 5.41 | 3.02 |
| 湖北 | 42.37 | 57.63 | 16.17 | 83.83 | 0.26 | 3.81 | 2.78 |
| 湖南 | 53.63 | 46.37 | 20.60 | 79.40 | 0.22 | 4.46 | 3.04 |
| 广东 | 32.94 | 67.06 | 7.76 | 92.24 | 0.17 | 5.83 | 3.12 |
| 广西 | 56.18 | 43.82 | 24.44 | 75.56 | 0.25 | 3.96 | 3.77 |
| 海南 | 56.95 | 43.05 | 36.89 | 63.11 | 0.44 | 2.26 | 2.75 |
| 重庆 | 45.30 | 54.70 | 16.18 | 83.82 | 0.23 | 4.29 | 3.67 |
| 四川 | 50.61 | 49.39 | 21.27 | 78.73 | 0.26 | 3.79 | 3.06 |
| 贵州 | 57.40 | 42.60 | 20.99 | 79.01 | 0.20 | 5.07 | 4.25 |
| 云南 | 69.44 | 30.56 | 20.42 | 79.58 | 0.11 | 8.86 | 4.76 |
| 西藏 | 61.44 | 38.56 | 20.50 | 79.50 | 0.16 | 6.18 | 4.89 |
| 陕西 | 50.79 | 49.21 | 13.70 | 86.30 | 0.15 | 6.50 | 4.01 |
| 甘肃 | 57.17 | 42.83 | 18.05 | 81.95 | 0.16 | 6.06 | 3.98 |
| 青海 | 49.16 | 50.84 | 12.41 | 87.59 | 0.15 | 6.82 | 3.74 |
| 宁夏 | 48.42 | 51.58 | 14.20 | 85.85 | 0.18 | 5.68 | 3.11 |
| 新疆 | 53.27 | 46.73 | 20.21 | 79.79 | 0.22 | 4.50 | 3.34 |

资料来源：《中国统计年鉴》（2005—2014年）及《中国农村住户调查年鉴》（2005年）。

2. 实证结果

根据全国31个省（市、区）的2004年数据资料，利用Eviews 6.0软件对城乡收入差距指标和二元系数进行初步回归分析，分析结果如表4-13所示。

表4-13　　　　城乡收入差距和二元系数的回归分析结果

|  | 系数 | 标准误差 | 标准差 | 可决系数 | $T$值 | $F$值 |
| --- | --- | --- | --- | --- | --- | --- |
| 常数项 | 2.130 | 0.418 | 0.414 | 0.171 | 5.102 | 5.999 |
| 二元系数 | 0.193 | 0.079 |  |  | 2.449 |  |

资料来源：根据表4-12计算整理。

从表4-13可以看出，城乡二元系数与城乡收入差距正相关，虽然其可决系数为0.171，但F值为5.999，大于显著性水平5%下的临界值5.54，这说明了二元系数和城乡收入差距的回归方程的总体线性在5%水平显著。

从统计经验上来讲，为了使模型有比较合理的经济解释，可以牺牲一些拟合优度。[1] 所以可以判定，二元系数和城乡收入具有正相关关系。这说明了我国改革开放后的城乡收入差距受到城乡二元结构的影响。

## 二　二元经济结构影响改革开放后农民增收的动态分析

为从动态角度考察改革开放后城乡二元经济结构对农民收入增长的影响，本书以全国改革开放以来的时间序列数据为基础，选择结构式向量自回归模型实证检验二元经济结构对农民收入增长的影响。

1. 理论与方法

经济计量方法是以经济理论为基础来描述变量之间的关系，但有时经济理论通常并不足以对变量之间的动态联系提供一个严密的说明。向量自回归（Vector Auto Regression，VAR）是基于数据的统计性质建立模型，把系统中每一个内生变量作为系统中所有内生变量的

---

[1] 祝发龙：《计量经济学》，中国矿业大学出版社2002年版。

滞后值的函数来构造模型,从而将单变量自回归模型推广到由多元时间序列变量组成的"向量"自回归模型。VAR 模型作为处理多个相关经济指标分析与预测的最容易操作的模型之一,近年来受到越来越多的经济研究者的重视。[①]

VAR($p$) 模型的数学表达式是:

$$y_t = A_1 y_{t-1} + \cdots + A_p y_{t-p} + \varepsilon_t, \quad t = 1, 2, \cdots, T \qquad (4-1)$$

其中,$y_t$ 是 $k$ 维内生变量向量,$p$ 是滞后阶数,样本个数为 $T$。$k \times k$ 维矩阵 $A_1, \cdots, A_p$ 是要被估计的系数矩阵。$\varepsilon_t$ 是 $k$ 维扰动向量,它们相互之间可以同期相关,但不与自己的滞后值相关,即不与等式右边的变量相关,假设 $\sum$ 是 $\varepsilon_t$ 的协方差矩阵,是一个 ($k \times k$) 的正定矩阵。

对 VAR 模型的估计可以通过最小二乘法来进行,假如对矩阵不施加限制性条件,由最小二乘法可得矩阵的估计量为:

$$\hat{\sum} = \frac{1}{T} \sum \hat{\varepsilon}_t \hat{\varepsilon}_t' \qquad (4-2)$$

其中:$\hat{\varepsilon}_t = y_t - \hat{A}_1 y_{t-1} - \hat{A}_2 y_{t-2} - \cdots - \hat{A}_p y_{t-p}$

由于仅仅有内生变量的滞后值出现在等式的右边,所以不存在同期相关性问题,用普通最小二乘法(OLS)能得到 VAR 简化式模型的一致且有效的估计量。即使扰动向量 $t$ 有同期相关,OLS 仍然是有效的,因为所有的方程有相同的回归量,其与广义最小二乘法(GLS)是等价的。注意,由于任何序列相关都可以通过增加更多的 $y_t$ 的滞后而被消除(absorbed),所以扰动项序列不相关的假设并不要求非常严格。

SVAR 模型。为了明确变量间的当期关系,首先来研究两变量的 VAR 模型结构式和简化式之间的转化关系。如含有两个变量($k = 2$)、滞后一阶($p = 1$)的 VAR 模型结构式可以表示为下式:

$$x_t = b_{10} + b_{12} z_t + \gamma_{11} x_{t-1} + \gamma_{12} z_{t-1} + u_{xt}$$
$$z_t = b_{20} + b_{21} x_t + \gamma_{21} x_{t-1} + \gamma_{22} z_{t-1} + u_{zt} \quad t = 1, 2, \cdots, T \qquad (4-3)$$

---

[①] 潘虹宇:《时间序列分析》,对外经贸大学出版社 2006 年版。

在模型中假设：

①变量过程 $x_t$ 和 $z_t$ 均是平稳随机过程；

②随机误差 $u_{xt}$ 和 $u_{zt}$ 是白噪声序列，不失一般性，假设方差 $\sigma_{x2} = \sigma_{z2} = 1$；

③随机误差 $u_{xt}$ 和 $u_{zt}$ 之间不相关，$COV(u_{xt}, u_{zt}) = 0$。

式（4-3）一般称为一阶结构向量自回归模型 [SVAR（1）]。它是一种结构式经济模型，引入了变量之间的作用与反馈作用，其中系数 $b_{12}$ 表示变量 $z_t$ 的单位变化对变量 $x_t$ 的即时作用，$\gamma_{21}$ 表示 $x_{t-1}$ 的单位变化对 $z_t$ 的滞后影响。虽然 $u_{xt}$ 和 $u_{zt}$ 是单纯出现在 $x_t$ 和 $z_t$ 中的随机冲击，但如果 $b_{21} \neq 0$，则作用在 $x_t$ 上的随机冲击 $u_{xt}$ 通过对 $x_t$ 的影响，能够即时传到变量 $z_t$ 上，这是一种间接的即时影响；同样，如果 $b_{12} \neq 0$，则作用在 $z_t$ 上的随机冲击 $u_{zt}$ 也可以对 $x_t$ 产生间接的即时影响。冲击的交互影响体现了变量作用的双向和反馈关系。

2. 样本说明和数据来源

城乡二元经济结构对农民收入增长影响动态分析的样本由全国1978—2013年历年二元系数和城乡收入差距指数构成。资料来源于《中国统计年鉴》（1982—2014年）。

表 4-14　　　　　　改革开放后中国二元经济结构的变化

| 年份 | 第一产业产值（%） | 第二、三产业产值（%） | 第一产业就业人员（%） | 第二、三产业就业（%） | 二元对比系数 | 二元系数 | 城乡收入差距指数 |
| --- | --- | --- | --- | --- | --- | --- | --- |
| 1978 | 28.2 | 71.8 | 70.5 | 29.5 | 0.16 | 6.08 | 2.57 |
| 1979 | 31.3 | 68.7 | 69.8 | 30.2 | 0.20 | 5.07 | 2.53 |
| 1980 | 30.2 | 69.8 | 68.7 | 31.3 | 0.20 | 5.07 | 2.50 |
| 1981 | 31.9 | 68.1 | 68.1 | 31.9 | 0.22 | 4.56 | 2.24 |
| 1982 | 33.4 | 66.6 | 68.1 | 31.9 | 0.23 | 4.26 | 1.98 |
| 1983 | 33.2 | 66.8 | 67.1 | 32.9 | 0.24 | 4.10 | 1.82 |
| 1984 | 32.1 | 67.9 | 64.0 | 36 | 0.27 | 3.76 | 1.84 |
| 1985 | 28.4 | 71.6 | 62.4 | 37.6 | 0.24 | 4.18 | 1.86 |
| 1986 | 27.1 | 72.9 | 60.9 | 39.1 | 0.24 | 4.19 | 2.13 |

续表

| 年份 | 第一产业产值（%） | 第二、三产业产值（%） | 第一产业就业人员（%） | 第二、三产业就业（%） | 二元对比系数 | 二元系数 | 城乡收入差距指数 |
|---|---|---|---|---|---|---|---|
| 1987 | 26.8 | 73.2 | 60.0 | 40 | 0.24 | 4.10 | 2.17 |
| 1988 | 25.7 | 74.3 | 59.3 | 40.7 | 0.24 | 4.21 | 2.17 |
| 1989 | 25.1 | 74.9 | 60.1 | 39.9 | 0.22 | 4.49 | 2.28 |
| 1990 | 27.1 | 72.9 | 60.1 | 39.9 | 0.25 | 4.05 | 2.20 |
| 1991 | 24.5 | 75.5 | 59.7 | 40.3 | 0.22 | 4.57 | 2.40 |
| 1992 | 21.8 | 78.2 | 58.5 | 41.5 | 0.20 | 5.06 | 2.58 |
| 1993 | 19.7 | 80.3 | 56.4 | 43.6 | 0.19 | 5.27 | 2.80 |
| 1994 | 19.9 | 80.1 | 54.3 | 45.7 | 0.21 | 4.78 | 2.86 |
| 1995 | 20.0 | 80.0 | 52.2 | 47.8 | 0.23 | 4.37 | 2.71 |
| 1996 | 19.7 | 80.3 | 50.5 | 49.5 | 0.24 | 4.16 | 2.51 |
| 1997 | 18.3 | 81.7 | 49.9 | 50.1 | 0.22 | 4.45 | 2.47 |
| 1998 | 17.6 | 82.4 | 49.8 | 50.2 | 0.21 | 4.64 | 2.51 |
| 1999 | 16.5 | 83.5 | 50.1 | 49.9 | 0.20 | 5.08 | 2.65 |
| 2000 | 15.1 | 84.9 | 50.0 | 50 | 0.18 | 5.62 | 2.79 |
| 2001 | 14.4 | 85.6 | 50.0 | 50 | 0.17 | 5.94 | 2.90 |
| 2002 | 13.7 | 86.3 | 50.0 | 50 | 0.16 | 6.30 | 3.11 |
| 2003 | 12.8 | 87.2 | 49.1 | 50.9 | 0.15 | 6.57 | 3.23 |
| 2004 | 13.4 | 86.6 | 46.9 | 53.1 | 0.18 | 5.71 | 3.21 |
| 2005 | 12.2 | 87.8 | 44.8 | 55.2 | 0.17 | 5.84 | 3.22 |
| 2006 | 11.3 | 88.7 | 42.6 | 57.4 | 0.17 | 5.83 | 3.28 |
| 2007 | 11.3 | 88.7 | 40.8 | 59.2 | 0.18 | 5.41 | 3.33 |
| 2008 | 10.34 | 89.66 | 39.60 | 60.40 | 0.18 | 5.56 | 3.31 |
| 2009 | 9.88 | 90.12 | 38.10 | 61.90 | 0.18 | 5.56 | 3.33 |
| 2010 | 9.62 | 90.38 | 36.70 | 63.30 | 0.18 | 5.56 | 3.23 |
| 2011 | 9.53 | 90.47 | 34.80 | 65.20 | 0.20 | 5.00 | 3.13 |
| 2012 | 9.53 | 90.47 | 33.60 | 66.40 | 0.21 | 4.76 | 3.10 |
| 2013 | 9.41 | 90.59 | 31.40 | 68.60 | 0.23 | 4.35 | 3.03 |

资料来源：《中国统计年鉴》（2008年）。

3. 实证结果

（1）适应性分析。根据二元系数和城镇收入差距指数数据，得出二元系数和城镇收入差距指数的1978—2013年30多年相互的适应性关系。如图4-1所示，二元系数与城乡收入差距指数呈平行状，这表明了我国二元经济结构和城乡收入差距具有变化的一致性，基本呈现出二元系数引领城乡收入差距的态势。因此，基于适应性分析，发现自1985年起我国城乡收入差距越来越大，表现出和二元经济结构具有明显的相关关系。

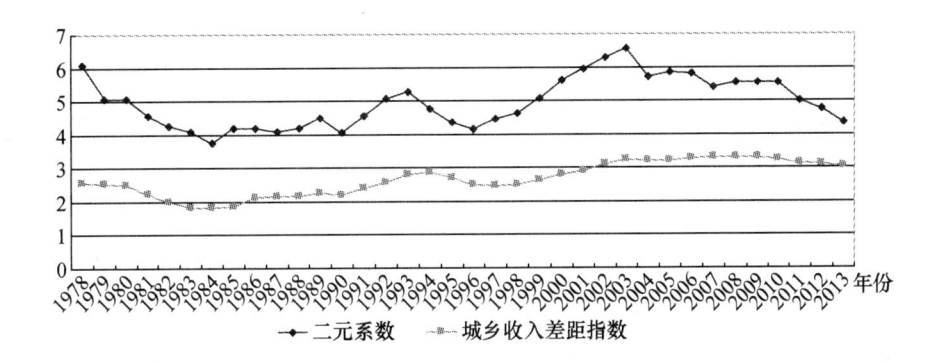

图4-1 历年二元系数与城乡收入差距

（2）回归分析。根据适应性和选取的二元系数和城乡收入差距指数数据，初步认为二元系数和城乡收入差距存在一定的函数关系。在本书的研究中，对二元系数和城乡收入差距进行回归来反映两者之间的关系，具体模型如下：

$$\ln Ig_i = \alpha + \beta \ln De_i, \quad i = 1, 2, \cdots, 23 \qquad (4-4)$$

对二元系数和城乡收入差距指数进行回归分析，结果如表4-15所示。

表4-15　　　　　　　　回归分析结果

|  | 相关系数 | 标准误差 | T统计量 | 相伴概率 |
| --- | --- | --- | --- | --- |
| lnDe | 0.993246 | 0.132464 | 7.498243 | 0.0000 |
| C | -0.615345 | 0.211567 | -2.908508 | 0.0064 |
| 样本决定系数 | 0.623159 | 因变量均值 | — | 0.964530 |
| 修正后的样本决定系数 | 0.612075 | 因变量标准差 | — | 0.184405 |

续表

|  | 相关系数 | 标准误差 | T统计量 | 相伴概率 |
|---|---|---|---|---|
| 回归标准误差 | 0.114854 | AIC 赤池信息准则 | — | -1.436357 |
| 残差平方和 | 0.448509 | SC 施瓦兹信息准则 | — | -1.348384 |
| 对数似然比 | 27.85443 | HQ 海宁-奎因信息准则 | — | -1.405652 |
| F 统计量 | 56.22364 | F 相伴概率 |  | 0.000000 |
| D-W 统计量 | 2.327264 |  |  |  |

线性回归方程：

$\ln Ig_i = -0.615345 + 0.993246 \ln De_i$

计算结果显示，修正后的样本决定系数为 0.612075，赤池信息准则为 -1.436357，施瓦兹信息准则为 -1.348384，说明了二元系数和城乡收入差距之间存在显著的正向关系，回归模型的简洁性和精确性都很好，二元经济结构的弹性系数为 0.99，说明了二元系数每增加 1% 就会对城乡收入差距增加 0.993246%，有着显著的正向影响和贡献。

（3）协整分析及误差修正模型（VEC）。尽管回归分析结果表明二元系数和城乡收入差距指数之间存在显著的线性关系，但并不能说明二者之间存在长期稳定的关系。因为传统的经济计量方法直接运用变量的水平值研究经济现象之间的均衡关系容易导致谬误结论，而对数据进行差分变换后进行回归却可能丢失长期信息。近年来发展起来的处理平稳数据的方法——协整检验可以检验经济时间序列变量水平数据是否存在长期均衡关系，格兰杰因果检验则可以确定经济时间序列变量之间是否存在因果关系，二者均要求经济时间序列变量具有平稳特征。因此在实证检验和建模之前首先检验时间序列变量的平稳性。

①单位根检验。进行协整分析以前，必须先检验变量是否是平稳的。采用 Dickey—Fuller 的 ADF 检验方法，对表 4-10 中的二元系数（De）和城乡收入差距指数（Ig）及一阶差分 $\Delta De$、$\Delta Ig$ 进行平稳性检验，结果如表 4-16 所示。

表4-16　　　　二元结构和城乡收入差距的单位根检验

| 变量 | ADF值 | 检验类型（C、T、L） | 1%临界值 | 5%临界值 | 是否平稳 |
| --- | --- | --- | --- | --- | --- |
| ln$Ig$ | -1.499853 | (0, 0, 1) | -3.639407 | -2.951125 | 非平稳 |
| ln$De$ | -1.859104 | (0, 0, 1) | -3.632900 | -2.948404 | 非平稳 |
| $\Delta$ln$Ig$ | -3.171138 | (0, 0, 2) | -3.639407 | -2.951125 | 平稳 |
| $\Delta$ln$De$ | -5.115774 | (0, 0, 1) | -3.639407 | -2.951125 | 平稳 |

注：检验类型$C$、$T$和$L$分别表示单位根检验方程的常数项、时间趋势项和滞后阶数，0表示不包括$C$或$T$。$\Delta$为差分算子。

由表4-16可知，虽然时间序列变量二元系数和城乡收入差距指数是非平稳的，但二元系数的一阶差分变量和城乡收入差距指数的二阶差分变量在5%的显著性水平下是平稳序列。由此可知，原序列存在单位根，满足协整检验的前提。

②协整检验。运用Johansen协整检验法对1978—2013年我国二元系数和城乡收入差距指数数据的协整关系进行检验。结果如表4-17所示。

表4-17　　　　二元系数和城乡收入差距指数的协整检验

| 特征值 | 似然比统计量 | 5%临界值 | Prob. | 零假设（H0） |
| --- | --- | --- | --- | --- |
| 0.499097 | 25.66411 | 18.39771 | 0.0040 | None |
| 0.082734 | 2.849813 | 3.841466 | 0.0914 | Atmost1 |

由表4-17可知，在5%的显著水平下，似然比统计量为25.66411，而5%的临界值为18.39771，25.66411>18.39771，拒绝零假设，表明原假设不成立，即存在协整关系。从第二行可以看出，似然比统计量为2.849813，而5%的临界值为3.841466，2.849813<3.841466，表明原假设成立，即存在一个协整关系。所以说，在5%的显著水平下，二元系数和城乡收入差距指数存在协整关系，且存在一个协整关系。因此可以判断，二元系数和城乡收入差距指数之间存在长期稳定的关系。

③向量误差修正模型（VEC）。通过上述协整检验，1978—2013

年二元系数和城乡收入差距指数存在长期协整关系,因此我们可以建立 VEC 模型。Engle 和 Granger 将协整与误差修正模型结合起来,建立了向量误差修正模型。VEC 模型是含有协整约束的 VAR 模型,多应用于具有协整关系的非平稳时间序列建模。建立 VEC 模型如下:

$$\Delta y_t = \alpha\beta' y_{t-1} + \sum_{i=1}^{p-1} \Gamma_i \Delta y_{t-i} + \varepsilon_t \qquad (4-5)$$

其中,$y_t = (\ln Ig, \ln De)^T$,$\Delta$ 为变量的一阶差分,$p$ 为滞后阶数,$ecm_{t-1} = \beta' y_{t-1}$ 是误差修正项,反映变量之间的长期均衡关系,系数向量 $\alpha$ 反映变量之间的均衡关系偏离长期均衡状态时,将其调整到均衡状态的调整速度。所有作为解释变量的差分项的系数反映各变量的短期波动对作为被解释变量的短期变化的影响。$\Gamma_i$ 反映各变量的短期变化对作为被解释变量的短期变化的影响。

利用 Eviews 6.0 对向量误差修正模型(VEC)进行估计,得到:

$\Delta \ln Ig = 0.046889 ecm_t + 0.143575\Delta\ln Ig(-1) - 0.010720\Delta\ln Ig(-2)$
$\qquad + 0.400062\Delta\ln De(-1) + 0.196353\Delta\ln De(-2) + 0.006935$

$$(4-6)$$

从式(4-6)中误差修正项 $ecm_t$ 的系数来看,当短期波动偏离长期均衡时,将以 0.046889 的调整力度将非均衡状态拉回到均衡状态。也就是说,当 $t-1$ 期误差修正项 $aecm<0$ 时,亦即 $t-1$ 期的城乡收入差距指数向上偏离长期均衡时,调整系数会以 0.046889 的速度减少 $t$ 期城乡收入差距指数,从而调整 $t$ 期的城乡收入差距指数向长期均衡靠近,反之亦然。基于前面估算出的 VEC 模型,我们用 Wald 统计量对回归系数进行约束检验,结果如表 4-18 所示。

表 4-18　　　　　VEC 模型下的格兰杰因果检验

| Dependent variable: D (Ig) | | | |
| --- | --- | --- | --- |
| | Chi-sq | df | Prob. |
| D (De) | 7.683049 | 2 | 0.0215 |
| Dependent variable: D (De) | | | |
| | Chi-sq | df | Prob. |
| D (Ig) | 0.105005 | 2 | 0.9489 |

从表 4-18 的结果可以看到二元结构能 Granger 引起城乡收入差距指数，其 P 值达到 0.0215。通过以上的 Granger 因果检验，基本上可以印证这样的设想，城乡收入差距指数并没有 Granger 引起二元结构，而二元结构却 Granger 引起城乡收入差距指数。

（4）脉冲响应函数分析。前文的实证结果表明二元系数和城乡收入差距指数之间存在长期稳定的正向关系，二元系数是城乡收入差距指数的重要驱动力量。下面我们将利用向量自回归模型（Vector Auto Regression，VAR）和脉冲响应函数从动态的角度进一步分析二元系数对城乡收入差距指数的影响。因为在现实经济中，很多经济变量不仅与本身及其他变量的滞后期值有关，还与其他变量的同期值有关，即忽略了变量间存在的理论关系。结构式 VAR（SVAR）能够依据现有的经济理论，考虑变量间的同期关系，从而相较于无约束的 VAR 更能精确地去解释变量间的动态关系。

①VAR 模型。根据前文分析，在这里建立一个两变量的 VAR 模型。

$$\ln Ig_t = \alpha_0 + \sum_{i=1}^{m} a_i \ln De_{t-i} + \sum_{i=1}^{m} b_i \ln Ig_{t-i} + \varepsilon_{1t} \quad (4-7)$$

$$\ln De_t = \alpha_0 + \sum_{i=1}^{m} a_i \ln Ig_{t-i} + \sum_{i=1}^{m} b_i \ln De_{t-i} + \varepsilon_{1t} \quad (4-8)$$

通过综合评价对数似然值 LogL、赤池信息准则 AI、施瓦兹信息准则 SC 等，最终选定滞后阶数为 2。结果如表 4-19 所示。

表 4-19　　　　　VAR 模型最优滞后阶数检验结果

| 滞后期数 | LogL | AIC | HQ | SC |
| --- | --- | --- | --- | --- |
| 0 | 43.84221 | -2.535891 | -2.505374 | -2.445194 |
| 1 | 98.54842 | -5.608995 | -5.517445 | -5.336903 |
| 2 | 106.0508 | -5.821262* | -5.668677* | -5.367775* |
| 3 | 107.3840 | -5.659634 | -5.446016 | -5.024752 |

注：AIC——赤池信息准则，越小越好；SC——施瓦兹信息准则，越小越好。

利用 Eviews 6.0 对滞后阶数为 2 的两变量 VAR 模型进行运算，结果如表 4-20 所示。

表 4-20　　　　　　　　　　VAR 模型估计结果

| | lnIg | lnDe |
|---|---|---|
| ln*Ig*（-1） | 1.327386 | 0.298019 |
| ln*Ig*（-2） | -0.373126 | -0.259532 |
| ln*De*（-1） | 0.215166 | 0.928916 |
| ln*De*（-2） | -0.231642 | -0.138362 |
| 常数 | 0.075026 | 0.290648 |
| 决定系数 $R^2$ | 0.947196 | 0.779879 |
| 调整后的决定系数 | 0.939912 | 0.749518 |
| 残差平方和 | 0.062749 | 0.154737 |
| F-统计量 | 130.0497 | 25.68648 |
| Loglikelihood 准则 | 58.77054 | 43.42674 |
| Akaike AIC 准则 | -3.162973 | -2.260396 |
| Schwarz SC 准则 | -2.938508 | -2.035931 |

结果表明，式（4-7）和式（4-8）的拟合优度分别为 $\overline{R^2_{Nyij}}$ = 0.947196，$\overline{R^2_{Ncjy}}$ = 0.779879，表明方程的拟合优度很好。根据表4-20，写出两变量 VAR（2）模型如下：

$\ln Ig = 1.327386 \times \ln Ig(-1) - 0.373126 \times \ln Ig(-2) + 0.215166$
$\quad \times \ln De(-1) - 0.231642 \times \ln De(-2) + 0.075028$
$\ln De = 0.298019 \times \ln Ig(-1) - 0.259532 \times \ln Ig(-2) + 0.928916$
$\quad \times \ln De(-1) - 0.138362 \times \ln De(-2) + 0.290648$

从 *Ig* 方程的系数来看，当其他因素不变时，二元系数提高一个百分点将促使城乡收入差距提高 1.327 个百分点；而从 *De* 方程的系数来看，当其他因素不变时，城乡收入差距提高一个百分点将促使二元结构提高 0.298 个百分点。所以二元经济结构和城乡收入差距对对方都有很强的刺激作用。

②SVAR 模型。VAR 模型并没有给出变量之间当期相关关系的确切形式，即在模型的右端不含有当期的内生变量，而这些当期相关关系隐藏在误差项的相关结构之中，是无法解释的。由于 $\varepsilon_t$ 的协方差矩

阵是非对角矩阵，扰动项 $\varepsilon_t$ 中其他元素会随着第 $j$ 个元素 $\varepsilon_{jt}$ 的变化而变化，要计算某一内生变量的扰动对整个模型的冲击相当困难。[①] 因此，利用上述估计所得样本残差值对扰动项进行正交标准化分解，构造两变量的 SVAR（1）模型。SVAR（结构式向量自回归模型）模型实际是指 VAR 模型的结构式，即在模型中包含变量之间的当期关系。构造两变量的 SVAR（1）模型如下：

$$\ln Ig_t = \alpha_0 + a_0 \ln Ig + a_1 \ln Ig_{t-1} + b_1 \ln De_{t-1} + v_{1t} \quad (4-9)$$

$$\ln De_t = \beta_0 + c_0 \ln De_t + c_1 \ln De_{t-1} + d_1 \ln Ig_{t-1} + v_{2t} \quad (4-10)$$

这个模型可以简化为 $B_0 x_t = \Gamma_0 + \Gamma_1 x_{t-1} + v_t$，$t = 1, 2, \cdots, T$。其中变量和参数矩阵为：

$$x_t = \begin{pmatrix} \ln Ig \\ \ln De \end{pmatrix}, B_0 = \begin{pmatrix} 1 & -a_0 \\ -c_0 & 1 \end{pmatrix}, \Gamma_0 = \begin{pmatrix} \alpha_0 \\ \beta_0 \end{pmatrix}, \Gamma_1 = \begin{pmatrix} a_1 & b_1 \\ c_1 & d_1 \end{pmatrix}, v_t = \begin{pmatrix} v_{1t} \\ v_{2t} \end{pmatrix}$$

其中，$v_{1t}$，$v_{2t}$ 分别表示作用在 $\ln Ig$ 和 $\ln De$ 的结构式冲击。如果 $B_0$ 可逆，可以将结构式方程转化为简化式方程：

$$x_t = B_0^{-1} \Gamma_0 + B_0^{-1} \Gamma_1 x_{t-1} + \varepsilon_t \quad (4-11)$$

其中 $\varepsilon_t = B_0^{-1} v_t$。一般而言，简化式扰动项 $\varepsilon_t$ 是结构式扰动项 $v_t$ 的线性组合，这是一种复合冲击。

SVAR 模型满足可识别的条件下，对模型施加短期约束，利用完全信息极大似然方法仅进行参数估计，得到 $\varepsilon_t$ 和 $v_t$ 的线性组合结果，如表 4 – 21 所示。

表 4 – 21　　　　　　　　　　SVAR 参数估计

|  | 相关系数 | 标准误差 | Z – 统计量 | 相伴概率 |
| --- | --- | --- | --- | --- |
| C（2） | 0.946024 | 0.214955 | 4.401038 | 0.0000 |
| C（1） | 0.046516 | 0.005641 | 8.246211 | 0.0000 |
| C（3） | 0.058303 | 0.007070 | 8.246211 | 0.0000 |
| 对数似然比 | 83.25813 ||||

---

[①] Gregory Veeck, Rural Economic Restructuring and Farm Household Income in Jiangsu, People's Republic of China, Journal of Contemporary China. Volume 13, Number 41/November 2004: 801 – 817.

SVAR 模型的矩阵表示为：

$$\begin{pmatrix} 1.000000 & 0.000000 \\ -0.946024 & 1.000000 \end{pmatrix} \begin{pmatrix} \varepsilon_{1t} \\ \varepsilon_{2t} \end{pmatrix} = \begin{pmatrix} 0.046516 & 0.000000 \\ 0.000000 & 0.058303 \end{pmatrix} \begin{pmatrix} v_{1t} \\ v_{2t} \end{pmatrix}$$

以上是对 SVAR 模型施加短期约束得到的估计结果。为了识别模型供给冲击对产出的长期影响，Blanchard 和 Quah 在 1989 年提出了一种基于脉冲响应长期性质的约束。假设二元经济结构和城乡收入差距的结构冲击的长期响应为 0，估计结果如表 4-22 所示。

表 4-22　　　　　　　　长期约束下的 SVAR 参数估计

| | 相关系数 | 标准误差 | Z - 统计量 | 相伴概率 |
|---|---|---|---|---|
| C（1） | 0.583880 | 0.070806 | 8.246211 | 0.0000 |
| C（2） | 0.668867 | 0.128865 | 5.190464 | 0.0000 |
| C（3） | 0.454754 | 0.055147 | 8.246211 | 0.0000 |
| 对数似然比 | 83.25813 ||||
| 矩阵 A 结果 | 1.000000 || 0.000000 ||
| | 0.000000 || 1.000000 ||
| 矩阵 B 结果 | 0.026706 || 0.038086 ||
| | -0.022472 || 0.069504 ||

因此，当对 SVAR 模型施加长期约束时，得到：

$$\begin{pmatrix} \varepsilon_{1t} \\ \varepsilon_{2t} \end{pmatrix} = \begin{pmatrix} 0.026706 & 0.038086 \\ -0.022472 & 0.069504 \end{pmatrix} \begin{pmatrix} v_{1t} \\ v_{2t} \end{pmatrix} \quad (4-12)$$

③脉冲响应函数分析。SVAR 模型可以得到正交化的脉冲响应函数，从而能分别考察单个变量的冲击对其他变量的影响。图 4-2、图 4-3 分别表示二元经济结构和城乡收入差距之间冲击的响应函数和累积响应函数，横轴表示冲击作用的滞后期间数（单位：年），纵轴表示城乡收入差距或二元经济结构的变化，实线表示脉冲响应函数，虚线表示正负 2 倍的标准差偏离带。

从图 4-2 可以看出，当二元经济结构增长 1 个单位时，城乡收入差距就会在滞后一期即第二期时就会产生一个正向的响应。这种正向的响应力度稳步放大。从累积响应函数同样可以看出，二元经济结构的某一变化，能够给城乡收入差距带来同向的影响，并且这一影响具有显著的促进作用和较长的持续效应。由脉冲响应函数可以得知，二元经济结构的持续增长将会扩大城乡收入差距，并且随着时间的推移，这种刺激作用会增强，效果更加明显。

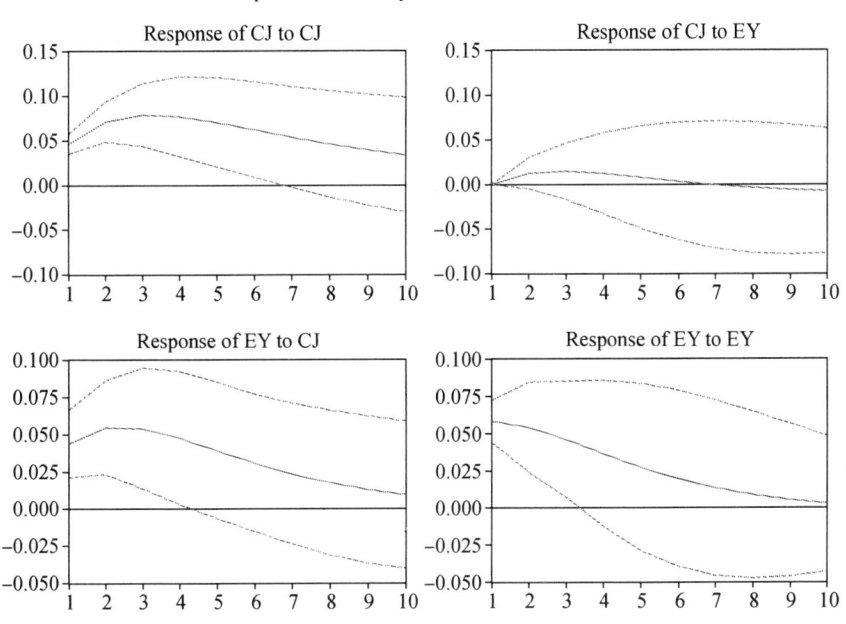

Response to Cholesky One S.D. Innovations ± 2 S.E.

**图 4-2　二元结构和城乡收入差距相互冲击的响应函数**

从图 4-3 还可以看出，当二元经济结构产生一个单位的冲击后，城乡收入差距在第一期便迅速产生响应，并始终保持正向的影响。从图 4-3 的累积响应函数可以看出，二元经济结构的稳步提高对于扩大城乡收入差距有着长期的促进作用。可见，二元经济结构能够通过正向的溢出效应推动城乡收入差距的扩大，并且刺激作用会增强，且具有明显的持续性。

（5）Chow's 断点检验。2004 年以后，我国涉农政策发生了重大

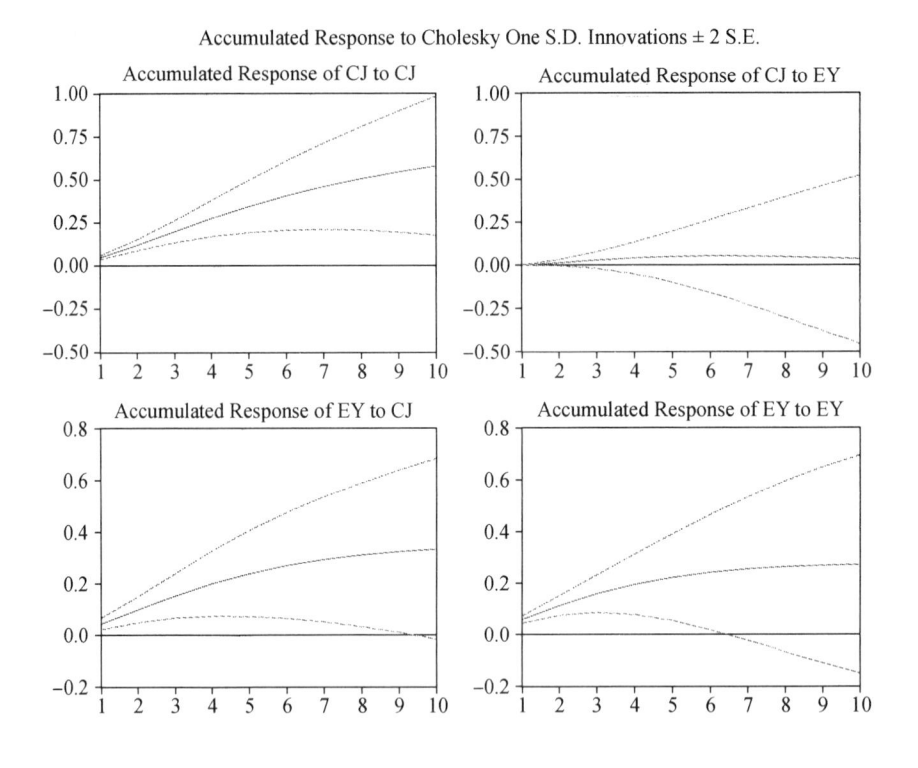

**图 4-3 二元结构和城乡收入差距相互冲击的累积响应函数**

转折,由榨取农业剩余转向以农补工、反哺农业,国家降低直至取消了农业税,开始实施粮食直补、农机补贴、农资综合直补等一系列补贴措施,在全国推广新型农村合作医疗和新型农村养老保险,加强对农民工流动和农民工利益的保护,在这一系列支农惠农政策的推动下,我国农业持续发展,农民外出务工条件不断改善,农民收入快速增加,成为改革开放后农民收入增速最快的一个时期。那么,2004年以来这一系列政策是否具有转折意义,对此我们开展Chow's断点检验。

经典回归模型的隐含假设的参数是稳定的,也称作变量间的结构(模型结构)不发生变化。在实际中经济变量间的结构常常发生变化,如经济政策的变化引起生产与经营方式的变化,进而引起收入的增长方式发生变化。检验模型参数是否稳定可以用 Chow's 断点检验（Chow Breakpoint Test）。

针对一阶自回归模型

$X_t = \beta_0 + \beta_1 X_{t-1} + \mu_1$ 的 Chow's 断点检验的方法是，将样本期（1，2，…，n）分为 2 个连续子样本（1，2，…，$n_l$）与（$n_{l+1}$，…，n）。对应于每个子样本的模型分别为：

$X_t = \beta_0 + \beta_1 X_{t-1} + \mu_{t1}$

$X_t = \delta_0 + \delta_1 X_{t-1} + \mu_{t2}$

令 $\beta = (\beta_0, \beta_1)$，$\delta = (\delta_0, \delta_1)$，如果参数向量 $\beta = \delta$，则表示模型参数是稳定的，否则认为模型参数是不稳定的。因此参数的稳定性检验可针对如下假设进行：

$H_0: \beta = \delta$；$H_1: \beta \neq \delta$

可以证明，在原假设成立的条件下，统计量为：

$$F = \frac{[RSS_R - (RSS_1 + RSS_2)]/k}{(RSS_1 + RSS_2)/(n - 2/k)} \sim F(k, n - 2k)$$

式中，$RSS_R$ 是用整个样本进行回归得到的残差平方和；$RSS_1$、$RSS_2$ 分别是用 2 个子样本进行回归得到的相应残差平方和。Chow's 断点检验的判别法则为：给定显著水平 α，若检验统计量 F 的伴随概率 $P > \alpha$，则接受原假设，认为模型参数是稳定的；否则拒绝原假设，认为模型参数不稳定。

前面对二元系数和城乡收入差距进行回归分析，$\ln Ig_i = \alpha + \beta \ln De_i$，发现两者之间存在明确因果关系，为了判断农民收入增长是否存在变化节点，以 2004 年为分界点，运用 Chow's 断点检验，其参数如表 4-23 所示。

表 4-23　　农民收入与城乡二元结构的 Chow's 断点检验

| 指标 | 结果 | Prob. | 结果 |
| --- | --- | --- | --- |
| F 统计量 | 21.03528 | Prob. F (2, 32) | 0.0000 |
| 似然比统计量 | 42.07056 | Prob. Chi - Square (2) | 0.0000 |

从 $F$ 统计量分析可以看出，统计量 $F$ 的伴随概率为 0.000，小于 0.01，满足 1% 的显著性假设，拒绝原假设，认为模型参数不稳定，似然比统计量也支持同一观点。这说明了以二元系数结构为因变量的农民收入函数在 2004 年发生了变化，说明 2004 年以来国家采取的一系列反哺农业政策对农业劳动生产率的提高、对农民收入的增长确实产生了一系列的积极作用。

## 第四节 小结

本章回顾了我国二元经济结构演进发展历程，指出新中国成立后优先发展重工业的赶超型战略虽然迅速实现了国家工业化，但强化了经济结构的二元特征；而城乡二元分割的社会政策改革缓慢，农村劳动力数量过于庞大，导致改革开放后我国的二元经济结构特征未有明显改善。

本章分析了我国改革开放后二元经济结构影响农民增收的机制。指出我国二元经济结构主要从三个方面影响农民增收。第一，我国二元经济结构条件下农业部门劳动力大量沉淀，人均生产资料有限，农业劳动生产率低下，制约了农民农业经营收入增长；而二元经济结构下城市现代部门规模过小也通过制约农产品需求进而影响农民收入。第二，二元经济结构条件下大量农村剩余劳动力的存在，造成城市劳动力市场严重的供求失衡局面，制约着农民转移就业的工资性收入增长。第三，二元经济结构转化迟滞，大量剩余劳动力滞留在农业，大量人口滞留在农村，国家无力对数量庞大的农村人口实施补贴，制约着农民转移性收入的增长。

最后，以 2004 年全国 31 个（市、区）区截面数据及全国改革开放以来的时间序列数据为基础，运用计量工具，从静态和动态两个角度考察改革开放后城乡二元经济结构对农民收入增长的影响。2004 年 31 个省（市、区）截面数据分析显示，二元系数和城乡收入差距的回归方程的总体线性在 5% 水平显著，二元系数和城乡收入具有明显的正相关关系。对1978—2013年二元系数和城乡收入差距指数进行格兰杰因果检验,发现二元经济结构是引起城乡收入差距的Granger原因。进一步利用脉冲响应函数分析,发现二元经济结构的持续增长将会扩大城乡收入差距,并且随着时间的推移,这种刺激作用会更强,更加明显。运用Chow's断点检验,分析二元系数与农民收入增长是否存在变化节点,发现以二元系数结构为因变量的农民收入函数在2004年发生了变化,说明2004年以来国家采取的一系列反哺农业政策对农业劳动生产率的提高、对农民收入的增长确实产生了一系列积极的作用。

# 第五章　二元社会结构改革与农民增收

上一章分析了二元经济结构对改革开放后农民收入增长的影响，而导致二元经济结构转化缓慢、农民长期处于不利市场地位的一个重要原因，就是计划经济时期所形成的城乡二元分割的社会政策改革滞后，城乡二元社会结构长期延续。社会结构是通过制度确定下来的社会等级构成以及社会发展过程中自发形成的一种结构与分层，社会结构决定着各类社会成员的社会地位，决定着他们在社会中占有资源的多寡，决定着社会成员对社会政策的影响力和在社会经济生活中的权利，进而影响其收入水平及在整个社会收入分配中的相对地位。R. 普雷维什指出，市场远非经济的最高调节器，对收入分配来说，真正重要的是市场背后的社会结构和权力关系的作用。市场不能改变社会结构，在很大程度上决定收入分配的权力关系因素恰恰是从社会结构中产生出来的。这种分配远不符合——如新古典经济学家们设想的——个人对生产过程的贡献。[①] 在现实世界中，收入分配不仅受市场因素支配，还受到社会及政治因素的影响。国外社会排斥理论发现，国家、社会组织和社会利益集团通过建立排斥性的制度和政策会影响资本获得性，影响人力资本投资，造成人口迁移的收益差异、优越工作的进入障碍，最终会对收入分配产生影响。社会的制度结构可能会使受排斥的个人、群体不能公平地享受到应该而且能够享受的公民权益与国民待遇，导致他们的能力削弱与机会丧失[②]，从而长期陷

---

① 马颖：《结构主义发展思路的收入分配理论研究新进展》，《经济学动态》2003 年第 12 期。

② ［美］戴维·波普诺：《社会学》，李强泽，中国人民大学出版社 2002 年版。

于资源匮乏、机会不足和权利缺乏的边缘化困境。阿马蒂亚·森也指出，制度约束决定人的社会活动边界，约束人的选择范围。权利的分配可能使部分人的可行能力遭到过度剥夺，从而陷入"制度性"贫困。它是许多情况下产生"贫困陷阱"，使绝对贫困难以消除，相对贫困差距不断扩大的根本原因。[①]

新中国成立初期，为加快实现工业化，国家优先发展重工业，同时通过"剪刀差"集中农业剩余，但重工业优先发展的工业化模式创造就业岗位有限，无法接纳农民进入现代工业，只能采取城乡二元分割的社会政策限制农民进入城市现代部门，对农村居民的多项经济和社会权利进行限制。1978年后开始的经济改革注重解决计划经济造成的物质短缺问题，重视提高经济体制效率而忽视社会体制改进，对社会体制改革缺乏规划与安排，导致相比较国家计划主导的经济体制较快转变为市场经济机制，相比较农民在经济上被城市工业吸收接纳，计划经济时期所形成的二元分割的社会体制变革缓慢，农民被长期排斥在城市正式体系之外，被排斥在城市福利体系之外。正因为计划经济体制时期所形成的二元社会结构改革进程迟滞，许多限制农民经济权利、社会权利的不合理制度长期得不到改革，甚至在市场化改革进程中还衍生出了一些新的损害农民利益、限制农民权利的政策，农民在经济生活、社会生活遭受一系列不公正待遇，直接或间接地影响其收入增长。

# 第一节　中国二元社会结构形成与演进

## 一　中国二元社会结构的形成

与其他发展中国家不同，中国不仅经济结构呈现二元性，而且社会结构上也存在二元特征。在新中国成立后，为加速国家工业化，国家借助于行政手段，通过建立在户籍制度基础上的一系列限制农民的

---

[①] 刘明宇：《制度分工演化与经济绩效》，博士学位论文，西北大学，2004年。

制度安排，在城乡之间人为构建相对独立、相互隔离、权利地位迥异的社会结构体系。[①] 在二元社会结构体系下，城市居民和农村居民在就业、教育、社会保障等方面福利待遇有很大的差别，两种居民身份以户籍为区分为基础，很难改变。

二元社会结构是我国工业化发展初级阶段特殊政策的产物，是一种服务于国家工业化战略的社会管理体制。如前所述，新中国成立之初，我国工业化程度很低，面对严酷的外部环境，新生政权迫切需要发展现代工业特别是重工业，增强国家经济与军事实力。由于在当时经济条件和政治条件下，只能通过动员农业剩余为国家工业化筹集资本，国家为此建立起全面的计划经济体制，通过农业税、工农业产品价格"剪刀差"等方式强制性地集中农业剩余，以支持工业的扩张和发展。在农业生产力水平很低的情况下，对农业剩余的过度抽取，使农业不堪重负，影响到农业的发展和农民生活水平的提高。国家为防止农村人口向城市的转移，建立起以户籍制度为核心的城乡二元分割管理制度，限制农村人口流向城市，限制农村劳动力转入城市工业，保证重工业优先发展战略的实施。如图 5-1 所示。

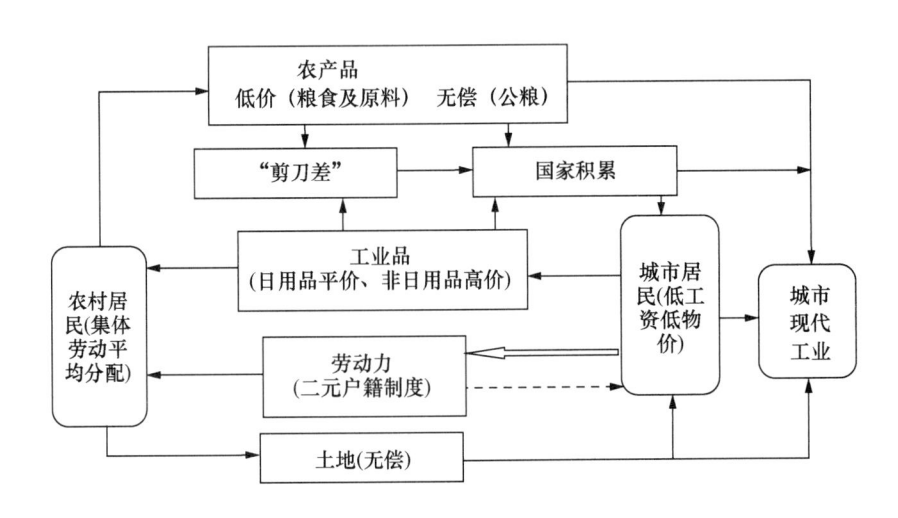

图 5-1 二元社会结构下城乡关系

---

① 周玉：《制度排斥与再生产》，《东南学术》2006 年第 5 期。

城乡二元的户籍制度是二元社会结构体系形成和运行的关键，其核心是限制农村劳动力进城。然而新中国户籍制度也并非一开始就是二元化的。户籍作为各国政府方便社会管理的一套制度，目的是通过对公民基本情况的登记管理，确认公民的民事权利能力和民事行为能力；并为政府制定经济社会发展规划、实施包括治安管理在内的各项行政管理提供人口数据及相关基础性资料。我国的户籍制度设立之初主要目的是为了开展治安管理及进行选举，而不是为了限制农民。1950年8月，出于维护社会治安和社会管理的需要，公安部制定《关于特种人口管理的暂行办法（草案）》，加强对特种人口（威胁新中国政权、破坏社会主义建设的敌对分子）的管理。1951年7月，政务院批准公安部颁布实施《城市户口管理暂行条例》，规定在城市中一律实行户口登记。1953年4月，政务院发布了《为准备普选进行全国人口调查登记的指示》，通过人口普查在农村建立了简易的户口登记制度。1954年12月，国家开始着手在农村普遍建立户口登记制度，加强人口统计。1955年6月，国务院发出《建立经常户口登记制度》的指示，对人口的出生、死亡、迁出、迁入等变动登记作了明确规定。可见，新中国成立之初的户籍制度主要服务于治安管理，并未出现对人口城乡迁徙加以限制的内容，不具有控制人口流动的职能。

新中国户籍制度之所以演化成二元分割社会结构的核心，主要原因是国家加快工业化发展的要求与农业基础薄弱的矛盾。如前所述，为加速积累推进工业化进程，必须通过挤压农业来为工业化积累资金，影响到农业发展，导致城乡生活条件产生差异。为防止过多农业人口涌入城市，国家需要通过以户籍为核心的制度体系把农民排斥在城市之外。从1953年开始，我国开始进入大规模的经济建设阶段。随着大规模工业化进程的开展，大批农村劳动力和农业人口进入工业和城市。1952—1957年城镇人口由7163万人增加到9949万人，五年增加了2786万人，增长了38.9%，年均增长6.8%，城镇人口占全国总人口的比重由1949年的10.6%上升到1957年的15.4%。随着城镇人口的快速增长，对粮食等农产品的需求也快速增长。1957年粮食的社会零售量从 1952 年的 592.2 亿斤增加到 744.7 亿斤，增加了 152.5 亿斤，增长了 25.8%。而当时我国农业生产水平十分低下，加之又需要为国家工业化提供资金积累，使本来基础就十分薄弱的农业不能满足快速发展的工业化所带来的城镇人口快速增长的需要，以粮食为主的农产品供应出现了短缺，工业化快速发展对农产品需求的快速增长与农业生产供应短缺形成了尖锐的矛盾。

为解决工业化快速发展中农产品供应短缺问题，1954 年中国开始实行粮食等农产品统购统销制度，以便稳定和保证对城市人口粮、棉、油等主要农产品的供应。在这一制度下，国家原则上只负责城市非农业户口的粮油供应，不负责农业户口的粮油供应。1953 年 11 月 23 日，政务院发布《关于实行粮食的计划收购和计划供应的命令》，规定"在城市，对机关、团体、学校、企业等的人员，可通过其组织进行供应；对一般市民，可发给购粮证，凭证购买，或暂凭户口簿购买。"1955 年 8 月，国务院公布了《市镇粮食定量供应暂行办法》和《农村统购统销暂行办法》。规定对全国非农业人口一律实行居民口粮分等定量并发给供应凭证的制度，除缺粮的经济作物产区人口、一般地区缺粮户、灾区的灾民外，农业人口一律自产粮食。同时国家对粮食市场加强了管理。1953 年 11 月 23 日，政务院发布了《粮食市场管理暂行办法》，规定"所有私营粮商，在粮食实行统购统销后，一律不准私自经营粮食"。"城市和集镇中的粮食交易场所，得视需要，改为国家粮食市场，在当地政府统一领导下，以工商行政部门为主会同粮食部门共同管理之。"上述规定基本排除了农村人口在城市取得口粮的可能性。可以看出，户籍制度的建立为政府对基本必需品的统购统销提供了最可靠的保障手段，而粮食等基本必需品的统购统销又为限制人口自由迁徙提供了最强有力的控制工具，间接限制甚至冻结了农村人口向城市的流动。

由于粮食统购统销和农村合作化的快速发展打击了农村生产力，导致粮食短缺日益严重。同时，农业劳动力和农村人口由于城乡差别的客观存在仍在源源不断地进入城市，这更加剧了农产品的短缺。为缓解农产品短缺所造成的城市食品供给危机，统筹安排食品供应和就业，同时为保障工业化的低成本推进（在重工业优先发展的制度框架下，采取的是低工资、低物价、高积累的政策），防止农民进城增加政府低物价政策的负担（即防止农民分享城市工人所获得的压低价格的食物和住房等供给），1957年中共中央国务院制定和颁布了《关于制止农村人口盲目外流的指示》，对农民进城制定了严格限制的措施。1957年12月国务院发布《关于各单位从农村中招用临时工的暂行规定》，明确规定城市"各单位一律不得私自从农村中招工和私自录用盲目流入城市的农民"。1958年1月，国家又颁布了《中华人民共和国户口登记条例》，该条例明确地将城乡居民区分为"农业户口"与"非农业户口"两种不同的户籍，并规定"农业户口"的居民要想迁入城市，必须要获得城市政府主管部门的批准。这样就正式确立了户口迁移审批制度和凭证落户制度，并以法规的形式严格限制农村户口迁往城市。至此，以二元户籍制度为核心的城乡分割的二元社会结构正式形成。尽管随后出现的"大跃进"中对人口迁移政策有一定突破，但从20世纪60年代直到改革开放前，二元分割的户籍制度可以说越来越严格。1962年12月公安部《关于加强户口管理工作的意见》、1964年8月国务院批转的《公安部关于处理户口迁移的规定（草案）》及1977年11月国务院批转的《公安部关于处理户口迁移的规定》，都对农村迁往城市、小城市迁往大城市进行严格控制，而鼓励从城市迁往农村。

  构成二元社会结构的除了户籍制度与粮食统购统销制度，还有城乡分割的劳动用工制度。从新中国成立之初开始实行的劳动用工制度，原则上只负责城市非农业人口在城市的就业安置，不允许农村人口进入城市寻找工作。1952年8月1日政务院发出《关于劳动就业问题的决定》，指出在当时的历史条件下，国家还不可能在短期内吸收整批的农村劳动力到城市就业，因此必须做好农民的说服工作，政府通过劝阻说服的方式限制农村劳动力进城就业。1955年5月全国劳动局长会议决定建立国民经济各部门劳动力统一招收和调配制度。国家把公私合营企业的职工采取"包下来"政策，对高等院校和中等专业学校、技工学校的毕业生统一分配工作，对复员转业军人统一安置，并对城市中每年新成长的劳动力安排就业。对于国家安排就业的人员，则由企事业单位负责提供各种福利，并不得随意辞退，这样就在城市建立起了"统包统配"的劳动制度。而绝大多数农村劳动力只能留在农村从事农业生产。1957年12月国务院《关于各单位从农村招用临时工的暂行规定》明确规定：城市"各单位一律不得私自到农村中招工和私自录用盲目流入城市的农民"，甚至连"招用临时工"也"必须尽量在当地城镇招用，不足的时候，才可以从农村中招用"。每年"农转非"的指标，国家控制在当地非农业人口的1.5‰。上述规定基本上排除了农民在城市内自主获得就业机会的可能。与城市统包统配制度相对应，1958年人民公社制度的建立，将农民固定在土地上，国家只允许农民从事单一的农业种植业，甚至农村传统的五匠（木匠、铁匠、泥瓦匠、石匠、篾匠）也被严格限制，不准私自外出务工。农民以生产队为单位，每日参加集体劳动，登记工分，外出办事要请假，做买卖被视为投机倒把而严加批判，失去了流动的自由。以上制度的实施使农民无法在城市中获得生产和生活的空间，从而人为地切断了城市和农村之间流动的渠道。①

随后在此基础上又派生出了一系列与之相配套的基本生活资料供应制度、医疗和社会保障制度等，如市民享受国家低价定量供应的粮食，并且不受丰歉年的影响，而农民则自耕自食，还要按政策向城市提供大量的低价粮；市民享受副食品的现金补贴，同时享受国家低价供应的气体或固体燃料，而农民则只能按照高出数倍的市价购买；市民享受国家斥巨资给予补贴的福利性住宅（1998年城镇住房制度改革开放后逐渐改变），而农民只能自己投资建房；市民享有公费医疗，而农民只能自费医疗；市民由单位养老，而农民则是家庭养老；市民享受劳动保护制度，而农民则毫无劳动保护；市民子女进入城市政府或企事业单位开办的中小学校学习，而农民子女进入农民自己兴办的学校学习。城市人口享受到了国家提供的从出生到死亡的一系列保

---

① 刘祖云：《论社会转型与二元社会结构》，《中南民族大学学报》（人文社会科学版）2005年第1期。

障，而占人口80%的农民则无缘分享工业化成果，在教育、医疗、公共服务、社会保障等方面城乡差异悬殊。它实际上是以法律的形式建立起来的一套城市和农村有别的一系列具体制度，形成了明显具有中国特色的城乡分割的二元社会结构。农村或城市户口已经成为一种身份特质，城乡差异明显和城乡分割刚性是改革开放以前中国二元社会结构最显著的特征。

## 二　中国二元社会结构的改革

1978年改革开放后中国城乡分割的二元社会结构开始逐渐松动。1983年国家废除人民公社制度，建立乡镇，固定束缚农村劳动力流动的集体化体制彻底瓦解。1984年1月，中共中央《关于一九八四年农村工作的通知》规定，"各省、自治区、直辖市可选若干集镇进行试点，允许务工、经商、办服务业的农民自理口粮到集镇落户"。10月，国务院发出《关于农民进集镇落户问题的通知》，规定凡申请到集镇（指县以下集镇，不含城关镇）务工、经商、办服务业的农民和家属，在城镇有固定住所，有经营能力，或在乡镇企事业单位长期务工的，公安机关应准予落常住户口，发给《自理口粮户口簿》，统计为"非农业人口"；粮油部门要做好加价粮油的供应工作，可发给《加价粮油供应证》。这两个通知揭开了中国户籍改革的序幕，农民获得了离开土地到县城以下集镇落户的权利。1984年4月国务院发布了《中华人民共和国居民身份证试行条例》，居民身份证制度的实行为农民跨地区流动创造了条件。1985年7月公安部出台了《关于城镇暂住人口管理暂行规定》，农民获得在非户籍地长期居住的合法性。与此同时，农产品统购统销制度改革也为农民进城生活提供了可能。1978年改革开放之初，我国就恢复粮食集市贸易，允许农民在完成国家征购任务后通过集市贸易进行少量粮食、油料等买卖，1985年中央决定取消粮食统购，实行合同定购。从20世纪80年代后期我国就实行粮食流通双轨制，即农民卖粮以国家定购为主，完成定购任务后的余粮可以在市场上自由销售。这些改革为农村劳动力向城市流动打开了缺口，提供了基本的生存条件。

20世纪90年代初，广东、浙江、上海等地先后不再对人口流动有硬性限制，我国农业剩余劳动力进城务工的规模日益庞大起来。1992年邓小平南方谈话后，各地改革步伐明显加快。1992年10月后，广东、浙江、山东、山西、河北等十多个省先后在县城以下的集镇、经济技术开发区试行"当地有效城镇户口"（即"蓝印户口"）的制度。对办理当地有效城镇居民户口的居民，收取一定城建配套费，按城镇常住人口进行管理，统计为"非农业人口"。[①] 1993年党的十四届三中全会提出"鼓励和引导农村剩余劳动力逐步向非农产业转移和地区间的有序流动"，国家对农村劳动力流动的政策由"控制盲目流动"调整为"鼓励、引导和实行宏观调控下的有序流动"。1995年国家取消了按照商品粮为标准划分农业和非农业户口的政策，而以居住地和职业划分农业和非农业人口，实行以常住户口、暂住户口、寄住户口三种管理方式为基础的登记制度，并逐步实现证件化管理的总体思路。1998年，国务院决定对婴儿落户、夫妻分居、城市投资购房的公民的户口问题作了较为灵活的安排。2000年6月13日，中共中央、国务院下发了《关于促进小城镇健康发展的若干意见》，规定从2000年起，在小城镇（含县城）有合法固定住所、固定职业和生活来源的农民，均可根据本人意愿转为城镇户口，至此小城镇包括县城户籍制度取得了历史性突破[②]；北京、上海、江苏、浙江、河北、湖南、山东、安徽等省市也纷纷出台触动大中城市户籍制度的改革，石家庄在2001年7月正式出台户籍制度改革实施细则，列举了非石家庄城镇户口的外来人员获得石家庄城镇户口的7个条件，其最低限度放宽到允许连续居住工作两年以上的外地人员落户市区。这一时期国家对农村劳动力流动的政策也做了进一步调整，1998年国家取消了农民工暂住费等7项收费。2000年下半年，国家在清理和取消对农民进城就业的各种不合理限制的同时，积极推进就业、社会保障、户籍、教育、住房、小城镇建设等多方面的配套改革，为农民进城务工创造了良好环境。2002年1月，中共中央、国务院在《关于做好

---

[①] 何家栋、喻希来：《城乡二元社会是怎样形成的?》，《书屋》2003年第5期。
[②] 张英红：《户籍制度的历史回溯与改革前瞻》，《宁夏社会科学》2002年第3期。

2002年农业和农村工作的意见》中,提出了针对农民进城务工的"公平对待,合理引导,完善管理,搞好服务"十六字方针。2003年1月,国务院办公厅发出《关于做好农民进城务工就业管理和服务工作的通知》,第一次专门就促进农民进城务工下发综合性文件。2005年,国务院《关于解决农民工问题的若干意见》将农民工正式纳入产业工人的重要组成部分,以此为标志,农村劳动力转移的相关正式制度趋于体系化。2014年7月,国务院发布《关于进一步推进户籍制度改革的意见》,决定取消农业户口与非农业户口性质区分,建立城乡统一的户口登记制度。同时落实放宽户口迁移政策,引导农业人口有序向城镇转移,有序推进农业转移人口市民化。

尽管在改革开放后,国家对计划经济时期形成的二元社会结构政策进行了一定调整,如计划经济时期制约限制农村人口流动的人民公社制度早已解体,粮食流通制度的改革取得了重大进展,进城农民无须为口粮操心,户籍制度也有一定的松动,户籍在限制城乡人口迁移方面的功能日益削弱,农民进城务工经商的通路被打开,甚至在2004年后城乡流动体制障碍大幅减少,但由于制度变革的路径依赖,已开展的改革只是在二元社会结构体系内实施的那些能够使各方都能获益的诱致性制度变迁,而涉及城市居民核心利益的二元社会结构制度,如城乡一体化就业、农民进城落户共享城市公共福利一直没有放开。从改革开放后整体形势来看,城乡二元分割局面长期延续,户口、就业、社保等正式和非正式的制度安排还在一定程度上限制、阻碍农村劳动力转移,转移到城市的农村剩余劳动力只能进入城市非正式部门,并同城市下岗职工在次级劳动力市场上形成竞争。并且,每当城市面临巨大就业压力时,往往会出台安排城市居民就业、歧视"农民工"就业的政策,农村劳动力流动稳定性差。[1]同时,由于二元体制下城乡居民之间的身份壁垒尚未打破,附着在户籍制度之上的各项福利仍未剥离,数亿进入城市的农民工没有正式的身份,享受不到城里人

---

[1] 夏耕:《城乡二元经济结构转型的制度分析》,《山西财经大学学报》2004年第4期。

的社会待遇，他们在就业、住房、子女教育、医疗、社会保障等方面面临着重重困难。迁徙入城的农村剩余劳动力无法融入就业城市里的经济组织内，不得不在体制外生存，形成一种漂泊不定的人口，农村劳动力流动政策远远没有上升到公民居住和迁徙自由的层面上来。城乡居民在教育、就业、住房、医疗、福利、保障等方面存在着十分明显的差别，城乡二元分割体制未得到根本改变。

## 第二节　二元社会结构对农民经济权利的排斥及其对农民增收的影响

二元社会结构的目的是限制农民流动，服务于国家工业化战略。城乡二元的社会结构对农民的经济权利造成限制，阻碍农民公平分享经济机会、平等参与现代经济活动，制约农民收入增长。现代公民权利理论认为，公民的权利包括经济权利、政治权利和社会权利等多重内容。经济权利既是公民的一项重要权利，同时也是公民其他权利的基础和保障。由于相关国际公约和我国宪法对经济权利的规定并不明确，加之经济权利和社会权利经常交织在一起，使学界对经济权利的含义有许多不同的解释。郑贤君认为广义的经济权利是指包括财产权在内的、与经济有关的权利，狭义的经济权利仅指与工人享有的同工厂和劳动场所有关的权利。[①] 刘育喆、王锴在归纳分析学界关于经济权利的各种观点基础上，主张经济权利内容应包括财产权，同时需要劳动权和社会保障权这两项权利作为补充。[②] 从学理上探讨经济权利较为复杂，笔者认为，经济权利是指由经济法律、法规所确认的一种资格或许可，经济权利主体可以凭借这种资格，依法按照自己的意志，为或不为一定经济行为，以实现自己利益和要求，是经济活动主体在参与经济活动中的权利。随着农村经营制度变革及国家宏观管理

---

① 郑贤君：《论宪法上的经济权利》，《长春市委党校学报》2004年第4期。
② 刘育喆、王锴：《经济权利的宪法保障》，《长白学刊》2004年第2期。

体制由计划经济向市场经济转型，农民的经济自由空间不断拓展，经济权利不断扩大。但由于农产品特别是粮食在社会经济生活中的特殊地位，加之受长期计划经济时期形成的城市中心的二元社会体制改革较为缓慢，农民的经济权利受到限制，农民从事经济活动自由空间遭到挤压，影响农民收入增长。下面分别分析二元社会结构下影响农民增收的一些典型制度。

**一 农业生产经营制度**

改革开放前，农村人民公社集体经济模式控制农产品生产和分配，农民缺少生产经营活动自由，农民经济活动空间非常狭小。改革后家庭联产承包制代替了人民公社，农产品流通制度也在一定程度上进行了改革，农民生产经营自主权得到很大程度保障。但作为一个13亿人口的大国，国家一直将粮食安全作为国家经济政策的核心目标，一直通过一系列制度与政策对粮食等农产品生产和流通进行着较为严密的控制和干预，引导农民生产粮食，控制粮食价格的过分上涨。虽然有效保证了国民的粮食需求，保证了国家粮食安全，实现了经济高速发展和社会稳定，但在一定程度上损害了农民经济利益，对农民收入增长产生一定的抑制作用。

土地用途管制等措施是控制农民承包地用于生产粮食的重要措施。改革后农民获得土地的承包经营权，相关改革文件及后来通过的《中华人民共和国农村土地承包法》都明确肯定农民对集体土地的承包经营权，肯定农民依法享有承包地使用、收益的权利，有权自主组织生产经营和处置产品。在不违反土地承包合同规定的前提下，农民拥有耕作权，自主决定种植种类、品种、数量和方式，自主经营，自负盈亏。但家庭联产承包责任制所赋予农民的经营自主权是一种不完整的或者说是一种受到一定程度限制的权利，不同于完全市场经济条件下农场主对自有土地所具有的使用权。在家庭联产承包责任制条件下，土地属集体所有，国家通过制定有关法律法规和调整集体土地承包等手段引导农民按照国家政策意图进行生产。虽然个别时期、个别地区一些干部搞"形象工程"、强迫农民种植某种经济作物，但从宏观角度来看，改革后国家对粮食安全这根弦一直绷得很紧，各级政府通过土地用途的管制或政策引导，确保承包土地被用来生产农产品特别是农民个人收益相对较低的粮食等产品，以满足国家社会经济发展对粮食等农产品需要。我国《土地管理法》和《基本农田保护条例》等法规都明确规定，农村土地必须维持农业用途，不得用于非农建设。如果条件优越、被划定为基本农田，那就只能用来生产粮食，连发展林果业和挖塘养鱼也不被允许。中国科学院"农村贫困与发展"项目组2003年对国内六省市36县的216个乡镇2459个村庄调查，当问及如果村民要把耕地改成鱼塘，是否需要乡里批准时，78.79%的（1942个）受访村干部认为"一定要"，7.8%的受访村干部认为"只要打招呼"，仅有其余12.8%的受访村干部认为"不需要"。可见在实际生产决策过程中，农民的土地使用权受到严格限制。同时，在改革后特定的制度框架下，纵使种地亏本，农民也必须种地，因为《土地管理法》和《基本农田保护条例》规定，"禁止任何单位和个人闲置、荒芜耕地"，禁止"闲置、荒芜基本农田"，"承包经营耕地的单位或者个人连续二年弃耕抛荒的，原发包单位应当终止承包合同，收回发包的耕地"。这个规定虽然有利于提高土地利用率以保障粮食安全，但却损害了农民生产经营自主权。现代农业生产经营已高度市场化，如果农产品价格低到一定程度，农民选择休耕不仅对农民自己有利，对国家也是有利的，但相关法规却限制了农民的这一权利。

除了法律和行政手段，国家还通过税收征实、国家定购、农林特产税等杠杆引导农民种植粮食。在2006年之前我国农民要向国家交纳农业税，还要完成国家统购粮任务或合同定购（被解释为农民必须完成的、带有一定强制性的"指令性计划"任务）。在20世纪90年代中期粮食供应形势好转之前，国家为掌握粮源，规定农业税和定购粮（合同定购任务）需要以实物形式完成，农民为了完成农业税和合同定购任务，就必须种植粮食。另外，国家还运用税收杠杆引导农民生产粮食。国务院1983年11月发布了《关于对农林特产收入征收农业税的若干规定》，对园艺收入、林木收入、水产收入以及其他农林特产收入征收农林特产税。1994年税制改革中，将农林特产税改为农业特产税。规定对烟叶产品、园艺产品、水产品、林木产品、牲畜产品、食用菌、贵重食品等征收农业特产税，税率高于一般意义上的农业税，从而诱导农民生产粮食。改革后我国农业持续发展，粮食等大宗农副产品开始逐渐摆脱长期短缺局面，粮食价格持续低迷。而随着生产发展和生活水平提高，人们的消费结构也在发生改变，直接粮食消费逐渐减量，肉、奶、蛋及水果蔬菜类消费量稳步增长[①]，这就需要农业生产结构实施转型。哈耶克在论及农业的时候指出，一旦收入的普遍增加超过一定水平，"那么除非市场向人们提供了他们所喜爱的新的食品，否则他们不可能在食物上增加开支"。[②] 农民作为自主经营自负盈亏的生产经营者，本应随着农产品市场供求形势的改变及时调整生产经营策略，生产市场需求旺盛、价格高、利润大的产品，但出于维护粮食安全的需要，国家长期延续以粮食生产为中心的农业政策，采取上述法律的、行政的、经济的手段，引导或要求农民种植大多情况下比较收益偏低的粮食，从而影响到农民的增收。

改革开放后国家不但通过行政、法律和税收制度干预农民生产活动，还通过对粮食流通及粮食价格的干预汲取农业剩余。改革开放前粮食统购统销政策曾将大量的农业剩余以价格"剪刀差"形式流入非农产业，造成了农民利益的损失。改革后国家积极改革粮食流通体制，但由于粮食在社会经济生活中的地位特殊，改革步伐较为缓慢。改革开放之初，国家恢复了粮食集市贸易，允许农民在完成国家征购任务后通过集市贸易进行少量粮食、油料等买卖。1985年在粮食连年丰收的背景下，中央决定取消粮食统购，实行合同定购，但出于国家掌握足够的粮源等方面考虑，次年国家又强调粮食定购是农民必须完成的"指令性计划"，把粮食生产和流通实质性地改回到原来计划体制下。从20世纪80年代后期粮食实行双轨制，即农民卖粮以国家定购为主，完成定购任务后的余粮可以在市场上自由销售。1994年5月

---

[①] 王恩胡、李录堂：《我国食品消费结构变迁与农业发展战略调整》，《中国农村观察》2007年第2期。

[②] [英]弗里德里希·冯·哈耶克著：《自由秩序原理》（下卷），邓正来译，生活·读书·新知三联书店1997年版。

国务院发布了《关于深化粮食购销体制改革的通知》，规定继续坚持政府定购。1995年2月，中央农村工作会议明确提出"米袋子"省长负责制，要求各省"一把手"亲自抓粮食问题，导致许多省份无论自身条件是否适合生产粮食，是否有生产粮食的优势，都强推粮食种植，许多地方还自设管卡，禁止粮食销往省外。直到2004年5月国家全面放开粮食收购市场，实现了粮食购销市场化和市场主体多元化。

不仅粮食流通改革缓慢，国家对粮食价格的干预长期持续。20世纪80年代中期后实行粮食收购双轨制，国营粮食部门作为粮食经营的主要力量，有效控制着粮食贸易和粮食价格。各地政府往往规定，在国家定购任务完成前一般不开放粮食市场，不允许私商粮贩收购。甚至还在几次粮食供求紧张时依靠行政力量关闭粮食市场。如1993年，由于通货膨胀，市场粮价大涨，为稳定经济，政府选择了粮价管制，规定在全国范围内粮食收购由政府粮食部门专营，私人粮商一律不准收购粮食；相当一批城镇重新实行粮食统销，北京市甚至还请回了购粮本——居民必须凭本买粮。[①]再如，2007年年底到2008年春，国际市场上粮价暴涨，为稳定国内粮食价格，国家先后采取取消出口退税、加征粮食出口关税，乃至实施出口配额管理限制粮食出口。减少了出口，国内供给变得充裕一些，2008年2月下旬，在国际市场粮价暴涨的背景下，国内市场玉米收购价格却下降了50元/吨[②]；在国际大米价格达到9—12元/公斤的大背景下，国内的粮价被控制在3元/公斤左右。

正因为改革后国家对粮食流通和价格一直进行着较为严格的管理，粮食市场供求、粮食价格波动基本上处于国家有效掌控之下。这虽然有利于经济社会的稳定，有利于维护市民利益，但压低粮价却损害了农民利益，如表5-1所示。如国家实行统购统销合同定购，往

---

[①] 周其仁：《收入是一连串事件》，北京大学出版社2006年版。
[②] 中国食品产业网：《国家连续出台政策限制玉米等粮食的出口》，http：//www.foodqs.com/news/gnspzs01/2008311111435998.htm，2008年3月11日。

往把定购价定得偏低,如1989年国家将6种粮食平均收购价格提高到0.386元/公斤,而当年年底市场粮价高达1.023元/公斤,合同定购与市场的差价达0.64元/公斤。[①] 1985—2000年,定购价低于市场价的有9年,其价少则低20%,多则仅有市场价的一半[②],且国家对粮食价格的控制和干预往往对粮食生产者的利益关注不够,在农产品供求紧张粮价上涨时,国家往往采取弹压粮价、刺激生产等手段;而在农产品供应过剩时,已出台的农产品保护价收购政策往往执行不力。"粮食紧张由'省长负责',粮食剩余由'农民负责'"这句农民的牢骚反映出我国在农产品市场改革与规范化建设方面未能做到利益平衡,特别是未注意保护粮食生产者农民的利益。

表5-1　　我国工农产品"剪刀差"从农业向工业转移价值

| 年份 | 1978 | 1982 | 1984 | 1986 | 1987 | 1998 | 2000 |
|---|---|---|---|---|---|---|---|
| 剪刀差值(亿元) | 364 | 228 | 276 | 292 | 334 | 307 | 1000 |

资料来源:1998年以前数据转引自安树伟《中国农村贫困问题研究——症结与出路》,中国环境科学出版社1999年版;2000年数据来自陆学艺《三农新论》,社会科学文献出版社2001年版。

中国是一个拥有13亿人口的大国,粮食供给应主要立足国内,因而政府实施土地用途管制、保证粮食生产有其必要性、合理性。同时,粮食是生活必需品,维护粮食价格平稳对社会稳定和经济稳定具有重要意义。但国家对粮食市场的调控和管理往往过多地考虑国家的利益和粮食消费者的利益,对粮食生产者的利益关注不够,未做到利益相对均衡。国家长期延用计划经济时期的各种行政和经济手段,如农业税征实、合同定购粮、征收农林特产税、基本农田保护、化肥奖售、粮食保护价等法律、行政等手段对农民生产活动的干预,让农民生产相对过剩、效益较低的粮食,干预限制了农民经营权利,违背交

---

[①] 石成林:《我国农民收入问题初探》,《金融与经济》1991年第1期。
[②] 夏建刚:《我国粮食流通体制改革研究》,硕士学位论文,华中师范大学,2001年。

易公平原则，影响农民增收。粮食安全具有公共产品的属性，粮食生产、粮食安全作为具有一定正外部性的经济活动，本来应当通过补贴等经济手段加以刺激引导，但改革开放后我国长期通过行政手段来推动，长期（2004年之前）缺少对农民从事粮食生产的补偿。在种粮收益太小甚至入不敷出的情况下，强制农民必须从事粮食生产，对农民而言实质上已经构成一种"牺牲"，农民成为国家粮食安全成本的承担者。

## 二 农村劳动力流动制度

经济发展与劳动力产业分布之间存在着密切的联系，经济发展过程就是工业化过程，工业部门增长，带动劳动力转移，因而在一定意义上，经济发展也是劳动力非农化过程。随着经济发展，农业部门占GDP的份额会持续下降，劳动力需要从农业部门转移出去。美国经济学家安妮·克鲁格指出，几乎所有发展中国家的一个重要特征是人口很大一部分从事农业，而经济发展将会造成劳动力向非农产业的转移[1]。

劳动力转移是工业化发展的必然要求。加速劳动力转移，可以提高本人及相关人员收入水平。由于转移的劳动力的收入往往带回或汇回农村，用于补贴农业生产经营和其他农村户籍家庭成员的生活，因而转移劳动力收入均被统计为农村居民收入，转移劳动力增加会提高农民工资性收入。另一方面，一部分劳动力转移就业，有助于扩大农业留守劳动力的经营规模，促进农业部门劳动生产率的提高，增加其农业经营收入，因此强调增加非农业就业机会对增加农民收入很有意义。此外，转移的农村剩余劳动力若回流，也会因其外出务工时接受了职业技术培训、接触新技术和新观点、工作经验等人力资本的提升，改善和提高农村人力资本水平，促进农村经济发展和农民收入的增加。

改革开放以来，我国对农村劳动力流动的制度和政策作了大幅度的调整和改革，但国家对农民转移就业的限制措施仍然顽固存在，农民在城市的平等就业权、公平报酬权、劳动保护权遭到排斥，转移农民在城

---

[1] ［美］安妮·克鲁格：《发展中国家的贸易与就业》，上海人民出版社1995年版。

市就业受到一系列不公正对待，制约了农民工资性收入增长。

1. 限制农民转移就业的政策

1948年《世界人权宣言》第13条规定："人人在各国境内有权自由迁徙和居住。"[①] 1990年联合国大会通过《保护所有移徙工人及其家庭成员权利国际公约》主张在保障迁徙自由权利的前提下，移徙工人除了应该承担有关国家法律上规定的相应的义务外，应保证他们在迁徙目的地享有当地法律、法规甚至某些政策上所规定和体现的权利，实现移徙工人在其迁徙地的基本的国民待遇。尽管我国进城农民是在一国之内流动，不同于跨国移徙工人，但进城农民从农村迁往城市、由务农转为务工，需要习得现代生产经营技术，需要适应新的工业社会的生存环境，在生产和生活中会遇到多方面困难，处于明显的弱势地位，需要予以特别关照。因而保证农民迁徙自由、保证迁徙过程中得到公正对待、提供相应的帮助服务十分必要，然而受城乡二元分割传统体制影响，改革开放后国家长期对农民流动采取限制、约束政策。

自1957年国务院通过《关于各单位从农村招用临时工的暂行规定》后，我国农村劳动力进城就业长期受到严格的限制。联产承包责任制实行后，农业剩余劳动力显性化。但受传统城乡分割思维制约，改革初期政府主张发展农村多种经营、为剩余劳动力提供就业机会的主张[②]，基本上不允许农村人口进城就业。到了1984年，国家政策才开始放宽，允许农民在自筹资金、自理口粮的条件下，进入城镇务工经商。1985年中央一号文件进一步倡导扩大城乡经济交往，允许农民进城开店设坊，兴办服务业。1986年7月国务院发布的《国营企业招用工人暂行规定》，开始允许企业在国家规定的范围内从农村招收工人。这一时期，农村劳动力原则上只被允许就地向乡镇企业和小城镇转移。1984—1988年，乡镇企业吸纳的农村劳动力由5208万人增

---

[①] See Javaid Rehman, International Human Rights Law: A Practical Approach, Pearson Education Limited (2003), pp. 57–61.

[②] 1981年中共中央、国务院转发国家农委《关于积极发展农村多种经营的报告》的通知，http://news.xinhuanet.com/ziliao/2002-03/04/content_2543666.htm。

加到9545万人，平均每年增加1084万人。①

在从1988年下半年开始的治理整顿（"治理经济环境、整顿经济秩序"）期间，乡镇企业开始进行结构调整和体制创新，农民从乡镇企业获得收入开始下降，越来越多的农村劳动力只好自发地向沿海发达地区和城市流动，据估计，1988年外出就业的农村劳动力已经达到或超过2000万人。②面对"民工潮"的出现，国家再度加强了对农村劳动力流动的限制，强调农村剩余劳动力转移的主要方式应当是"离土不离乡"，要严格控制农村劳动力向城市的流动。1989年3月，国务院办公厅发出了《关于严格控制民工外出的紧急通知》；同年4月，民政部、公安部又发出了《关于进一步做好控制民工盲目外流的通知》，要求各地政府采取有效措施，严格控制当地民工外出，控制民工盲目外流。1990年4月国务院在《关于做好劳动就业工作的通知》中提出："对农村劳动力进城务工，要运用法律、行政、经济的手段，实行有效控制，严格管理。并建立临时务工许可证和就业登记制度。"1991年2月国务院办公厅再次发出《关于劝阻民工盲目去广东的通知》。可见在改革开放最初十多年里，由于计划经济的传统思维，国家对农民工流动政策有较为明显的限制倾向，一直对农民工进城忧心忡忡。

1992年邓小平南方谈话后，沿海地区和城市经济出现了新一轮的增长，开发区建设和外商投资企业兴起，创造大量就业机会，许多农民持续不断涌向沿海地区、涌向大城市。政府一方面继续强调农村剩余劳动力转移首先应向农村经济的深度和广度进军，强调发展乡镇企业和小城镇；另一方面政府开始逐渐放宽农民进城务工的条件，对流向城市和经济发达地区的农村劳动力，主张要加强疏导和管理，对农民工的管理政策也由"控制盲目流动"调整为"鼓励、引导和实行宏观调控下的有序流动"。③ 1994年11月，国家对农村劳动力跨省流

---

① 刘江：《21世纪初的中国农业发展战略》，中国农业出版社2000年版。
② 宋洪远：《改革以来中国农业和农村经济政策演变》，中国经济出版社2000年版。
③ 城市流动人口问题课题组：《对于城市农民工政策的反思——以北京市为例》，《中国党政干部论坛》2004年第4期。

动实行了"证卡"管理，政府要求进城务工经商人员办理外出务工证、计划生育证、城市就业证、上岗培训证、暂住证等，以实施对农民工流动的控制。进入20世纪90年代后期，由于国民经济进入紧缩期，加上亚洲金融危机的影响，城市下岗职工的增加，实施再就业工程已成为各级政府的重要任务。在这种背景下，部分省市出台了各种限制农村劳动力进城务工的规定和政策。

世纪之交，国家有关农村劳动力流动就业的政策发生了一些积极的变化。1998年秋，国家取消了农民工暂住证费等7项收费。中共十五届三中全会提出要适应城镇和发达地区的客观需要，引导农村劳动力有序流动。2000年下半年开始，国家开始清理和取消对农民进城就业的各种不合理限制，同时积极推进就业、社会保障、户籍、教育、住房、小城镇建设等多方面的配套改革，为农民进城务工创造了良好的环境。2002年1月，中共中央国务院在《关于做好2002年农业和农村工作的意见》中，提出了对农民进城务工的"公平对待，合理引导，完善管理，搞好服务"的十六字方针。2003年1月5日，国务院办公厅发出《关于做好农民进城务工就业管理和服务工作的通知》，要求各地进一步搞好农民进城务工就业管理和服务工作，并要求取消对农民进城务工就业的不合理限制，切实解决拖欠和克扣农民工工资问题，改善农民工生产生活条件，做好农民工培训工作，多渠道安排农民工子女就学。2004年，国务院下发了《中共中央国务院关于促进农民增加收入若干政策的意见》，着重对改善农民进城就业环境，增加外出务工农民收入作出新的安排。2005年，国务院又发出了《关于解决农民工问题的若干意见》，将农民工正式纳入产业工人的重要组成部分，农村劳动力转移的相关正式制度趋于体系化。

虽然改革后政府对农民的自由流动和就业选择权利有条件地逐步地予以认可，城市对农村劳动力进入的行政控制逐步放松，但不可否认，出于对城市经济社会秩序遭到冲击的担忧，政府长期坚持农村剩余劳动力离土不离乡的政策，对农村劳动力迁徙就业长期采取限制和歧视政策。如在1994年11月，劳动部颁布的《农村劳动力跨省流动就业管理暂行规定》第5条规定，只有经劳动就业服务机构核准，本地劳动力无法满足需求时，用人单位才可考虑跨省招用农村劳动力。国家还通过证卡管理等行政管制手段抬高农民进城务工的时间成本和经济成本，限制劳动力流动。国家规定跨省流动人员到达目的地后，必须凭其流出省发放的"外出人员就业登记卡"向目的地劳动部门领取"外来人员就业证"，证、卡合一后生效，作为流动就业的有效证件。据统计，20世纪90年代农民进城就业办多种证卡被额外收取的费用有：①暂住证，每人188元（其中8元证件工本费，180元为管理费），一年一办，有的是一区一办。②劳动就业证，一般是每年205元。③杂证杂费。外出前在流出地办务工证、婚育证，几元到几十元不等；在流入地办计划生育证、健康证，每人80元。住处卫生费每月每人20元（当地人1.8元，按规定15岁以下儿童不交卫生费，但农民工子女每月交10元）。④对打工者子女上学的额外收费。① 这种对农民工的歧视性收费抬高了农民进城务工的成本，剥夺转移人员的利益。据报道，深圳市一年仅为民工办证，就从民工身上拿走10亿元；武汉市一个基层派出所，一年就可以从民工的收费中，分得100万元左右。② 特别是宏观经济形势不佳、城镇就业困难时，各地方政府对进城农民工的限制就会加重，"城镇"保护主义就会抬头，农民工就业环境恶化。

此外，在改革开放后相当长一段时间，政府还把进城农村剩余劳动力视为影响"管理秩序"的主要因素，1992年国务院出台了《关于收容遣送工作改革问题的意见》，收容对象从最初对涌入城市的无业人员、灾民扩大到"三无人员"（无合法证件、无固定住所、无稳定收入），即无身份证、暂住证和务工证的流动人员，法规要求居住3天以上的非本地户口公民办理暂住证，否则视为非法居留，将被收容遣送。随后在实践中收容遣送制度脱离原来社会救助的立法原意，逐渐演变为限制外来人口流动的强制措施。随着收遣适用对象的扩大，收容站也都以生活费、遣送费、城市增容费等名目乱收费、勒

---

① 崔传义：《中国农民流动研究》，山西经济出版社2004年版。
② 韩淑梅：《农民权利及其救济》，硕士学位论文，山东大学，2007年。

索。2003年3月在广州工作的湖北籍大学毕业生孙志刚死于广州一家收容站，引发了社会对收容遣送制度的反思和抨击，随后国务院于2003年公布《城市生活无着的流浪乞讨人员救助管理办法》，标志着《城市流浪乞讨人员收容遣送办法》被废止，进城农民工在城市活动的环境才得到根本改变。

2. 限制农民非农就业的职业选择

不仅改革开放后农村劳动力流向城市就业受到一定限制，同时农村劳动力流入城市后就业的职业选择也受到正式和非正式的制度限制，农村流动劳动力一般只能进入城市个体私营及外商投资企业等市场化程度较高组织，无法进入政府机关、国有企业等计划经济色彩较浓的单位；一般是从事工作条件较差、工作报酬不高的工作，无法得到工作条件较好、报酬较高的工作，也就是说只能进入城市次级劳动力市场。城市劳动力市场整体上还没有实现对农村劳动力全方位的开放，农村劳动者没能真正享受平等竞争的权利。最典型的就是20世纪90年代中期各地实施的职业保留制度。

职业保留制度明确禁止和限制某类国民从事某些职业（或行业），而让另一类国民独占这些职业或者享受就业优先权。被保留的职业一般都是地位较高、条件较好和待遇较优厚的职业，有资格独占这些被保留职业的国民一般均为国民中的上层。邓小平南方谈话后，大批农民进入城市，为保证城市户籍人员利益，各地开始实施职业保留制度。1995年2月，作为推行再就业工程的重要举措，上海市劳动局发布《上海市单位使用和聘用外地劳动力分类管理办法》，将行业工种分为三类：A类为可以使用外地劳动力的行业工种，B类为调剂使用外地劳动力的行业工种，C类为不准使用外地劳动力的行业工种。随即公布了上海市各企事业单位不得招聘外地劳动力的首批C类行业和工种。[①] 上海市的做法对全国的许多城市产生了很强的示范效应。随后，山东省劳动厅决定从1996年开始在全省范围内对使用农民工的

---

① 《新民晚报》1995年2月13日。

城镇企业单位收费，用来作为城镇职工的就业开发经费。① 在青岛，该市将对外来劳动力的招用数量控制在市属企业职工总数的 14% 以内，并规定每使用外来劳务一人需交纳 50 元费用，而每吸收一个本地待岗 6 个月以上，且女在 35 岁、男在 40 岁以上的人员则可获得 3000 元补贴。1997 年年初，北京市也加入了限制使用外来劳动力城市的行列，并在 2000 年年初，增加了限制使用外地来京务工人员的行业和职业，将限制行业由过去的 5 个增加到 8 个，限制职业由过去的 34 个增加到 103 个。②

职业保留制度人为地将城市劳动力市场分割成主要劳动力市场和次要劳动力市场，并将农村流动劳动力排斥在城市主要劳动市场之外。国外劳动力市场分割理论指出，主要劳动力市场工资和待遇较高，工作条件好，就业稳定，职业过程中的晋升机会较多，工作程序有适当的行政管理制度作为保证。次要劳动力市场则相反，技术要求低，工资待遇低，福利低劣、工作环境差、就业无保障，工作过程中可能遭到随意的克扣和苛刻的限制，晋升机会较少。主要劳动力市场和次要劳动力市场的区分有技术性因素在内，但主要劳动力市场更多地受到工会等制度性力量的保护。③ 上海、青岛、北京等城市的做法实质上是运用行政力量限制外来农民工的就业选择，农民工只能进入次要劳动力市场，外来农民工的平等就业权遭到剥夺。

由于企业体制改革和劳动就业制度改革的渐进性，中国城市社会劳动用工存在明显的层次化特征，那些市场化程度较高的个体私营企业为降低成本，大量使用流动劳动力，而大型国有经济由于体制和技术原因很少使用进城务工人员。劳动密集、低技术、低效率、低报酬的"次要部门"成为容纳农村转移劳动力的主要场所；工作相对稳定、待遇较好的工作岗位农民难以进入。进入城市的农村劳动力一般只能进入次级劳动力市场，大多从事劳动强度大、劳动条件差、工资

---

① 《经济信息报》1996 年 2 月 9 日。
② 《北京经济报》1997 年 3 月 18 日。
③ 刘精明：《国家、社会阶层与教育》，中国人民大学出版社 2005 年版。

待遇差的非技术性工种，如建筑、装配、餐饮、服务等。中国社会科学院人口与劳动经济研究所 2001 年在上海、沈阳、武汉、西安以及福州 5 大城市开展的中国城镇劳动力市场调查显示，外来劳动力就业主要集中在农林牧渔水利业（37.5%）、制造业（15.4%）、批发和零售贸易及餐饮业（15.4%）、社会服务业（11.3%）和建筑业（4.7%）等行业，而城镇劳动力就业主要集中在制造业（46.6%）、批发和零售贸易及餐饮业（7.7%）、社会服务业（6.2%）、交通运输和仓储业（6%）、教育事业（5.5%）等行业。

计划经济体制所遗留的城市劳动就业制度及城市地方政府人为分割劳动力市场的做法，限制了进城务工农民的职业选择自由，损害了农民利益。孟昕、张俊森（2000）关于上海劳动力市场的研究也证实，由于以户籍划分（Segregation）的双层劳动力市场管制政策的存在，农村移民在职业取得（occupational attainment）和工资上受到了与城市居民不同的待遇，在就业岗位分层方面就造成 22% 适合从事"蓝领工作"的城市居民从事"白领工作"；6% 适合从事"白领工作"的农村人口从事"蓝领工作"。①

劳动力市场分割及对农民进城就业的限制违背了我国法律和相关国际公约，损害了进城农民的合法权益。1997 年 5 月第八届人大常务委员会第 25 次会议批准的国际劳工组织 1964 年第 48 届大会通过的《就业政策公约》（第 122 号公约）第 2 条规定："向一切有能力工作并寻找工作的人提供工作"，"每个人不论其种族、肤色、性别、宗教信仰、政治见解、民族血统或社会出身如何，都有选择职业的自由，获得必要技能与天赋的最大可能的机会，并取得一项对其很适合的工作"。职业保留制度剥夺了进城农民公平的职业选择权，压缩了进城农民的就业选择空间，违背现代法律精神，损害进城农民的合法权益，影响农民的权利和利益。

3. 农民非农就业的待遇歧视

（1）同工不同酬。1966 年《经济、社会和文化权利国际公约》

---

① 孟昕、张俊森：《中国城镇的双层劳动力市场》，《中国人口科学》2000 年第 3 期。

第 6 条和国际劳工组织《1951 年同工同酬公约》都强调"同等价值的工作应付给同等的劳动报酬",中国《劳动法》第 46 条规定,工资分配应当遵循按劳分配原则,实行同工同酬。根据劳动部《关于〈劳动法〉若干条文的说明》中的规定,"同工同酬"是指企业对于从事相同工作、付出等量劳动且取得相同劳绩的劳动者,应支付同等劳动报酬。但是,受中国长期存在的计划经济劳动用工体制的影响,无论在法律上还是在人们的意识里,都存在正式工(指在编职工)和非正式工(绝大多数是农民工)的划分和差别待遇。人们意识里的"职工",一般都是指各个单位的正式职工。由于正式职工的劳动权利和保险福利待遇都由国家的法律法规来保护,他们的社会地位一般要高于非正式工,尤其是远远高于中国农民工。中国农民工由于其移徙工人的身份,其在城市单位报酬往往采用不同于单位正式职工的另一种报酬体系,同工同酬只在农民工群体的圈子里进行比较和确定,同正式职工比较,他们往往干最苦最累的活,拿最少的钱。我国《劳动法》第 47 条规定,企业可以根据本单位的生产经营特点和经济效益,依法自主确定本单位的工资分配方式或者单位内部的工资制度(包括工资构成、工资标准、工资形式、工资增长机制等)和工资水平。这样,正式工和非正式工同工不同酬在目前的制度下具有极强的操作上的便利性,社会很难对歧视农民工行为觉察和监管。

(2)报酬低下。由于劳动关系具有行政隶属关系的性质,相对于强大的资方,劳动者无疑处于相对弱势地位,使得劳动者难以在劳动力市场上与企业或者雇主相抗衡[1],因而国际和国内的劳工立法都以保护劳动者权益为基点和核心。[2] 在市场经济国家,集体谈判制度作为市场经济条件下调节劳动关系的基本机制,在保障劳动者合法利益、提高劳动力市场运行效率方面发挥着重要作用。狄更斯和郎(Dickens and Lang,1988)的实证研究发现,存在联盟和不存在联盟

---

[1] 程延园:《劳动关系》,中国人民大学出版社 2000 年版。
[2] 常凯:《劳动本位:劳动法律体系构建的基点与核心》,《经济法学劳动法学》2002年第 4 期(人大报刊复印资料)。

的劳动力市场上的工资水平差距是显著的。① 由于我国作为人口大国，劳动资源特别丰富，相比而言资本、技术、管理较为稀缺，农民所拥有的劳动要素资源在同资本、技术等要素分配博弈中，本身就处于较为不利的局面。而在我国改革开放后，国家过分重视经济发展而忽视对劳动者权益的保护，未建立起集体谈判等与市场化分配制度相匹配的制度规范，外来劳动力就业集中的制造和服务行业大多未建立规范的工会组织，一些建立了工会组织的企业往往也未很好地发挥作用。在中国社会科学院2001年进行的中国城镇劳动力市场调查中，有高达71.4%的外来劳动力认为所在工作单位无工会等劳动者权益保护组织。由于缺少集体谈判等劳资相互制衡的机制，进城农民在与雇主谈判过程中处于力量严重失衡局面，强势群体主导契约的制定，加剧了收入分配的不平等。如深圳市统计局公布的2000年深圳在职工人月均收入1920元，全国最高。但根据当年人口普查数据显示，当年深圳有701万人，其中户籍人口123万，当年的受薪劳动者600万人，1920元的平均工资是从93万高薪户籍人口算出的，而当年深圳村镇工厂有113万名工人，他们的平均工资是588元，此外还有380万劳动者的工资没有计算，把这三者结合在一起，深圳工人的实际工资在600元以下。且农民工600元的工资水平已10多年未增加。② 根据国家统计局的报告显示，2004年农民工外出务工月收入在300元以下的农民工占7.6%，300—500元的农民工占17.8%，500—800元的农民工占37%，月均收入在800—1000元的农民工占16.4%，月均收入在1000元以上的农民工占21.2%，而当年全国国有单位职工平均工资为1394元（全年16729元）。③ 另据湖南、四川和河南三省的抽样调查，农民工月实际劳动时间超过城镇职工的50%，但月平均收入

---

① 陈广汉、曾奕、李军：《劳动力市场分割理论的发展与辨析》，《经济理论与经济管理》2006年第2期。

② 深圳市统计信息局编：《2001年深圳统计信息年鉴》，中国统计出版社2001年版，转引自北京大学法学院人权研究中心《以权力为基础促进发展》，北京大学出版社2005年版。

③ 国家统计局调研组：《当前农民外出务工情况分析》，载国务院研究室课题组《中国农民工调研报告》，中国言实出版社2006年版。

不到城镇职工的60%，实际劳动小时工资只相当于城镇职工的1/4。①
2004年后，农业补贴提高了农业生产经营者的收入水平，从而撬动农民工工资增长，农民工工资增长迅速。据调查，在广东、江苏等省制造企业普通工人月薪已上升到2000—3000元，但工资水平远低于当地户籍人口工人。

就是这种偏低的工资，在很长一段时间内，还经常被以风险抵押金等多种名目拖欠、克扣。2002年北京市的调查反映，约24%的被访者曾经被拖欠或克扣工资，拖欠额平均为3500元。② 据国家统计局2004年抽样调查，仍有10%的农民工人均被拖欠工资10个月。③ 据北京市调查，2004年全市建筑行业有70万农民工，被拖欠的工资总额高达30亿元，人均被拖欠4000多元。④ 中国社会科学院人口与劳动经济研究所的调查统计数据显示，2005年农民工工资拖欠的行业主要分布在建筑业、批发零售业、餐饮业及制造业，分别占到了26.47%、26.47%和8.82%，其他行业比例为38.24%，且拖欠行为主要存在于个体私营企业，占全部拖欠企业的79.41%。⑤ 拖欠农民工工资引起国家领导层重视，2003年年底，国务院在全国开展了切实解决建筑领域拖欠工程款行动，时任国务院总理温家宝亲自为农民工熊德明讨工资后，拖欠农民工工资的情况才得以改观，2011年，农民工资拖欠率已经降到0.6%。

（3）超长劳动时间。我国《劳动法》规定工人的工作时间每周40个小时，规定劳动者有在元旦、春节、国际劳动节、国庆节及法律、法规规定的其他休假节日休假的权利；规定由于生产经营需要，经与工会和劳动者协商后可以延长工作时间，一般每日不得超过一小

---

① 总报告起草组：《中国农民工问题研究总报告》，载国务院研究室课题组《中国农民工调研报告》，中国言实出版社2006年版。
② UNDP：《中国人类发展报告2005——追求公平的人类发展》，中国对外翻译出版公司2005年版。
③ 《弱关系约束是外来工权益易受侵害的一个重要因素》，《羊城晚报》2005年3月3日。
④ 陶怀颖：《解决农民工工资问题的建议》，载国务院研究室课题组《中国农民工调研报告》，中国言实出版社2006年版。
⑤ 王美艳：《农民工工资拖欠状况研究》，《中国农村观察》2006年第6期。

时，因特殊原因需要延长工作时间的，在保障劳动者身体健康的条件下延长工作时间每日不得超过三小时，但是每月不得超过三十六小时。然而，现实中用人单位通过行政或经济手段，迫使引诱农民工超时间、超强度劳动现象非常普遍，农民工休息权利无法得到完全保证。中国社会科学院人口与劳动经济研究所 2001 年在上海、沈阳、武汉、西安以及福州 5 大城市开展的中国城镇劳动力市场调查显示，外来劳动力平均每周工作 6.5971 天，平均每天工作 9.9746 小时，分别高出城镇当地劳动力 12.3% 和 20.1%。李强（2004）在北京的调查发现，农民工每周工作 7 日，日工作 10.36 小时。[1] 据国家统计局 2004 年所作的典型调查，农民工日工作时间超过 11 个小时，每月工作时间超过 26 天。[2] 2006 年 8 月国家统计局的专项调查，发现农民工每周工作 6.29 日，日工作 8.93 小时。2011 年国家统计局的调查发现外出农民工每月工作 25.4 日，日工作 8.8 小时。虽然农民工的劳动时间逐年下降，但是仍然高于法定的周工作 44 小时。刘开明根据自己在 2004 年对 35 个工厂进行的调研评估指出，没有任何一家工厂能遵守中国法律关于工作时间的规定，从山东、上海、江苏、浙江、福建到广东，都做不到 40 小时工作制。香港一家从事社会审核的认证机构负责人称他的公司在 2003 年共为 15000 余家大陆公司做审核责任审计，发现没有一家企业可以实施每周 40 小时工作制。[3] 2008 年新《劳动法》颁布后，用人单位特别是制造业内三资企业普遍能遵循最低工资法，但超时间、超强度劳动现象仍没得到改观，大多工厂以最低工资为起薪，压低基础工资，提高加班的边际工资，农民工为了增加收入，不得不"主动"加班，以获取较多收入。

### 三　农村土地制度

家庭联产承包经营责任制的推行，使农民对集体土地这一基本要素资源具备了一定的使用权、收益权，应该说是我国农村土地制度的

---

[1] 李强：《社会学的"剥夺"理论与我国农民工问题》，《学术界》2004 年第 4 期。
[2] 韩淑梅：《农民权利及其救济》，硕士学位论文，山东大学，2007 年。
[3] 刘开明：《探索劳工保护的创新道路》，载北京大学法学院人权研究中心《以权力为基础促进发展》，北京大学出版社 2005 年版。

一大进步。但家庭联产承包经营责任制对土地权属的规定不利于农民向非农行业流动，制约农业经营规模扩大和土地利用效率的提高；特别是现有的土地征用制度使农民在土地一级市场交易中处于不利的谈判地位，剥夺了农民分享城市化发展的利益，成为影响城乡收入差距的重要因素。

20世纪80年代初，我国农村废除人民公社集体劳动的体制，实施家庭联产承包责任制，分田到户，包产到户，自主经营，自负盈亏。由于当时社会经济发展水平低下，农民就业门路有限，土地作为农民最重要的生存资料，是按人头（一些地方一度还曾考虑各户劳动力情况）平均分配到各户，而我国农村人口众多，土地资源有限，且每一村庄内由于土地位置、灌溉条件、肥沃程度差异，土地质量参差不齐，往往一户按照人口多少分得总量有限的多块土地，生产规模较小，不利于现代化机械的运用。随着家庭联产承包责任制实施，富余劳动力显性化，亟须进入城市工业体系，但我国土地承包制和相关法律规定却阻碍着劳动力转移就业和土地流转扩大农业经营规模。我国法律规定农村土地实行劳动群众集体所有制，农民对土地的权利表现为经营承包集体土地，该权利是一种成员对社区公共资源的使用权，而非对土地较为明晰的私人产权，农民个人不拥有土地的所有权，农民个人不能处分自己承包的土地。在实践中，农民一旦离开农村，他就不再享有土地等集体组织成员的各种权益。《土地承包法》规定，"承包期内，承包方全家迁入小城镇落户的，应当按照承包方的意愿，保留其土地承包经营权或者允许其依法进行土地承包经营权流转"；"承包期内，承包方全家迁入设区的市，转为非农业户口的，应当将承包的耕地和草地交回发包方。承包方不交回的，发包方可以收回承包的耕地和草地"。法律还规定，"承包方在承包期内交回承包地的，在承包期内不得再要求承包土地。"[1] 对转移农民承包土地缺乏有效的补偿机制，以及不得再要求承包土地的规定不利于农民向非农产业流动，农民"弃土"的动力不足。

---

[1] 李国庆：《日本如何缩小经济收入的差距》，《经济导刊》2004年第12期。

同时，改革开放后农民家庭联产承包经营权长期没有明晰化、法律化，加之缺少规范的经营权流转市场和流转监管机构，农民担心利益受损，导致虽有一系列文件和法规条文允许土地承包经营权流转，但现实中土地经营权流转率极低。1984年中央一号文件提出，农民可以把土地承包经营权有偿转让、鼓励土地向种田能手集中。1993年中共中央11号文件明确允许农民在土地承包期内流转土地。1998年党的十五届三中全会通过的《中共中央关于农业和农村工作若干重大问题的决定》规定可以在提高农业集约化程度和群众自愿的基础上，发展多种形式的土地适度规模经营。2008年党的十七届三中全会通过《中共中央关于推进农村改革发展若干重大问题的决定》，允许农民以转包、出租、互换、转让、股份合作等形式流转土地承包经营权，发展多种形式的适度规模经营。2002年通过的《农村土地承包法》和2007年《物权法》中也规定了农村土地承包经营权流转的法律规定。实际运行中由于缺少健全的土地承包经营权流转市场，流转非常困难，土地经营权流转很不发达，只在沿海经济发达地区和城市近郊出现一小部分土地承包经营权流转，客观上也抑制了农民向城市流动，影响到农民转移就业的收入增长，也不利于农业留守人员扩大生产经营规模，制约农地利用效率和农业劳动生产率，制约农业经营性收入增加。据农业部农村经济研究中心和中央政策研究室在农村固定观察点近300个村218万户十几年的跟踪调查，1986年户均土地规模9.2亩，1990年下降为8亩，1997年又降为7.65亩。小规模农户往往偏重于选择劳动投入型增长方式，这极不利于先进农业生产技术的推广和应用，延缓了农业现代化发展进程和劳动生产率提高的速度。[1] 同时，土地流转困难，无法实现规模经营，使得生产成本较高，粮食和其他大宗农产品的生产成本居高不下，如我国每吨谷物所消耗的劳动量相当于美国的540倍，每公顷耕地化肥施用量是美国的3倍，导致我国许多农产品高于国际市场价格，缺乏市场竞争力。如我国的大米、小麦、玉米三种粮食的平均价格就比国际市场价格高21%，而豆

---

[1] 张晓山等：《农民增收问题的理论探索和实证分析》，经济管理出版社2007年版。

油和菜籽油价格分别比国际市场高 142% 和 125%。①

现行土地对农民权益影响最大的当属土地征用制度。改革开放以来，我国工业化城市化迅速发展，大量农用土地转变为工业建设用地，然而我国现行土地征用制度不仅未能使那些被征地农民享受到工业化、城镇化发展所带来的土地升值的好处，反而在土地被征用过程中权益严重受损，有些甚至一度沦为"种田无地，上班无岗，低保无份"的"三无"游民（近年来对征地农民社会保障有明显进步）。按照现行制度我国农地转为建设用地或非农业用地需要经过两个环节，一般先由地方政府通过征收方式，把农民手中集体土地转变为国有土地，然后由政府部门直接或经过开发将土地挂牌出让给使用者。农村集体土地要转让给使用者，必须先由政府部门将农村集体土地征用为国有土地（即所谓"一级市场"），农村集体土地不能直接进入建设用地市场。1999 年新《土地管理法》颁布后，为了加强耕地保护，实施用途管制，国家将"协议征地"原则上变成了"公告征地"。即由国土部门代表政府直接征地，用地单位和农民不再见面，政府在征地之后与用地单位签订供地协议。政府对农地的征用是农地转为非农用地的唯一通道，这种垄断购买必然会导致对要素供给者的剥削，特别是我国土地征用依托政府行政力量，并非完全是平等的市场交易行为，在买方较为强势的情况下，往往导致土地征用补偿过低的问题。按照我国目前的法律，国家对失地农民的补偿项目主要包含三个方面：一是土地补偿费，主要是因为国家征用土地而对土地所有人和使用人的土地投入和收益损失给予的补偿；二是安置补偿费，是为了安置以土地为主要生产资料并取得生活来源的农业人口的生活所给予的补助费用；三是地上附着物和青苗补助费，如房屋、水井、林木及正处于生长而未能收获的农作物等。现行制度下对"征收耕地的土地补偿费，为该耕地被征收前三年平均年产值的六至十倍"。众所周知，在现代经济生活中土地的农业用途毫无疑问是效益最低的使用方式，

---

① 王国敏、曹萍：《农民增收：从实证分析到理论研究》，《四川大学学报》（哲学社会科学版）2002 年第 5 期。

按此标准补偿既没有考虑不同用途土地收益的差异，也没有考虑土地利用的优化，更没有考虑土地增值情况，严重有失公平。因为土地在转为非农用地以后，会产生巨大的级差收益，这个级差收益是土地所有权的收益，或土地所有者在此权益中占有很大比例。按照中国合作化运动的历史，土地本来是农民的，只是农民"自愿"组成合作社，土地才变为集体的土地，其最终所有权归农民的合法性没有消失，因此，对土地增值收益农民应该得到合理的部分。但现实中，由于政府垄断土地一级市场，缺少市场竞争，难以发现市场价值；且征地一方是具有行政权力的政府，不是普通市场交易的主体，双方力量不对称，农民对土地增值收益分配中缺少谈判地位，农民权益往往受损。

纵使这种被压低的征地补偿安置补助费，也往往被层层扒皮，农民也难以完全得到。对于征地补偿安置补助费的分配缺乏具体细则。在现实中补偿费一般是直接交给农村集体，并由农村集体决定补偿款的使用和分配，这往往造成征地安置补偿费分配混乱局面。农村土地归集体所有，土地补偿费返给农村集体，但集体是一个抽象概念，在现实中往往由少数村干部决定这些资金的使用和分配。在存在制度缺陷或者面临过高的监督成本情况下，很难保证村干部能公正、合理地使用和分配这些资金而不去侵害失地农民合法权益。由于许多村级组织未建立起规范的村务公开、财务公开制度，缺乏严格的监督管理机制，少数村干部依靠手中权力大肆挥霍失地农民的保命钱，有的干脆强取豪夺将征地款归入私囊。据有关调研发现，被征土地收益分配比例大致为：地方政府占 20%—30%，企业占 40%—50%，村级组织占 25%—30%，农民仅占 5%—10%。[1] 据国土资源部调查，襄荆高速公路荆州段给农民的安置补助费是 500 元/亩，仅为法定最低标准的一成。

农村土地征用过程中之所以出现上述问题，主要原因就在于改革后土地征用制度使农民在土地转让与补偿过程中处于被动和失语的境

---

[1] 鲍宏礼、管竹笋：《农村土地货币化存在的问题与对策研究》，《长春师范学院学报》（自然科学版）2005 年第 2 期。

地，农民几乎没有任何发言权。政府垄断土地的一级市场，土地征用只能由政府进行。土地一经征用，即变为国家的土地，然后由国家将它划拨或出售给土地的开发商或使用者。这种做法从一开始就使农民以及他们所组成的"集体"不能与土地的最终使用者直接进行交易，剥夺了农民的交易权。且在目前的征地流程中，农民也缺少参与权。现行制度规定土地征收须经过征收土地公告和征地补偿、安置方案公告等环节，而国务院发展研究中心农村部的调研发现，"公告征地"事实上已演变为国土部门代表政府直接去征地，政府和被征地农民集体之间实际上没有协商，政府只不过是把要征的耕地面积以及应该给予农民集体的补偿告知他们而已。征地过程，就成为政府根据用地的需求，以《土地管理法》为依据，从农民那里合法、强制地获得土地的过程，而作为土地真正所有者的农民集体却丧失了应有的话语权，没有讨价还价的权利，这样利益受损在所难免。根据国土资源部数据，2001年全国土地出让价款1296亿元，2014年超过4万亿元，13年间增长超30倍，总额累计达19.4万多亿元①，在工业化城市化蓬勃发展、土地增值迅猛的背景下，农民由于被剥夺了参与市场的权利，无法享受城市化发展的利益。

正由于改革后土地承包制度不利于实行土地的规模经营，不利于劳动力转移，影响到农民经营性收入和工资性收入增长；现行土地征用制度，排斥了农民分享现代化、城市化过程中土地资产升值的好处的可能性，影响农民财产性收入增加。

### 四 农村金融制度

资金是经济发展的血液，资金的有效融通是经济发展的助推器。然而垄断性金融制度及20世纪90年代以来国有银行的商业化改革使金融资源进一步向城市集中，制约了农业和农村经济发展，降低了农民金融资产的收益，影响农民增收。

改革开放后，我国开始按照市场经济要求，恢复、建立金融体

---

① 《20万亿元土地出让金去哪了》，http://money.163.com/14/0828/09/A4NON98000253B0H.html 2014-08-28。

系。随着社会主义市场经济的建立和发展，我国金融体系不断发展，除了恢复成立四大国有商业银行，也建立了一批股份制商业银行。但由于金融在经济中的特殊地位，国家实施了严格的金融业市场准入制度，银行体系以国有大银行为主导，辅以股份制商业银行，民间力量包括农民很难涉足金融领域。20 世纪 90 年代市场化改革以来，国有商业银行遵循规模经营和利润最大化原则大规模地撤出了农村和农业。1998 年到 2001 年，中国银行分支机构撤并县支行 246 家，县支行总数比 1997 年末减少 22%。中国建设银行削减县支行 3601 个，工商银行则撤并了 8700 个分支机构；农业银行网点由约 6 万家下降到 4.4 万家。同时，四大国有商业银行上收了贷款管理权限，县及县以下机构基本上只有发放 5 万元以下本行存单质押贷款的权限。[1] 农业银行将资金运用从以农业为主转为工商并举，竞争视角从农村转向城市；其他商业银行对农村的放款也限于大型基础设施、国债配套资金和生态建设等大型项目[2]，农村信用社出于防范风险的动机，也将资金投向非农领域。占据大片农村金融市场的邮政储蓄长期只吸储不放贷[3]，导致邮政储蓄仍然大量"吸收"农村地区的资金。

正由于上述金融安排，农村资金外流现象十分严重。学者们对此估算各不相同，按照翟照艳（2004）的估算，在 1978—2003 年，仅通过农村信用社和邮政储蓄渠道的农村资金外流达 7196.3 亿元[4]，如表 5-2 所示。2005 年农行、农发行、信用社、邮政储蓄四类机构在县域吸收的储蓄存款总额大约在 10 万亿元以上，当年全部涉农贷款大约在 4 万亿元。按此估算，农村资金外流规模大约在 6 万亿元。

---

[1] 匡家在：《1978 年以来的农村金融体制改革：政策演变与路径分析》，《中国经济史研究》2007 年第 1 期。

[2] 李勇等：《关于完善农村金融制度加大对三农金融支持若干问题的思考》，《金融研究》2005 年第 11 期。

[3] 虽然 2003 年后开始允许邮政储蓄对新增存款开始自主运作，但由于基层邮政储蓄机构没有资金自主运用的权力，资金仍无法留在农村。

[4] 翟照艳：《农村资金外流的渠道与规模》，《调研世界》2004 年第 4 期。

表5-2　　　农村资金通过信用社和邮政储蓄渠道流出的情况　　单位：亿元

| 年份 | 1979—1983 | 1984—1988 | 1989—1993 | 1994—1998 | 1999—2001 | 合计 |
|---|---|---|---|---|---|---|
| 年度内农村资金流出额 | 202.1 | 168.2 | 887.4 | 3561.7 | 464.9 | 7196.3 |
| 通过农村信用社流出 | 202.1 | 168.2 | 622.2 | 2697.9 | 281.2 | 5171.4 |
| 通过邮政储蓄流出 | 0 | 0 | 215.2 | 863.8 | 183.7 | 2024.9 |

资料来源：《中国金融年鉴》，转引自翟照艳《农村资金外流的渠道与规模》，《调研世界》2004年第4期。

金融资源大幅度向城市、大中型企业集中，导致农业和农村经济发展面临着极其严重的资金短缺局面，制约农业发展和县域第二、第三产业特别是乡镇企业的发展，进而影响农民增收。改革开放后，我国农业生产结构和生产方式发生巨变，种植业特别是粮食大宗作物在农业中的份额呈持续下降趋势，蔬菜林果等经济作物占比上升，畜牧业和渔业林业份额逐年上升，调整农业结构发展新兴产业需要资金支持。同时，随着农业科技进步，农业机械、农膜、化肥农药等现代化的生产资料在农业生产中得到广泛使用，需要大量的固定资产投资和流动资金投入。而农村资金大量外流使得农民的金融需求无法得到满足。中国社会科学院1998年组织的一项调查表明，在被调查的256人中，有贷款需求的有164人，而这164人中只有119人发生了借贷，占有贷款需求的72.56%，有4人从国有商业银行获得了贷款，占3.36%，有12人从农村信用社获得了贷款，占10.08%，剩下的103人通过农村民间金融获得了贷款，占比86.55%。[①] 根据西南财经大学中国家庭金融调查与研究中心《中国农村金融发展报告2014》显示，农村正规信贷需求十分旺盛，有借贷需求的家庭比例达到19.6%。其中，低收入农业家庭有农业生产信贷需求的比例达到52%。农村家庭的正规信贷可得性约为27.6%，低于40.5%的全国平均水平。同时，农村民间借贷参与率高达43.8%，民间借贷成为满

---

① 中国社会科学院农村金融研究组：《农村金融需求及金融供给》，《中国农村经济》2000年第7期。

足农民贷款需求的主要方式。① 从宏观数据来看，1978 年以来农业增加值占 GDP 的比重最高时达到了 33%（1983 年），尽管这一比率长期呈下降趋势，但是到 2005 年，仍然有 15% 之多，而农业贷款占金融机构贷款总量的比率最高时才达到 7%（1979 年），长期以来没有达到 5%，2004 年仅仅为 3.12%，农业所获得的信贷支持与其在国民经济中的地位严重背离。

改革开放后来自乡镇企业的工资性收入成为农村居民收入的重要来源，如表 5-3 所示。如 2002 年农民人均从乡镇企业获得的工资性收入为 860 元，占农民人均收入的 34.7%，农民收入净增长中 50% 来自于乡镇企业。② 但僵化的农村金融无法满足乡镇企业发展的贷款需求。乡镇企业贷款总额占金融系统贷款总额的百分比最高达到了 9.4 个百分点（1993 年），其后一直处于下降趋势，2004 年仅为 5.68%，而其创造的增加值占 GDP 的比重却稳步提高，到 2003 年已经达到了 31.36 个百分点。调查资料显示，约有 65% 的乡镇企业都迫切希望增加贷款。而我国以大银行为主的高度集中的金融体制是不适合为中小企业服务的③，限制了县域中小企业的发展。21 世纪以来，尽管国家发布了组建农村商业银行、村镇银行的相关文件，但相关制度把金融资源的配置权力界定在国有金融机构手里，县域融资难局面仍未改变，影响县域经济发展，进而影响了农民收入的增长。

表 5-3  "九五"期间农民收入和乡镇企业贡献比较

| 年份 | 农民人均收入 ||  农民人均收入中从乡镇企业获得的收入 ||
| --- | --- | --- | --- | --- |
| | 绝对值（元） | 增长（%） | 绝对值（元） | 占农民人均收入比重（%） |
| 1996 | 1926.07 | 22.1 | 575.05 | 29.9 |

---

① 西南财经大学农村金融报告：《农村民间借贷参与率 43.8%》，http：//bank.hexun.com/2014-04-21/164116328.html。
② 国家统计局农调总队课题组：《城乡居民收入差距研究》，《经济研究》1994 年第 12 期。
③ 林毅夫、李永军：《中小金融机构发展与中小企业融资》，《经济研究》2001 年第 1 期。

续表

| 年份 | 农民人均收入 绝对值（元） | 增长（%） | 农民人均收入中从乡镇企业获得的收入 绝对值（元） | 占农民人均收入比重（%） |
| --- | --- | --- | --- | --- |
| 1997 | 2090.13 | 8.5 | 612.86 | 29.3 |
| 1998 | 2160 | 3.34 | 686.78 | 31.8 |
| 1999 | 2210 | 2.34 | 724 | 32.4 |
| 2000 | 2253 | 2.1 | 760 | 33.7 |

资料来源：农业部乡镇企业局信息统计处：《"九五"期间乡镇企业发展对农民收入的贡献分析》，《中国乡镇企业会计》2001年第8期。

此外，农村金融体系发育落后，农民投资渠道单一，影响农民金融资产的收益水平，影响农民财产性收入增长。长期以来，农民金融资产少，以最主要的金融资产储蓄来看，人均储蓄水平很低。如在1978年农民的人均储蓄只有7.0元，1990年农民人均储蓄增加到218.9元，即使随着改革开放的深化和国民收入水平的提高，农民储蓄水平不断上升，但到2005年年末，农民人均储蓄也只有3301元，约为同期城镇居民人均储蓄的1/5（如表5-4所示）。在金融工具品种设计方面，农村可以用来投资并获得收入的金融工具单一，大部分农村居民能够接触到金融工具仅仅只有很多时候实际利率为负的储蓄存款，而城市则形成了多样化的、相对完善的金融工具和品种体系，不但有各种储蓄存款，还有股票、债券等金融资产品种。城镇居民相比农村居民则有更多的选择，证券市场、债券市场、基金以及银行推出银行理财业务，都可以使金融资产获得较高的收益。这种金融工具的城乡差异会进一步拉大城乡居民金融资产的收入差距，最终会对城乡整体收入差距的扩大起到推动作用。

表5-4　　　　　　　　城乡居民储蓄存款状况

| 年份 | 总计（亿元） | 城镇居民存款余额（亿元） | 农村居民存款余额（亿元） | 农村占总计百分比（%） | 城镇居民人均存款余额（元） | 农村居民人均存款余额（元） | 城镇居民人均存款相当于农村的倍数 |
| --- | --- | --- | --- | --- | --- | --- | --- |
| 1978 | 210.6 | 154.9 | 55.7 | 26.4 | 89.8 | 7.0 | 12.8 |

续表

| 年份 | 总计（亿元） | 城镇居民存款余额（亿元） | 农村居民存款余额（亿元） | 农村占总计百分比（%） | 城镇居民人均存款余额（元） | 农村居民人均存款余额（元） | 城镇居民人均存款相当于农村的倍数 |
| --- | --- | --- | --- | --- | --- | --- | --- |
| 1980 | 399.5 | 282.5 | 117.0 | 29.3 | 147.6 | 7.0 | 21.1 |
| 1985 | 1622.6 | 1057.8 | 564.8 | 34.8 | 421.5 | 69.9 | 6 |
| 1990 | 7119.8 | 5278.2 | 1841.6 | 25.9 | 1748.3 | 218.9 | 8.0 |
| 1995 | 29662.3 | 23466.7 | 6195.6 | 20.9 | 6671.6 | 720.9 | 9.3 |
| 1998 | 53407.5 | 42966.4 | 10441.1 | 19.5 | 11324.2 | 1201.9 | 9.4 |
| 2000 | 64332.4 | 51977.1 | 12355.3 | 19.21 | — | — | — |
| 2003 | 103617.31 | 85439.63 | 18177.68 | 17.54 | — | — | — |
| 2005 | 141050.99 | 116444.62 | 24606.37 | 17.45 | — | — | — |

资料来源：《中国金融年鉴》（1990—2006年）。

## 第三节　二元社会结构对农民社会权利的排斥及其对农民增收的影响

社会权利主要指对人的社会价值加以积极肯定和充分发展的权利，核心是"各种社会福利权利或各种受益权利"[1]，如向弱势群体提供医疗、失业、住房、教育和基本生活保障[2]，社会权利是比较文明和更为现代的事物。与公民其他权利不同，社会权利是一种积极权利。公民社会权利的落实，有赖于国家积极行为，国家需要采取积极的行动为这些权利的实现创设社会条件。

社会权利涉及的教育、医疗、社会保障等公共产品和公共服务，是现代人生产生活不可或缺的。拉尼斯指出，"仅仅以收入（指货币收入）为基础来定义贫困的方法有一个严重的缺陷，即它没有考虑对

---

[1] 俞可平：《社群主义》，中国社会科学出版社1998年版。
[2] R. 达仁道夫：《现代社会冲突》，中国社会科学出版社2000年版。

公共品，如医疗、教育、可饮用水的获得以及卫生的最低限度的支配权。"[1] 国际劳工组织在1976年的一篇研究报告中对贫困家庭的基本需要范围有两点规定："首先，它包括一个家庭在个人消费上的基本最低要求，如充足的食物、居所、服装、家庭设施和服务。其次，它包括由社会提供并使社会受益的基本服务，如安全饮用水、环境卫生、公共交通、健康与教育设施。"[2] 这里所讲的第二个方面的家庭基本需要就涉及政府提供的公共产品。教育、医疗、养老、生产经营信息、科学技术、道路通信等公共产品可降低人们生产或生活的成本，提高社会成员实际生活水平，变相增加社会成员的收入水平。此外，一些公共产品如教育还影响到人们未来在经济活动中获取报酬的能力。因而有人将各项公共产品看作一项间接收入。

我国宪法和有关法律对农民依法享有的各项社会权利做了明确规定，《宪法》第45条第1款规定："中华人民共和国公民在年老、疾病或丧失劳动能力的情况下，有从国家和社会获得物质帮助的权利。国家发展为公民享受这些权利所需要的社会保险、社会救济和医疗卫生事业。"《宪法》第46条规定："中华人民共和国公民有受教育的权利和义务。"改革开放后我国农民收入虽有较大增长，但与社会其他阶层相比，农民收入水平仍相对低下，作为社会的弱势群体，本应享受社会提供的各种保障和救济服务，但长期延续的城乡二元化的公共产品供给制度，使农民自身承担农村公共产品供给重担，形成农民的沉重负担，降低农民收入；同时，城乡二元的公共产品供给制度造成农村公共产品供给数量稀少、质量低下。公共产品二元化供给实质上剥夺或压缩了农民社会权利，制约了改革开放后农民收入的增长。下面对有关损害农民社会权利的具体制度进行进一步的分析。

### 一 农村公共产品供给制度

公共产品是指具有非竞争性与非排他性的产品。非竞争性指的是某一社会成员的使用不影响另一社会成员的使用；非排他性指的是无

---

[1] 费景汉、拉尼斯：《增长和发展：演进观点》，商务印书馆2004年版。
[2] 欧曼等：《战后发展理论》，中国发展出版社2000年版。

法把非付费的成员排除在外。农村公共产品是指在农村社区内的公共产品，主要用于满足农村工农业生产、居民生活、社会发展和生态环境改善等共同需要，在消费上具有非竞争性与非排他性的产品，农村公共产品既有纯公共产品，如农村环境保护、农业基础科学研究、农村义务教育等，也有准公共产品（农村社会保障、农村水利灌溉系统、农村道路建设、乡村电网建设）。

公共产品的非排他性和非竞争性决定了其供给主体应当是各级政府，其资金应通过政府税收方式筹集。公共产品成本负担应根据公共产品的性质和受益原则来决定，全国性的公共产品成本应由中央政府承担，地方性或社区性的公共产品成本应由地方政府或社区居民集体承担，但为了维护基本公共服务水平均等，中央政府也需要分担经济欠发达地区的公共产品成本。

在我国城乡二元社会体制下，公共产品供给也长期沿用城乡二元的"双轨制"，即城市实行的是以政府为主导的公共产品供给制度，而农村实行的是以农民为主的"自给"型公共产品供给制度。城市公共产品供给所需资金主要来自国家财政预算支出，除此之外，城市居民还大量享受政府的转移支付，以及政府对城市居民的暗补，如电、水、气、公共交通和公共设施补贴等。农村公共产品供给的成本则主要由农民来承担。

在改革开放前，农村公共物品供给表面上是农村集体经济组织，但由于公共物品成本通过农业税、公积金、公益金和管理费的形式在农民分配之前扣除，而实际上农民成为隐性的承担者。联产承包责任制实行后，农村集体经济组织分配主体地位不复存在，农户成为独立自主的经营单位和收入分配的主体，原来农村集体经济组织承担的成本分摊到各个农户，农村公共产品的负担显性化。1983年废除了人民公社后，乡镇政府作为基层政权，和村级组织一起担负起辖区公共物品供给职责。由于重建后的乡镇政府职能日趋复杂，机构不断扩大，人员不断增加，费用日益膨胀，依靠农业税等传统的制度内财政收入很难满足提供公共物品的需要。为解决乡镇财政的资金缺口，国家授予乡镇政府收费权，用于解决乡镇运转和提供农村公共物品。根据

1991年12月7日中华人民共和国国务院令第92号《农民承担费用和劳务管理条例》，国家明文允许的向农民收费项目有村级三项提留、乡级五项统筹①，如表5-5所示。这样，通过农业税（1994年后还有农业特产税）和制度外收费筹集资金提供农村公共物品制度开始形成，农民承担公共物品成本合法化、明确化。

表5-5　　　　　国家允许的向农民收费的项目

| 项目 | 具体内容 | 使用范围 |
| --- | --- | --- |
| 村提留 | 公积金 | 农田水利基本建设、植树造林、购置生产性固定资产和兴办集体企业 |
| | 公益金 | 五保户供养、困难户补助、合作医疗保健以及其他集体福利事业 |
| | 管理费 | 村干部的工资和管理支出 |
| 乡镇统筹 | 教育事业费附加 | 农村义务教育 |
| | 计划生育费 | 计划生育 |
| | 民兵训练费 | 民兵训练 |
| | 社会优抚费 | 社会优抚 |
| | 民办交通费 | 民办交通 |
| 义务工和积累工 | | 农田水利建设和修桥筑路等公益事业 |

资料来源：1991年12月7日中华人民共和国国务院令第92号《农民承担费用和劳务管理条例》。

1994年分税制财政管理体制改革后，稳定的优质税源开始向中央和省（区、市）集中，留给县乡基层的收入来源十分有限。而改革后经济社会不断进步，国家需要在农村积极推行各项社会事业发展，县乡基层事务繁杂，加之管理松弛、机构膨胀，开支不断增加，县乡财政入不敷出，在缺乏有效的转移支付情形下，基层政府就向农民伸手，随意收费，费多于税，农民负担日趋沉重。1994—1999年，农民人均纯收入年均实际增长5.4%，而农民人均农业税赋和社会负担却分别年均增长12.7%和29.3%，负担的增长速度远远超过收入增长，农民负担异常沉重，引发社会各界广泛关注。

在21世纪初农村税费改革启动之前，中国农村税费体系非常庞杂，农民负担非常沉重。据国务院税费改革工作小组办公室统计，1998年农民税费负担形式包括农业税、附加税、特产税、屠宰税、"三提五统"、教育集资以及以资代劳款、地方行政劳务收费、地方行政性收费等，仅中央国家机关所制定的向农民收费的项目就多达99项，要农民出钱、出物、出工的升级达标活动也有43项。1998年农民税费总额为1224亿元，全国农民人均承担的"提留""统筹"等费用有180多元，占上一年人均收入的10%以上，占上一年农民现金收入的16%，大大超过了中央规定的"农民负担不得超过上年纯收入的5%"的上限。农民负担严重超过其支付能力，各种"提留""统筹"严重挤占农民收入，影响农民生产和生活。[1] 此外，由于村级三项提留、乡级五项统筹是一种体制外资金筹集方式，未纳入预算管理，筹集和使用都非常混乱，缺少相应的监督制约机制，致使农民承担了沉重成本但却未享受到相应的高质量公共服务。

农民负担沉重引发各界关注，从2000年开始国家决定实施农村税费制度改革，最初在安徽省开展试点，2003年全面展开。农村税费制度进行改革主要内容可以概括为："三取消、两调整、一改革"。"三取消"，是指取消乡统筹和农村教育集资等专门向农民征收的行政事业性收费和政府性基金、集资；取消屠宰税；取消统一规定的劳动积累工和义务工。"两调整"，是指调整农业税政策和农业特产税政策。"一改革"，是指改革现行村提留征收使用办法。农村税费改革有力地遏制了乱收费，确实在一定程度上减轻了农民负担。2004年《中共中央、国务院关于促进农民增加收入若干政策的意见》提出"逐步降低农业税税率，同时取消除烟叶外的农业特产税"。2005年12月十届全国人大常委会第十九次会议经表决决定，农业税条例自2006年1月1日起废止，中国农民告别了有2600年历史的"皇粮国税"。此后，农村公共产品采取"一事一议"的筹资机制，但由于该机制实施上的困难，由农民筹资提供农村公共产品实施比较困难。

---

[1] 胡洪曙：《中国农村公共产品供给的制度分析与改革路径研究》，博士学位论文，中南财经政法大学，2005年。

在成熟的市场经济国家，农村基本公共产品供给主要由中央和地方政府提供，农村公共产品供给及税收的劫富济贫式再分配效应缩小了不同阶层收入水平及生活水平的差距。而我国改革后城乡很长一段时间内不合理的二元公共产品供给制度却在扩大着城乡收入差距。农村经济落后，农民收入微薄，本应享受国家给予的各种扶持和帮助，但在公共产品供给二元化体制下，收入水平较低的农民不仅大多未享受到应有的社会扶持和救济，还要在收入微薄的情况下缴纳农业税，甚至在已缴纳农业税无法满足农村地区公共产品供给需要的情况下，通过乡统筹和村提留以及义务工和劳动积累工等税外收费方式承担乡村范围内公共产品成本，严重违背税收的量能负担及公平原则。改革后大多数年份农民年人均纯收入不足2000元，达不到个人所得税的起征点（月工资800元），然而却需要交纳税率为15.5%左右的农业税，改革后农民仅税款一项人均支付额就为城市居民的9倍。[1] 且许多农民负担项目如义务教育、计划生育、优抚烈军属、复员退伍伤残军人、供养五保户、训练民兵，修建农村公路和农业水利设施并非社区性、地方性公共产品，是典型的全国性公共产品，是为全国人民的共同利益服务的，应由中央财政来承担，但当时制度却划归农民承担。[2] 二元公共产品供给制度以及与之配套的税费制度给农民这一低收入群体加上沉重的税费负担，严重违背了税赋的公平原则，违背城乡居民"权利平等、负担均衡"的基本规则，而且还加大收入差距。

### 二 农业补贴制度

农业是唯一提供人类基本生存资料和食品的特殊生产部门，农业发展所带来的充足稳定的食品供给是一国经济社会发展的基础，关系到一国政治和社会的稳定。除此之外，农业还具有植被国土、涵养水源、改良土壤、净化空气、美化环境等多种生态环境功效。然而，农业却是一个面临巨大自然风险和市场风险的弱质产业。农业生产作为

---

[1] 杨超：《论共同富裕的公共政策选择》，《求实》2001年第12期。
[2] 韩俊：《中国：由城乡分割走向城乡协调发展》，《中国经济时报》2004年3月19日。

生物再生产过程,各种自然灾害,如暴风雨、洪涝、干旱、冰雹、霜冻、病虫害等,都会给农业生产造成损害,轻则减产减收,重则绝产绝收。虽然现代农业科学技术日益发达,但人类尚无法完全避免自然灾害的发生。从市场风险来看,由于绝大部分农产品的需求价格弹性相对于工业品而言,都比较低,而农产品市场供给富于弹性,以至于农产品的需求量发生变化时,农产品的价格必然会出现较大幅度的涨跌波动,而这又会进一步放大农业生产经营的风险。加上农业生产周期长,若靠市场自发调节,则农产品的供给将难以及时适应市场价格的变化,由此导致农产品稀缺和过剩的波动效应再度放大,促使价格出现巨幅波动,农业活动也就承担着比其他行业更大的市场风险。[①]

正因为农业是一个极其重要的基础产业,农业所提供的粮食关系到国家安全和社会稳定,具有显著社会效益;且农业是一个面临自然和市场多重风险的弱质产业,因而世界上大多数国家和地区普遍采用多种形式的农业补贴来支持和保护农业发展,补偿农户收入机会成本,提高农民生产效益,把部分农户留在土地上,减少弃农从工、弃农从商,确保农业稳定,保障国家粮食安全。农业补贴是政府为支持农业农村经济发展促进农民增收而对农业生产、流通和贸易进行的转移支付。经济合作组织(OECD)认为,农业支持是"政府致力于增加农民收入或降低其成本而给予农民或整体农业的支持、补贴、协助和援助"。农业补贴的目的是通过转移支付实现调节资源配置,最终达成增加农民收入、保证粮食安全和提高本国农业可持续发展能力。

农业补贴形式多样,从农民受益方式看,可分为直接补贴和间接补贴。直接补贴就是直接对农民进行转移支付的政策,即国家或地区根据某种事先制定的标准,直接向农民提供补贴,如收入补贴,农民可以直接受益。而间接补贴农民只能间接受益,如农产品价格补贴,农业基础设施建设等。按保护价收购农民余粮的价格支持实质就是把保护价与市场价格之间的价差通过流通环节,以保护价形式补贴给农民。WTO《农业协议》按照是否对农产品价格和贸易产生显著性扭

---

① 朱启臻、张晖:《工业反哺农业的经济社会分析》,《林业经济》2008年第11期。

曲，将农业补贴分为绿箱补贴措施和黄箱补贴措施。绿箱补贴措施也称"支持性农业补贴"，指政府对农业部门的投资或支持，其中大部分是对科技、水利、环保等方面的投资，目前主要的"绿箱"政策措施包括：一般农业服务、粮食安全储备补贴、粮食援助补贴、与生产不挂钩的收入补贴、收入保险计划、自然灾害救济补贴、农业生产者退休或转业补贴、农业资源储备补贴、农业结构调整投资补贴、农业环境保护补贴以及地区援助补贴。"绿箱"政策措施一般不会对产出结构、农产品市场产生或带来直接、显著的扭曲性作用。而"黄箱"补贴措施也称"保护性农业补贴"，是指对粮食等农产品提供的价格、出口税收减免优惠或其他形式补贴，如对种子、肥料、农药、灌溉等农业投入品的补贴、对农产品营销贷款补贴、休耕补贴、牲畜数量补贴等。"黄箱"补贴措施往往会对产出结构和农产品市场价格和贸易产生或带来直接明显的扭曲。

　　农业补贴对农民增收的效果取决于农业补贴的数量和种类。不同种类农业补贴对农民增收的效果不同。收入补贴政策是政府不通过市场传递而直接把资金补贴给农民，政府的收入补贴资金形成农户的转移性收入，直接增加农民收入；收入补贴还可诱发增加农民生产投入扩大生产，进而通过产量的增加使农民收入增加；也可能会有一部分的收入补贴用于其他投资性经营活动，并促进农民收入增加，因而收入补贴增收效果往往是肯定的。生产补贴政策从短期来看能够促进生产，如粮食生产补贴政策有助于粮农降低生产成本、增加粮食生产，可提高和改进生产者的福利。但长期来看，由于粮食生产增长导致市场供给增加，进而可能导致市场上粮食均衡价格下降，影响农民收入和福利改进。因而政府在实施生产要素投入补贴政策的同时，必须出台配套的粮食价格支持政策，才能保证粮食生产补贴政策的长期增收效应。价格支持如粮食最低收购价格政策的短期效应是稳定粮食生产，长期效应则是诱导农业产业结构及农产品生产结构调整，可能会导致供给过剩。一些学者研究中国最低收购价格政策，发现价格支持增收效果不佳。

　　发达国家和地区进入工业化中期阶段后，农业已小部门化，农业在国民经济中的占比降到了一个很低的比例，而非农产业发展带来雄厚财力，具备了反哺农业的条件。为实现农业发展，提高农民收入，发达国家纷纷实施农业补贴政策。1933年美国通过的《农业调整法》（The Agricultural Adjustment Act of 1933），在全球率先对农业实施高强度补贴。1962年欧洲共同体开始实施以价格支持和出口补贴为核心的共同农业政策（Common Agricultural Policy，简称CAP），同时还对生产者进行直接补贴，以此来扶持农业发展。目前发达国家对农业补贴和支持力度都较大。如1995年，欧盟农业国内支持总量1165.38亿美元，占农业GDP比重的112%；美国农业国内支持总量609.26亿美元，占农业GDP比重的54%；日本农业国内支持占农业GDP比重的70%；发展中国家印度、巴西农业国内支持占农业GDP比重都超过了11%。[1] 进入21世纪以来，欧美等农业发达国家对农业补贴数额还在不断增大，且主要转向通过直接补贴方式进行，如2005年，美国农业总产值为738亿美元，补贴数额达到农业总产值的33.9%，美国农民从政府手中直接领到的现金补贴高达250亿美元。[2]

我国在计划经济时期就实施农业生产资料的价格补贴、农业用电补贴以及贷款贴息补贴等财政专项补贴项目，但由于这一阶段国家整体上在实施挖农补工政策，是从农业汲取资源，很难算作真正意义上的、实质性的补贴政策。改革后，为调动农民积极性，促进农业生产，国家在20世纪80年代多次提高粮、棉、油等农产品收购价格（合同订购价格），进入20世纪90年代后，除了多次提高农产品合同订购价格，政府还在粮食供过于求显著过剩的情况下实施最低保护价制度，敞开收购农民余粮；并建立粮食风险基金和储备体系。从改革开放到20世纪末，我国农业补贴政策是以粮、棉、油价格支持政策为核心，配合实施粮食保护价收购政策。补贴资金主要用于支付粮食流通企业的经营费用和购销差价，财政对农业生产过程的

---

[1] 何振国：《财政支农规模与结构问题研究》，中国财政经济出版社2005年版。
[2] 张淑杰：《农业补贴政策效果评价研究》，博士学位论文，河南农业大学，2012年。

直接补贴相对较少。农民通过市场交易间接获益，收入水平有所提高。农民从事粮食生产的积极性得到保护，农业得以稳定发展。

20世纪90年代末，得益于农业的持续发展，我国农产品供给摆脱了长期短缺的局面，呈现供求基本平衡、丰年有余格局。面对新的形势，国家农业补贴政策进行重大调整，开始由注重增加农产品产量转向保护农民利益，防止农民尤其是种粮农民收入下滑成为农业补贴政策的重要出发点。同时国家还强化财政投入力度、扩大农业补贴范围并改革补贴方式。2002年国家开始在安徽、吉林、湖南等粮食主产区进行粮食补贴方式改革试点，2004年中央明确提出强化对农业的支持保护，粮食直接补贴（以下简称粮食直补）政策开始由安徽、吉林等试点地区推广到全国，同时开始实行良种补贴和农机购置补贴。2006年国家开始实行农业生产资料（柴油、化肥、农药等）综合直接补贴，2007年中央一号文件《中共中央国务院关于积极发展现代农业　扎实推进社会主义新农村建设的若干意见》中明确提出加大对"三农"的投入力度，规定种粮农民直接补贴的资金要达到粮食风险基金的50％以上，并首次实施农业保险补贴支出。后陆续实施产粮大县补贴奖励、产油大县补贴奖励、能繁母猪补贴、测土配方施肥补贴、农业保险保费补贴、科技入户技术补贴、新型农民培训补贴等。此外，国家为改善农业生产条件，提高农业综合生产能力及现代化水平，相续设立了一系列农业一般服务支持措施，如大型商品粮生产基地建设、田间工程及农技服务体系建设等。总之，2003年后国家坚持"工业反哺农业、农民直接受益"的思路，推行一系列对农业、农村和农民的补贴政策，补贴项目越来越多，补贴范围越来越广，补贴力度越来越大，正在实现由挖农补工向反哺农业的转化。

从改革开放后整体来看，受经济发展水平和财力限制，我国财政支农水平偏低。尽管政府用于农业支出的绝对量有所增加，但财政用于农业支出占全部财政支出的比重却从1978年的13.4％下降到2001年的8％。与此同时，国家涉农税收却大大增加，1978—2001年，农业各税和乡镇企业税金由54亿元增加到2594亿元，年均递增幅度达到20.3％。按财政对农业补贴占农业增加值比重来度量，1985—

1997年，我国财政支农支出总量（中口径财政支农）占农业增加值比重一直徘徊在5%—6%。我国政府财政农业补贴不及美国联邦政府同期农业预算的1/5，补贴总量还远低于WTO《农业协定》中"黄箱补贴"允许的8.5%的水平。与美国、加拿大、日本和欧盟等发达国家相比，我国政府财政农业补贴支持投入严重不足。同时，改革后我国长期实行价格调整和保护价收购，财政补贴主要是给流通领域补贴，农民能真正享受到的补贴数额很少。如以2001年为例，当年我国财政农业支持总量为2047.58亿元（预算执行数），其中农业基本建设、农业综合开发和扶贫支出合计678.15亿元，占33.1%；支援农村生产支出、农林水气象部门事业费支出合计708亿元，占34.6%；流通补贴617亿元，占30.1%，其余占2.2%。有相当一部分补贴流失在粮食流通领域，用于支付人员经费和弥补经营亏损，而农民得到的很少。2004年后，政府先后实施种粮农民的直接补贴制度、购买农机具补贴和良种补贴，对农业的支持力度不断加大，但总体来看，国家对农业的保护支持力度还十分有限，农民所得到的补贴支持水平还非常低，如2004年陕西开始实行粮食直补，农民由此而人均增收9.98元，户均增收只有41.25元，近年来虽有增加，但农民人均获得的补贴水平仅达到400元左右，占农民收入比例不足5%。与国外发达国家相比，我国农民获得的财政补贴无论是绝对量还是相对量都偏小。

正因为国家长期实行挖农补工政策，对处于弱势的农业和农民几乎未给予补贴，导致转移性收入在农民收入中所占比重很低，城乡居民转移性收入差异远大于收入水平差异。如表5-6所示。

表5-6　　　　城乡居民转移收入及其在收入中所占比重

| 年份 | 城镇居民转移性收入 数额（元/人） | 在人均可支配收入中的比重（%） | 农村居民转移性收入 数额（元/人） | 在人均纯收入中的比重（%） | 城乡居民人均收入之比 | 城乡居民人均转移性收入之比 |
|---|---|---|---|---|---|---|
| 1990 | 328.4 | 21.7 | 29 | 4.2 | 2.2 | 11.3 |
| 1995 | 725.8 | 16.9 | 57.3 | 3.6 | 2.7 | 12.7 |

续表

| 年份 | 城镇居民转移性收入 数额（元/人） | 城镇居民转移性收入 在人均可支配收入中的比重（%） | 农村居民转移性收入 数额（元/人） | 农村居民转移性收入 在人均纯收入中的比重（%） | 城乡居民人均收入之比 | 城乡居民人均转移性收入之比 |
|---|---|---|---|---|---|---|
| 2000 | 1440.8 | 22.9 | 78.8 | 3.5 | 2.8 | 18.3 |
| 2003 | 2112.2 | 23.3 | 96.8 | 3.7 | 3.2 | 21.8 |
| 2004 | 2320.7 | 22.91 | 115.5 | 3.9 | 3.2 | 20.1 |
| 2005 | 2650.7 | 23.41 | 147.42 | 4.53 | 3.22 | 17.98 |
| 2006 | 2898.7 | 22.79 | 180.78 | 5.03 | 3.28 | 16.03 |
| 2007 | 3384.6 | 22.70 | 222.25 | 5.37 | 3.33 | 15.23 |
| 2008 | 3928.2 | 23.02 | 323.2 | 6.79 | 3.31 | 12.15 |
| 2009 | 4515.5 | 23.94 | 398 | 7.72 | 3.33 | 11.35 |
| 2010 | 5091.9 | 24.21 | 452.9 | 7.65 | 3.23 | 11.24 |
| 2011 | 5708.6 | 23.81 | 563.3 | 8.07 | 3.13 | 10.13 |
| 2012 | 6368.1 | 23.62 | 686.7 | 8.67 | 3.10 | 9.27 |
| 2013 | 7010.3 | 23.72 | 784.3 | 8.82 | 3.03 | 8.93 |

资料来源：2004年之前数据，转引自张晓山《农民增收问题的理论探索与实证分析》，经济管理出版社2007年版；2005年之后数据根据《中国统计年鉴》（2006—2014年）计算整理。

### 三 农村教育投入制度

教育是提升人力资本、增强受教育者知识和技能、提高受教育者未来收入的重要途径。世界银行研究报告显示，在年龄、工种和其他因素为既定的条件下，受教育水平越高，所获得的工资就越高。[1] 发展农村教育，提高农民及其子女人力资本水平，能增强农村人口从事农业经营能力和参与现代经济活动能力，有助于促进农民增收、遏制贫困代际传递。但在城乡二元的社会体制下，城市教育基本上由国家包揽下来，而农村居民教育经费主要由农民自己承担，造成农民负担沉重；并由于农村教育投入制度缺陷，农村教育质量低下，农民继续

---

[1] 江学时：《拉美国家收入分配为什么如此不公》，载景天魁《收入差距与利益协调》，黑龙江人民出版社2006年版。

教育缺失，流动儿童少年就学困难重重，影响了农民及其子女人力资本水平提高，影响农民收入增长。

改革开放前，国家教育投资采取官办与民办相结合的体制。新中国成立初期，规定"各大行政区、省（市）管理的县立中学以上教育事业费，分别列入各大行政区及省（市）预算内，乡村小学、教育馆的经费，可由县人民政府随国家公粮征收地方附加公粮解决，但地方附加公粮不得超过国家公粮的15%"。[①] 1958年后，国家对中小学实行"条块结合，以块为主"的管理体制，全部小学、中学的设置和发展，无论公办和民办，都由地方自行决定。这样，农村地区学校的建设和运行就由农村基层县乡村负责。具体做法是，公办的一般全日制小学由公社直接管理，民办小学由生产大队直接管理。在实际运作中，不少地方甚至将部分初级中学也下放到公社管理。这样，农村小学和初中基础教育经费主要由农村集体进行投资。

1985年《中共中央关于教育体制改革的决定》发布，鼓励各民主党派、人民团体、社会组织、集体单位和个人，"采取多种形式和办法，积极地自愿地为发展教育事业贡献力量"。[②] 1986年颁布的《中华人民共和国义务教育法》规定我国的义务教育实行"地方负责，分级管理"的体制，把办学权、管理权下放给地方，"县、乡、村三级办学，县、乡两级管理"。"地方负责、分级管理"的教育投资制度在农村地区逐渐演变为"县办高中、乡办初中、村办小学"的分级办学模式。《义务教育法》规定义务教育所需的事业费和基本建设投资由国务院和地方各级人民政府负责筹措；地方各级人民政府可按规定征收教育事业附加费，用于实施义务教育。义务教育基本建设投资，采取地方拨款、群众捐资相结合的办法筹集，其中农村中小学的校舍投资，以乡、村自筹为主，中央只负责对经济困难的地区予以适当补助。这一制度安排，使乡镇一级政府（包括村）承担了绝大部分

---

[①] 《中国教育年鉴》编辑部：《中国教育年鉴（1949—1981年）》，中国大百科全书出版社1994年版。

[②] 王炳照：《中国私学·私立学校·民办教育研究》，山东教育出版社2002年版。

的农村义务教育经费，包括解决校舍危房、拨付农村中小学公用经费、改善办学条件、提高教师待遇、筹措解决民办教师工资以及管理学校财产等。据统计，1988年在我国中小学教育经费来源构成中，中央预算内经费所占比重仅为9.15%，地方预算内经费所占比重高达90.85%。① 据国家教育发展研究中心对全国7省26个县的抽样调查，1998年样本县义务教育经费总支出（含预算外经费）中各级政府负担的比例是：县以上各级财政的教育补助专款约占12%，县财政约占9.8%，其余78.2%为乡村负担。② 南京大学社会系教授张玉林估算，20世纪最后10年，全国对农民征收的"教育附加费"和各种"教育集资"，最保守的估计也在1500亿元。③ "分级管理"的基础教育投资制度使农村义务教育投入主要依靠农民上交的农业税、教育费附加、教育集资来维持运转，农民成为教育成本的主要承担者。

除了普遍承担教育的基础设施投资和运转经费外，农村学生家庭还得承担一定数量的杂费。1986年《中华人民共和国义务教育法》规定对义务教育"免收学费"而不免"杂费"，在县乡基层财政财力不足情况下，"杂费"成为仅次于财政预算内教育经费的第二大来源，沈百福的研究结果显示，全国各地收取的学杂费由1987年的12亿元增加到2000年的594.8亿元，增长了近49倍，学杂费占地方教育经费的比例也由1987年的3.7%提高到2000年的15.45%。笔者对陕西资料分析也发现，陕西农民人均教育消费支出由1985年的3.44元上升到2004年的194.72元，上升幅度达5560%（未剔除物价上涨因素。这一时期农村学生课外进入教学辅导机构很少，教育支出主要是交给学校的学杂费和书本费），远高于同期农民人均纯收入的增幅533%，农民人均教育消费支出占人均纯收入的比重由1985年的

---

① 沈百福：《地方教育投资研究》，北京师范大学出版社2003年版。
② 柳斌、马昌博、徐卓君：《义务教育，这20年为什么这么难?》，《南方周末》2006年10月20日。
③ 张玉林：《目前中国农村的教育危机》，《战略与管理》2004年第4期。

1.17%上升到的2004年10.43%,其中,2003年甚至达到12.45%。[①] 改革后我国农民教育消费支出占其收入的比重上升与发达国家情况有很大不同,发达国家教育支出占居民收入比重上升往往是居民生活水平提高的结果,而我国农民教育消费支出占收入比重提高主要是由于特殊教育财政制度安排,在国家对农村教育投入不足的情况下农民被迫承担教育成本,它降低了农民实际生活水平。

农民教育负担沉重被社会各界所诟病。在农村税费改革之际,国务院2001年出台了《国务院关于基础教育改革与发展的决定》,提出了义务教育管理实行"由地方政府负责,分级管理,以县为主"的体制,实现了由乡镇配置教育资源到县域内统筹配置教育资源的转变。随着农业税取消,县级财政收入锐减,也无力支持义务教育运转开支。2005年12月,在《国务院关于深化农村义务教育经费保障机制改革的通知》中把农村义务教育支出全面纳入公共财政保障范围,建立中央和地方按比例、分项目负担的农村义务教育经费保障机制。2006年6月修订的《中华人民共和国义务教育法》,提出义务教育经费投入实行国务院和地方各级人民政府根据职责共同负担,省、自治区、直辖市人民政府负责统筹落实的体制。农村义务教育所需经费由市县统筹过渡到了省、自治区和直辖市统筹,农村教育经费主要依靠农民自筹的局面才得到根本改变。

在改革后教育投入地方化的机制下,由于地区和城乡之间经济发展水平的差别,导致不同地区之间、城乡之间义务教育的条件、水平和质量的巨大差距,造成义务教育发展严重失衡,阻碍了义务教育的落实。仅1983年到1998年,因无校就读而失去初中受教育机会的农村孩子的总量为7148万人,平均每年失学量为476万人。[②] 到2006年,在国家提出"普九"目标20年后,全国还有10%的县级单位未实现"普九"。一些地方为节省教育经费,过度推行"撤校并点",

---

① 王恩胡:《陕西农民收入问题与对策研究》,载陕西省社会科学界联合会编《和谐陕西研究报告》,陕西人民出版社2006年版。

② 《中国统计年鉴》(1999),中国统计出版社1999年版。

教育资源供给稀缺,教育供给的便利化程度降低,加大了学生负担。据某省督学调研,在 J 市 A 县,1991 年全县小学(包括初小及"一师一校"教学点,下同)有 458 所;到 2000 年,全县小学减少到 330 所,而到了 2011 年只剩 169 所。20 年间,小学由 458 所减少到 169 所。而该县面积 2051 平方公里,有 1835 个自然村,且以丘陵山川为主。20 年前每 4 个自然村有 1 所小学;20 年后该县每 11 个自然村才有 1 所小学,农村少年儿童接受教育的便利程度大大降低。撤校并点确实可以节约地方政府的教育支出,但这种公共服务的收缩却导致受教育学生个人经济成本的上升,带来受教育学生的心理成本、时间成本和安全成本的增加,损害了农民及其子女的权益。

农村教育经费的短缺,还导致农村教育的质量和水平远远低于城市教育。从师资方面来看,城市普通小学教师中大专及以上文化程度的教师比例比农村高出近 1 倍,普通中学教师中大学及以上文化程度的教师则超出更多(如表 5-7 所示);而从教师负担学生数来看,城镇也占优势(如表 5-8 所示)。

表 5-7　　　　城乡专任教师学历程度比较(2004 年)　　　　单位:%

|  | 全国 | 城市 | 农村 |
| --- | --- | --- | --- |
| 小学教师合格率 | 98.31 | 99.46 | 97.78 |
| 小学教师文化程度在大专及以上的比例 | 48.76 | 71.34 | 40.14 |
| 中学教师合格率 | 93.79 | 97.73 | 91.31 |
| 中学教师文化程度在大学及以上的比例 | 29.13 | 55.03 | 18.99 |

资料来源:根据《中国教育统计年鉴》(2004 年)计算整理。

表 5-8　　　　　　城乡教师负担学生数比较　　　　　　单位:人

| 年份 | 普通中学教师负担学生数 || 普通小学教师负担学生数 ||
| --- | --- | --- | --- | --- |
|  | 城镇 | 农村 | 城镇 | 农村 |
| 1997 | 15.36 | 18.44 | 21.87 | 25.39 |
| 1998 | 15.58 | 18.75 | 21.83 | 25.16 |
| 1999 | 16.17 | 19.36 | 21.17 | 24.21 |

续表

| 年份 | 普通中学教师负担学生数 ||  普通小学教师负担学生数 ||
| --- | --- | --- | --- | --- |
|  | 城镇 | 农村 | 城镇 | 农村 |
| 2000 | 17.05 | 20.09 | 20.66 | 23.12 |
| 2001 | 17.93 | 19.9 | 19.65 | 22.68 |
| 2002 | 18.29 | 20.01 | 19.48 | 21.9 |
| 2003 | 16.13 | 17.32 | 17.08 | 19.64 |
| 2004 | 15.69 | 16.85 | 17.09 | 18.88 |

资料来源：根据《中国教育统计年鉴》（1997—2004年）计算整理；教师负担学生数为在校学生数与职工总数的比例。

此外，改革后教育经费筹措制度及户籍制度还直接影响到流动少年儿童教育。随着劳动力流动加速，越来越多的少年儿童也随父母进入城市，但由于没有当地户口，农民工子女无法在城市接受义务教育，或者面临高收费的窘境。1998年3月国家教育委员会和公安部联合发布《流动儿童少年就学暂行办法》，规定流动儿童少年就学，以在流入地全日制公办中小学借读为主，也可以入民办学校、全日制公办中小学附属教学班（组）以及专门收流动儿童少年的简易学校接受义务教育。但文件规定："招收流动儿童少年的全日制公办中小学，可依国家有关规定按学期收取借读费。"此办法出台对解决流动儿童少年接受的教育问题发挥了积极作用，但根据此办法，流动儿童少年接受的义务教育变成了收费的义务教育。由于复杂的原因，改革后城市地区的借读费高昂，已让少数跨区就学的城市学生家长感到不堪重负。农民工收入微薄，却要支付高昂借读费。城镇居民收入丰厚，大多数却无须缴纳额外费用，这对无城市户口的农民工子女来说，十分不公，严重影响其受教育权益。

农村教育投入不足严重影响到农村人力资本积累水平，形成城乡之间知识鸿沟，制约着农民生产经营的能力，制约着农民走出农村，参与现代社会经济生活等能力。2002年国家统计局农调总队对全国30个省（区、市）6万多农户、18万多农村劳动力进行的抽样调查显示，样本农户既有的人力资本存量为：初中及以下程度劳动力的比重高达87.8%，其中文盲或半文盲劳动力占劳动力总数的7.4%，小学程度的为31.1%，初中程度的为49.3%；初中以上程度劳动力仅占12.2%，其中高中程度的为9.7%，中专程度的为2.0%，大专及以上程度的比重为0.5%。在农村劳动力中，近80%的劳动力没有特别技能，有14%的劳动力掌握了工业、建筑业和服务业的技能，2.8%掌握驾驶技术，3.2%掌握农业技术。[1] 根据2010年第六次人口普查数据，计算城乡居民人力资本积累水平，发现全国农村地区6岁及以上人口平均受教育年限为7.58年，相当于初中文化水平，而城市地区6岁及以上人口平均受教育年限为10.57年，平均受教育水平达到了高中程度；农村地区文盲人口占15岁及以上人口比重为7.26%，而城市地区文盲人口占15岁及以上人口比重只有1.9%，农村教育投入不足严重影响农民人力资本积累水平。而现代社会被称为知识经济的时代，现代农业及农村经济发展需要有文化、懂技术、会经营、高素质的农民，农村剩余劳动力外出务工也需要掌握一定技能，受教育水平、知识和技能与其收入水平密切相关，农村劳动力的文化和专业技能水平低，制约着农民收入的增长。

### 四 农村社会保障制度

1. 社会保障概念和内容

"社会保障"（Social Security）一词最早出现在美国1935年颁布的《社会保障法》中。作为一种社会政策，各国对其解释不同。英国《贝弗里奇报告》将社会保障定义为一种公共福利计划，是"指人们在失业、疾病、伤害、老年以及死亡、薪金中断时，予以经济援助，并辅助其生育婚丧的意外费用的经济保障制度"。[2] 美国《社会福利辞典》的界定为："社会保障是对国民可能遭遇到的各种危险如疾病、老年、失业等加以保护的社会安全网。"[3] 尽管各国社会管理理念有一定差异，对社会保障的定义各不相同，社会保障的内容和范围差别很

---

[1] 李仙娥：《人力资本投资在农村剩余劳动力转移中的作用分析》，《经济纵横》2003年第3期。
[2] 郑功成：《社会保障概论》，武汉大学出版社1994年版。
[3] 任保平：《中国社会保障模式》，中国法制出版社2001年版。

大，但将保障国民最基本的生活需求作为社会保障的宗旨是一个为世界各国广泛认可并沿用至今的基本思想。社会保障指国家通过立法，积极动员社会各方面资源，保证无收入、低收入以及遭受各种意外灾害的公民能够维持生存，保障国民在遇到失业、疾病、伤害、老年等困难时基本生活需求不受影响的制度安排。

2. 农村社会保障：计划模式的瓦解及市场模式的探索

我国社会保障制度从新中国成立后就一直呈现着典型的"二元"状态。新中国成立后不久，在全国城镇范围内建立起了劳动保险，绝大多数企业职工都享有"一揽子"社会保险。"文革"后，社会保障被企业保障所代替，职工及其家属的生老病死均由企业承担。在计划经济高就业政策条件下，城市居民生活得到了全方位、高水平的保障。这一时期农村居民依靠农村集体组织和政府帮助也发展起一些保障，如自然灾害时的政府转移支付、集体经济（生产大队）支持的"五保"和合作医疗，不过这些项目很不规范，且保障力度很弱，农民主要还是依靠家庭保障。

随着联产承包责任制等农村改革措施的实施，农村集体经济时代建立的合作医疗制度、五保户制度等社会保障制度因失去了原有的经济基础而趋于瓦解，保障体系网被破坏，20世纪80年代农村社会保障逐步陷入停顿。而城市改革起步较晚推进较慢，原有的社会保障体系一直延续到90年代。随着国家倡导建立社会主义市场经济体制，城市的社会保障制度逐步过渡到以社会保险为核心的新型社会保障体制，城市养老保险和医疗保险制度迅速转型到位，并建立了失业保险制度、工伤保险制度、女工生育保险制度和最低生活保障制度等。

20世纪90年代，在农村原有集体保障中断近十年后，农村社会保障缺失引起国家的重视，我国开始探索建立适合市场经济新条件的农村社会保障体系，开展合作医疗、社会养老保险和最低生活保障制度试点。

（1）医疗保险。家庭联产承包制实施后，集体经济时代的农村合作医疗几近瓦解，农民看病难、看病贵及因病致贫问题日趋严重。进入20世纪90年代，国家财政开始加大对农村卫生资源的投入，加强农村乡镇卫生院、卫生防疫站、妇幼保健站建设（即"三项建设"）。但很快发现农村卫生工作的主要矛盾是有效需求不足而非供给不足。在当时许多农民因经济约束有病不能医，一些地方农民应住院而因经济原因未能住院的比例竟高达35.1%，而另一方面农村基层卫生院医疗资源大量闲置，1994年全国乡镇卫生院的平均病床使用率仅为76.8%。于是20世纪90年代中期政府开始将农村卫生工作的重点转到了重建农村社会健康保障制度、提高农民医疗有效需求上来。1997年，国务院批复卫生部《关于发展和完善农村合作医疗若干意见》，重建农村合作医疗制度的努力达到一个高潮。但由于经济条件等多方面原因，截至1997年年底，已开展合作医疗的行政村和人口覆盖率只有23.57%和22.23%，仅在上海、江苏等一些发达地区覆盖率较高，达到70%—80%。

（2）养老保险。1992年1月民政部颁布了《农村社会养老保险基本办法》，制定以县为单位开展农村社会养老保险，确立了以个人缴纳资金为主、集体补助为辅、国家予以政策扶持的模式；确定了坚持自助为主、互济为辅、社会养老保险与家庭养老相结合的原则。1995年10月，国务院转发了民政部《关于进一步做好农村社会养老保险工作的意见》，全国有26个省（自治区、直辖市）政府相继颁发了开展农村社会养老保险工作的地方性法规和文件。到1997年年底，全国已有31个省（市、区）的2000多个县（市、区、旗）开展农村社会养老保险工作，有8280万农村人口参加了农村社会养老保险。[①]尽管各地积极探索构建市场经济条件下农村养老保险体系，农村养老保险试点取得了一定的成绩，但由于缺少国家投入支持，加之农民经济条件较差，农村养老保险试点存在覆盖面小、共济性差等缺陷，如1998年全国80%以上的县进行了养老保险试点，却只有12%的应参保人参保。1999年，国务院决定社会养老保险停止接受新业务，对已有的业务清理整顿，农村养老保险只在一些经济发达地区试点。

（3）农村最低生活保障制度。最低生活保障是指国家对家庭人均

---

[①] 赵殿国：《农村养老保险工作的回顾与探索》，《人口与计划生育》2002年第5期。

收入低于当地政府公告的最低生活标准的人口给予一定现金资助，以保证该家庭成员基本生活需要的社会保障制度。最低生活保障线即贫困线。农村最低生活保障制度是一种解决农村贫困问题的补救机制。1994年山西省阳泉市率先开展农村最低生活保障制度的试点，1995年全国民政厅局长会议提出仿照城市最低生活保障制度，有步骤地在农村进行最低生活保障制度的试点。在1996年年底民政部发的《关于加快农村社会保障体系建设的意见》、《农村社会保障体系建设指导方案》文件中，明确要求开展农村社会保障体系建设的地方，都应该把建立最低生活保障制度作为重点，即使标准低一点，也要把这项制度建立起来。在东部沿海一些发达地区进行小规模的探索和试验。如浙江、广东建立了城乡一体化的最低生活保障制度。截至2003年年底，有367.1万村民、176.8万户家庭得到了最低生活保障。①

尽管20世纪90年代国家开展了一系列建立农村社会保障体系的尝试，但由于认识上的偏差，加之国家财政困难，缺少投入，农村社会保障仅在个别地方试行，整体上处于缺失状态。

3.21世纪农村社会保障体系的构建

进入21世纪，随着经济的发展和财力的增加，国家涉农政策发生了重大变化，开始实行一系列支农惠农政策，反哺农业和农村。在国家加大投入推动下，各项农村社会保障制度从无到有，迅速发展，初步建成了覆盖近9亿农民的、涵盖主要领域的农村社会保障体系。

新的农村社会保障体系建设首先从农民最迫切的医疗保险开始。2002年12月党中央、国务院做出《关于进一步加强农村卫生工作的决定》，决定从2003年起在全国部分县开展试点，逐步在全国农村建立新型合作医疗制度。"新农合"由政府组织、引导、支持，农民自愿参加，个人、集体和政府多方筹资，实现农民医疗互助共济。2004年全国31个省、自治区、直辖市共有333个县（市）开展了新型农村合作医疗试点工作，实际参加新型农村合作医疗的农民为8040万人，筹集合作医疗资金32.83亿元，5200多万农民得到了合作医疗报

---

① 赵航：《浅析我国农村社会保障制度现状及发展》，《经济师》2005年第6期。

销补偿。①2007 年新农合试点扩大到全国 86% 的县，参加新型农村合作医疗的农民已有 7.3 亿人。②2010 年新型农村合作医疗制度逐步实现基本覆盖全国农村居民。"新农合"实施以来各级财政对新农合人均补助标准逐年提高，由最初的每人每年 20 元提高到 2015 年的 380 元，参保人员政策范围内住院费用报销比例也在不断提高。

2002 年党的十六大提出"有条件的地区探索建立农村低保制度"后，农村最低生活保障制度迅速在全国各地推广开来。2005 年"十一五"规划的建议中提出"有条件的地方要积极探索建立农村最低生活保障制度"；2007 年《中共中央国务院关于积极发展现代农业扎实推进社会主义新农村建设的若干意见》明确提出，要在全国范围建立农村最低生活保障制度，国务院下发了《国务院关于在全国建立农村最低生活保障制度的通知》（国发〔2007〕19 号），要求在全国范围内建立农村低保制度，将符合条件的农村贫困人口全部纳入保障范围。到 2007 年年底，全国 31 个省区市的所有涉农县（市、区）都出台了农村低保政策，普遍建立和实施了农村最低生活保障制度，农村享受低保人数已达 3451.9 万（1572.5 万户）。根据民政部的统计数据，2013 年 11 月全国农村居民最低生活保障户数 2902.1 万户，农村居民最低生活保障人数 5370.8 万人，农村最低生活保障支出水平 106.7 元/月·人。但从目前总体来看，我国农村低保制度还存在经费不足、救助面小和救助标准低等问题，未能做到应保尽保。

农村社会养老保险起步虽晚，但发展较快。2009 年国家决定开展新型农村社会养老保险（以下简称新农保）试点，着手解决农村居民老有所养问题。新农保按照"保基本、广覆盖、有弹性、可持续"原则，从国家财力和农村实际出发，低水平起步，筹资标准和待遇标准考虑经济发展及各方面承受能力。新农保基金由个人缴费、集体补助、政府补贴构成，新农保支付包括基础养老金和个人账户的养老金

---

① 高尚全：《"十一五"时期要尽快解决困难群体的社会保障问题》，www.cdi.com.cn。

② 国家发展和改革委员会：《关于 2007 年国民经济和社会发展计划执行情况与 2008 年国民经济和社会发展计划草案的报告》，《人民日报》2008 年 3 月 21 日。

两部分，政府对符合领取条件的参保人全额支付新农保基础养老金，直接补贴到农民的头上。个人账户的养老金根据个人缴费多少在达到一定年龄后领取。新农保 2009 年开始试点，2010 年新农保试点扩大到全国 23% 左右的县。2011 年内覆盖面达到 60%，到 2012 年基本实现了社会养老保险制度全覆盖。新农保填补了农村居民养老保险长期以来的制度空白，是我国社会保障事业发展的重要里程碑。通过对农村居民推行普惠制的养老保险，减轻了农民的生活负担，缩小了城乡之间的社会保障水平，有助于加快农村劳动力的正常流动。

流动农村务工人员社会保障。随着劳动力流动加速，经济社会发展水平较高的各农民工输入地先后把农村流动劳动力纳入当地社会保障体系。广东省 1993 年制定社会保险政策时就把农民工纳入参保范畴，1998 年起实施《广东省社会养老保险条例》，率先在农民工中推行强制性社会养老保险，2004 年 1 月，广东修订通过了《广东省工伤保险条例》，明确要求将外来工纳入工伤保险覆盖范围。2001 年，深圳出台了《深圳经济特区企业员工社会养老保险条例》，外来人员只要累计缴满 15 年的社会养老保险费，并达到退休年龄，就可以像本地户口的员工一样享受按月领取养老金的退休待遇。上海、北京、广西、成都、郑州、山西等其他地区也先后出台有关农民工社会保障方面的法律法规。[①] 但由于社保缴费需要按照当地城镇职工平均工资为基数计算，而农民工工资较低，缴费负担较重，这种制度缺陷导致外来农民工参保率不高。以广州、深圳为例，文件虽然规定外来农民工与户籍居民一样享有失业保险、养老保险、工伤保险、大病医疗保险，但由于社会保险的缴费率是以上年度市一级城镇职工月平均工资为缴费基数的，而农民工的工资水平远远低于当地职工月平均工资，缴费水平往往超出了农民工的承受能力。2001 年深圳的企业为员工购买全部法定社会保险，企业和员工共需缴纳 278.4 元，相当于 2000 年深圳村镇企业平均工资的 47.35%，如果只缴纳养老保险，员工个人至少缴纳 57.6 元，接近工人平均工资的 10%。过高的缴费率导致

---

① 新华网，2004 年 6 月 4 日。

企业和员工都不愿意参加社会保险。许多企业通过买总数的办法逃避为员工缴纳社会保险的义务。员工同企业解除劳动关系后，要接续社会保险，不仅要负担个人应缴纳的费用，而且要补缴应由企业过去负担的费用，且国家缺少社会保障跨省转接办法，农民工回到家乡或跨省流动无法继续参加养老保险，导致大多数农民工实际上未被社会保险体系覆盖。①

4. 改革开放后农村社会保障体系存在的问题

总体来看，从改革开放到 21 世纪初，我国农村社会保障基本处于缺失状态，联产承包责任制的实施使原有农村社会保障体系基本瓦解，而政府在社会保障提供上的缺位导致 20 世纪 90 年代后构建市场经济条件下的农村社会保障体制的探索成效不彰。进入 21 世纪后国家加大了对农村地区社会保障投入力度，农村社会保障事业进步很快，新型合作医疗保险、新型农村养老保险已基本实现全覆盖，农村最低生活保障制度已成体系。从整个改革开放后发展情况来看，特别是与城市地区社会保障项目相比，农村社会保障存在体系不全、覆盖面窄、保障水平偏低等问题。

（1）农村社会保障体系不健全。改革开放后很长一段时间，我国农村社会保障基本陷入空白状态，原有项目停顿了，新项目迟迟不能开展。整个 20 世纪 80 年代，农村社会保障陷入瓦解，90 年代只在全国部分地区存在零星的医疗和养老保险项目试点，绝大多数农村地区未建立起现代意义上的社会保障项目，且启动的社会保障项目未形成体系，往往仅试点单一社会保障项目，相互配套性差。进入 21 世纪，国家实行反哺农业政策，陆续实施新型合作医疗和农村最低生活保障制度及新型农村养老保险项目，建立了农村最低生活保障制度，覆盖农村的社会保障体系逐步建立。但目前缺少专门针对农村鳏寡孤独、残疾人员、失业人员等特殊弱势群体的保障。

（2）农村社会保障覆盖面窄。改革开放后相当长一段时间，我国

---

① 刘开明：《探索劳工保护的创新道路》，载北京大学法学院人权研究中心《以权力为基础促进发展》，北京大学出版社 2005 年版。

社会处于转型过程中，广大农村长期缺少现代社会保障，大部分农民的养老、医疗等主要依靠自我保障、家庭保障及国家救济。20世纪90年代，虽然国家在农村积极推动恢复原有的合作医疗体系，但即使在重建农村合作医疗的高潮期（1997—1998年），合作医疗制度的人口覆盖率在高收入地区仅达22.2%，而在中等和欠发达地区甚至仅为1%—3%（《中国卫生年鉴（1999）》）。[1] 世界银行专家估计，2003年80%的中国农村人口，即大约6.4亿人，没有任何医疗保险。[2] 以旧养老保险发展最好的1997年为例，全国仅有8280万农村人口参加了农村社会养老保险，2003年甚至下降至5428万人。由于养老保险制度缺失，1995年中国60岁以上老年人口抽样调查资料显示，由家庭养老（依靠子女晚辈供养、由配偶供养及靠自己微薄的劳动收入养老）的农村老人占农村老人总数的94.7%。[3] 2003年以后，在国家支持推动下，新型农村医疗保险和新型农村养老保险发展迅速，覆盖面才大幅提高，但由于农村社保制度实施时间不长，仍有部分群众未参保，如截至2014年11月，全国还有1亿多人没有参加基本养老保险。[4] 农村最低生活保障的覆盖范围与现实需要差距较大。如2005年，全国农村没有解决温饱的贫困人口为2365万人，但全国农村享受低保救助和特困户救助的共计996.7万户1800.8万人，受到救助的人口与应该救助的人口相差565万人[5]，没有做到应保尽保。

（3）对流动劳动力的社会保障覆盖较差。我国正处在工业化、城镇化加速发展中，农村人口大规模流向城市，跨地区流动就业的农民工人数众多，且大多从事高危工种，面临较大风险，但很长时间内城乡二元体制使进城务工的农村劳动力成为城市社会的边缘群体，享受

---

[1] 王国军：《中国城乡社会保障制度的比较与绩效评价》，《浙江社会科学》2000年第4期。
[2] 世界银行：《中国农村保险——迎接挑战》，http://wenku.baidu.com/link。
[3] 王萍：《中国农村剩余劳动力乡城转移问题研究》，博士学位论文，东北财经大学，2006年。
[4] 马凯：《国务院关于统筹推进城乡社会保障体系建设工作情况的报告》，http://www.npc.gov.cn/npc/xinwen/2014-12/24/content_1890884.htm。
[5] 张晓山等：《农民增收问题的理论探索和实证分析》，经济管理出版社2007年版。

不到应有的社会保障。中国社会科学院人口与劳动经济研究所2001年在上海、沈阳、武汉、西安以及福州5大城市开展的中国城镇劳动力市场调查显示，85.5%外来劳动力未享受到单位提供的任何医疗服务，88.2%外来劳动力未享受到单位提供的任何养老保障，外来劳动力享受社会保障的比例远远低于城镇当地劳动力。2004年后我国农村先后建立新型农村合作医疗保险和新型农村养老保险，但现行社会保障统筹层次低，流动农民工跨区就医、异地结算困难，无法就地就近享受医疗保险；目前养老保险关系跨地区、跨类型转移接续困难，不能适应人口高度流动的需要。

（4）已有社会保障水平偏低。受国家财力及农民自身收入所限，我国农村社会保障投入不足，制约了农村社会保障的保障水平。在20世纪90年代我国开展农村养老保险试点、恢复农村合作医疗时对国家和集体的投入没有刚性规定，国家只有政策支持，缺少必要的资金投入，社会保障演变成了农民自我保障。21世纪以来，国家在推行新型农村合作医疗保险和新型农村养老保险时加大了政府投入，无论是新合疗还是新农保，国家都对保费进行了补贴，情况显著改善。但由于农村经济落后、农民收入水平偏低，农民参保往往选择最低档次投保，农村社会保障水平偏低就成为必然。以20世纪90年代养老保险为例，按照民政部《农村社会养老保险交费领取计算表》计算，农民每月交费2元，交费10年后，每月可以领取养老金4.7元，15年后，每月可以领取9.9元，若每月交费4元，10年后每月领取9.4元，15年后领取20元。显然，这种保障水平是难以承担养老这一社会责任的。[①] 2009年开展的新型农村社会养老保险虽有所改进，但仍然存在保障水平偏低的问题。新农保有国家补贴，农民参保积极性较高，但由于距离受益时间较长、担心政策变化，加之现阶段农民收入仍然较低，绝大多数参保农民选择了最低档次的缴费标准，即一年100元的缴费标准，这样农民老年时得到的保险金就非常有限，无法满足农民

---

① 任丽新、王汝斌：《农村社会保障存在的问题及对策探讨》，《山东省农业管理干部学院学报》2007年第2期。

老年时的基本生活需要。有人测算，即使按照最高缴费标准500元计算，农村居民能够领取的养老金也不能够满足其老年的基本生活开支，若再考虑管理费增加和银行利率下调或通货膨胀等因素，农民领取的钱可能会更少。2004年开展的新型农村合作医疗也有起付标准高、补助比例低的问题。陕西洛川是最早开始新型合作医疗试点县之一。2004年农民因病住院的自付段依据医疗单位层次分别为乡镇中心卫生院200元／人次，县级医院600元／人次，县以上医院1000元／人次，补助比例依据就诊医疗单位层次分别为乡镇中心卫生院为60%，县级医院为40%（后上调至50%），县以上医院为30%（后上调至40%），年度累计不超过限额5000元，特殊病例不超过10000元（后分别上调至8000元和15000元）。从2003年到2004年运行来看，农民住院人均补助金额只有595元。① 而21世纪初陕西部分地区开始实施的最低生活保障标准仅为每人每年300—800元。近年来随着经济发展，"新农合"、最低生活保障的报销比例、保障水平也在不断提高，如全国新农合住院保险比例2013年提高到75%，最低生活保障的保障水平提高到每人每年2673元，比制度建立之初有明显提高。但从改革开放后整体情况来看，农村社会保障待遇水平还比较低，在很长时期内没能很好地满足农民看病和养老的需求。

（5）城乡差异悬殊。在长期二元社会保障体制下，城乡社会保障水平的差异相当巨大。从20世纪80年代到21世纪初，占国家总人口的80%左右的农民的社会保障支出仅占全国社会保障费的11%，而占20%左右的城镇居民却占有89%的社会保障费。以城乡的公共卫生投入为例，1994年，我国乡村人口占全国总人口的比例为71.4%，城镇与乡村人口之比大约是3∶7。但公共卫生资源的分配却与此相反，大约是6∶4。1994年，城市医院床位数占全国总数的60.3%，而县（乡村）仅占39.7%，城市卫生技术人员占全国总数的61.1%，农村为38.9%。1998年全国卫生总费用为3776.5亿元，

---

① 洛川县人民政府：《加强领导，精心组织，全力搞好新型合作医疗试点工作》，2004年12月29日。

其中政府投入587.2亿元,用于农村卫生费用92.5亿元,占政府投入的15.9%。当年城镇人口约3.79亿,平均每人享受相当于130元的政府医疗卫生服务;乡村人口为8.66亿人,平均每人享受相当于10.7元的政府医疗服务,前者是后者的3倍。[1] 2001年,国家用于城市居民最低生活保障支出为27.2亿元,而用于农村居民最低生活保障支出仅7.3亿元。[2] 1991年享受社会保障的农村人数占农村劳动者的比重仅为2.2%,而同期城镇享受社会保障的人数占城镇劳动者的比重高达90.9%。2000年,农村居民中得到低保的人数仅占应保人数的25%,国家对城市则已经做到了应保尽保。在2003年后构建新型农村社会保障体系过程中,国家既考虑了城乡经济发展差异,又坚持城乡统筹的原则,尽量消除城乡体制差异,如在建立新农保和城居保中国家就做到了统一政策,统一标准,但由于复杂的历史和社会因素,城乡社会保障制度和水平仍有较大差距。如2014年,城镇企业退休人员基本养老金月人均水平为2070元,而全国城乡老年居民月人均养老金82元;截至2014年11月底,全国城市低保月人均达到401元,农村低保年人均只有2673元[3],仍有较大差异。

## 第四节　小结

本章回顾了我国二元社会结构的形成和演进,分析了二元社会结构中相关制度对农民经济权利和社会权利的排斥及其对农民收入的影响。以粮食生产为核心的农业经营制度安排,限制了农民的经营自主权,农民成为粮食安全这一公共产品成本的主要承担者。对粮食流通的限制和粮价管制严重损害农民利益,制约了农民经营性收入增长。残缺失衡的农村金融制度将农村资源输往城市,影响农村生产活动的

---

[1] 《北京大学中国经济研究中心简报》2001年第18期。
[2] 银平均:《社会排斥视角的中国农村贫困》,博士学位论文,南开大学,2007年。
[3] 马凯:《国务院关于统筹推进城乡社会保障体系建设工作情况的报告》,http://www.npc.gov.cn/npc/xinwen/2014-12/24/content_1890884.htm。

开展，也使得农民金融资产收益低下。农村土地制度限制了土地用途，农民土地无法投入高收益经营项目；土地征用制度使农民无法分享工业化进程所带来的土地增值好处。对农村劳动力流动的限制增加了农民转移就业的成本，恶化了外出就业环境，抑制了农民工资性收入。二元体制下挤压农业的政策使得农业这个弱质产业得不到应有的扶持和保护，减少了农民转移性收入。而二元的公共产品供给体制使农民承担了农村基础设施、农村教育、医疗、社会保障等社会公共产品成本，使农民这个低收入群体承担了不公平的税费负担，使农民无法享受教育等公共福利，影响农民及其子女人力资本水平提升，制约了其在经济活动中获取收入的能力。

# 第六章　解决农民收入问题的经验借鉴

由于经济社会多方面因素制约，许多国家和地区在经济发展过程中都曾出现城乡收入差距拉大、农民相对贫困问题，甚至一些成功实现工业化的发达国家由于农业固有的弱质特性及经济运行周期性的波动也出现农民收入低下、农民相对贫困问题。日本经济学家土屋圭造[1]提供的20世纪60年代的资料表明，以工业就业者收入为100，农业收入者在美国为56、联邦德国为44、法国为36、丹麦为77、新西兰为88。发展中国家城乡收入差距更大，哈里森（1984）[2]计算20世纪70年代初期一些发展中国家的城乡收入比分别为：泰国6.3、菲律宾2.4、印度1.9、委内瑞拉5.3、玻利维亚4.2、墨西哥4.1、加蓬和利比里亚为9.5、加纳8.5。并且各国城乡居民收入差距在工业化过程中往往会持续相当长时间。日本从明治维新至20世纪60年代，处于工业化前期及向中期过渡阶段，二元结构特征十分明显，工农收入差距维持在1.3∶1—3.1∶1，直到开始进入工业化后期阶段，工农收入差距才开始缩小，1980年工农收入差距为1∶1.15，农民收入超过非农家庭收入，这个过程差不多持续了100年；美国农民收入与非农人口相比，20世纪30年代大约为40%，1950—1960年大约为50%—70%，20世纪80年代为80%，现阶段才基本持平，差不多经历了70年的时间。

各个国家和地区都在根据各自经济发展水平和具体国情，积极探

---

[1] 靳贞来：《城乡收入差距变动及其影响因素的实证研究》，博士学位论文，南京农业大学，2006年。

[2] 哈里森：《第三世界——苦难、曲折、希望》，新华出版社1984年版。

索解决经济发展过程中农民收入低下、农民相对贫困的问题。"二战"之后，日本、我国台湾地区针对工业化过程中出现的农民增收缓慢、城乡差距拉大的现象，采取了一系列积极措施，实现了均等化增长。而南美的巴西由于未对长期殖民统治遗留的社会结构进行彻底改革，土地占有高度集中，加之在经济发展指导思想和战略选择上的失误，社会底层的农民和城市贫民收入增长缓慢，生活水平低下，社会分配极度不公。美国虽然自20世纪初就成为头号资本主义强国，工农业都十分发达，市场体系也较为完善，但30年代"大危机"导致大量农民破产。美国政府制定了以保障农民收入为目标的财政支农政策体系，较好地解决了农民贫困问题，有力地促进了美国农业发展，成为各国实施农业保护政策的一个典范。分析借鉴先期发展国家和地区的经验与教训，可为解决我国当下城乡收入不平等问题提供借鉴。

## 第一节 日本解决农民收入问题的经验

### 一 日本战后农民收入问题的产生

日本人多地少，农业资源条件欠佳。明治维新后日本开始由小农经济为主体的封建社会向现代化工业国家迈进，工业化水平迅速提高，并在国内军国主义势力恣意推动下走上了侵略他国的歧途。"二战"结束后，依靠军事力量从殖民地掠夺粮食的体制被瓦解，加上大批军人和海外人员遣返，导致日本粮食供求失衡，陷入严重的粮食危机。为应对危机，1946年日本政府颁布《食品紧急措施法》，强迫农民以远低于市场均衡价的价格把粮食交售给国家，然后由政府配给消费者，以保持国内经济和社会的稳定。[①] 随后日本从本国资源条件出发选择贸易立国发展道路，大力发展外向型工业。为维持低工资增强本国工业竞争力，日本采取"高进低出"的米价政策，将高价进口的

---

① 韩喜平、李二柱：《日本农业保护政策的演变及启示》，《现代日本经济》2005年第4期。

米，以低价在国内销售，米价一度跌至应有水平的六成，严重损害农民的利益。大量复员军人、海外撤回人员以及城市的疏散人员流入农村，导致农村人口急剧膨胀、农村劳动力激增，使农村的就业与收入问题恶化。尽管土地改革对促进农业发展、提高农民收入水平有积极作用，但在工业迅速发展的背景下，压低农产品价格等政策很快使城乡、工农差距迅速扩大，如表6-1所示。20世纪50年代末，农民家庭收入与都市劳动者家庭收入之比已由1952年的113.5%下降至84%，家庭人均消费水平（家计费）之比则由86.4%跌至74.2%。[①]农民收入低下引起社会各界强烈反响，提高农民收入成为朝野的共识。

表6-1　　20世纪50年代日本农村家庭与城市家庭收入比较　　单位：日元

| 年份 | 农村 (1) 家庭收入 | 农村 (2) 平均每人的家计费 | 城市 (3) 家庭收入 | 城市 (4) 平均每人的家计费 | 城乡对比（城市=100） (1)/(3)×100（%） | 城乡对比（城市=100） (2)/(4)×100（%） |
|---|---|---|---|---|---|---|
| 1951 | 256393 | — | 198384 | — | 129.5 | |
| 1952 | 283620 | 39458 | 249864 | 45688 | 113.5 | 86.4 |
| 1953 | 302656 | 44809 | 312300 | 54431 | 96.9 | 82.3 |
| 1954 | 317362 | 48466 | 339396 | 57668 | 93.5 | 84.0 |
| 1955 | 358098 | 50282 | 350028 | 59906 | 102.3 | 83.9 |
| 1956 | 339720 | 52433 | 369512 | 65050 | 92.0 | 80.6 |
| 1957 | 340639 | 54137 | 391968 | 70519 | 86.0 | 76.8 |
| 1958 | 349469 | 55529 | 415968 | 74796 | 84.0 | 74.2 |

资料来源：农村家庭数据来自《农家经济调查》（1959年）；城市劳动者家庭数据来自《家计调查》（1959年）。

## 二　日本解决农民收入问题的经验

1961年日本颁布《农业基本法》，标志着其农业政策开始由挤压

---

① [日]井功：《战后日本农业政策的总结和农业改组战略》，载焦必方《日本的农业、农民和农村——战后日本农业的发展与问题》，上海财经大学出版社1997年版。

农业转向反哺农业。该法将农业政策的目标确定为，"改善农业与其他产业的生产率差距，提高农业的生产率；并增加农业就业者的收入，使农民与其他产业就业者享受平等的生活"，增加农民收入与提高农业劳动生产率摆在同等重要位置上。在随后数年间，日本先后制定了《农业近代化资金促进法》（1961年）等一系列促进土地流转和促进农业发展的法律法规，并不断增加农林预算，加大国家对农产品价格、流通和农民收入的财政补贴[1]，实现了农民收入的大幅提高，使农民过上了富裕的生活。日本的主要措施包括以下几个方面。

1. 促进土地流转扩大农户经营规模

土地改革以后，日本形成了农户小规模经营为主的局面。为扩大农户经营规模和增加农户收入，并满足工业发展对劳动力转移的需要，从20世纪50年代后期起日本政府一直致力于土地流转与集中，扩大农户经营规模。1958年日本《经济白皮书》中就指出小农经营已不适应现代化发展的需要；1961年日本颁布的《农业基本法》取消原规定的每户农民耕地面积不得超过三町步的限制；还设立农地信托制，即土地所有者在离开农村后，留下的土地可以委托农协经营。1970年日本对《土地法》进行了修改，废除了对农业租佃的限制，鼓励出租和承租土地，发展核心农场以及协作经营、委托经营等多种耕地使用权流转方式，以扩大农户经营规模。1980年日本制定《农地利用增进法》，制定优惠措施，鼓励农户出租或出卖土地；积极开展农地委托经营，由农协出面协调，由大户和生产合作组织接受农户委托的农作业务，通过发展委托事业促进经营规模的扩大。通过以上的改革，日本的农地流转率得到了提高，农地出租面积由1970年的7.6%提高到1985年的20.5%。[2] 同时政府对具有专业农户和农业大户资格的农户，制定政策性补贴、低息贷款、技术培训等优惠政策，帮助专业农户提高生产效率、降低经营成本，形成农业生产大户。

---

[1] ［日］秋野正胜：《现代农业经济学》，农业出版社1981年版。
[2] 易永锡：《日本农地制度改革对中国农地制度创新的启示》，《荆门职业技术学院学报》2008年第2期。

上述法律和政策的实施使农户经营规模显著扩大。以1980年为例，骨干农户占农户总数的22.6%，拥有耕地占全国耕地面积的48%，其产值占当年农业产值的61%，骨干农户土地经营规模已基本达到了现代生产要素规模经营的合适标准。与此同时，农户生产经营的专业化和商品化程度也大幅提高。据统计，1941年日本农产品的商品率除小麦达到64%以上外，其他粮食作物都在50%以下。到1980年，各种谷物的商品率都在80%以上，畜产品和蔬菜高达90%以上。农户生产经营规模的扩大加上农产品商品率的提高，促进了农户农产品商品量的增长和销售收入的持续增长，为增收奠定了经济基础。①

2. 政府对农业的保护和补贴

日本农民收入的迅速改善，除了来自于农业自身的发展外，还得益于政府对农业的保护和支持。日本通过实施进口限额和提高关税等措施，限制农产品进口，使国内价格高于国际市场价格，从而提高国内农民收入。1962年日本实施进口限额的农产品数目多达102种，后来在美国等贸易伙伴的压力之下，减少为1970年的58种和1974年的22种。WTO成立后，日本仍利用WTO的一些法规条款，如限制赋予特惠关税和国民待遇、数量限制、反倾销、价格补贴、标准认证制度、检验检疫等，对进口农产品的数量进行严格的限制。导致日本市场上的大米平均价格相当于国际市场平均价的8倍，但进口大米却严格控制在市场销量的5%左右。近年来，随着关税配额、数量限制等手段在各发达国家被逐渐取消，日本又开始利用动植物检疫制度和卫生防疫制度尽可能地阻碍外国农产品进入日本市场。如新西兰和美国的苹果进入日本就分别用了3年和25年的谈判时间。除了进口限额措施以外，日本还通过官方或半官方性质机构直接控制重要农产品如大米和小麦的进口贸易。这些干预保护了一些农产品的生产，保护了农民的经济利益。

另外，日本各种农产品都几乎不同程度地受到政府价格支持，其

---

① 曹俊杰、王学真：《东亚地区现代农业发展与政策调整》，中国农业出版社2004年版。

中粮管制度下的米价政策最具代表性。日本对大米价格的支持始于1960年，主要采用成本与收入补偿制度，大米价格由单产低于全国平均水平一个标准差的农场的生产成本计算，农民投入水稻生产的劳动价格按工人的工资水平计算。这样既保证了绝大多数稻农的收入能补偿成本消耗，又保证了稻农的收入水平能与工人相当。由于日本工业化进程中工人工资的急速增加，按这个公式计算的大米生产者价格也迅速上升，从1960年到1968年按这种定价公式计算的大米的生产者价格即上涨了1倍，生产者价格超过进口价格的幅度则由1960年的不及50%提高到1968年的120%。1995年《新粮食法》生效后，迫于WTO《农业协议》的要求，日本对大米的管制减弱，但高米价政策丝毫未变。1997年政府从生产者收购大米价每公斤270日元，卖给消费者300日元；按"最低准入"原则进口的少量大米，政府买入价每公斤72.7日元，而在国内卖出价是267.5日元。对其他农产品，也都有相应价格支持措施。如通过最低保护价格制度对小麦、大麦以及加工用的土豆、甘薯、甜菜、甘蔗等产品实施支持。若市场价格低于规定的最低限度时，产品全部由政府的有关机构按规定的最低价格购入。对肉类和奶类产品使用价格稳定带制度；对大豆、油菜籽和加工用牛奶等产品采用价格差额补贴制度；对蔬菜、小肉牛、仔猪、蛋类及加工水果等产品采用价格平准基金制度来实施价格支持。

  为适应WTO要求，1995年后日本取消政府对大米等粮食作物的生产和流通直接管理，开始将价格支持改为直接补贴，主要有稻作安定经营对策和对山区、半山区的补贴。稻作安定经营对策，就是利用农户和政府共同出资建立紧急基金，对因价格下跌带来的收入损失进行补贴。1999年日本政府颁布了《食物、农业和农村基本法》，强调保证食物供给，发挥农业的多功能性。2000年出台的针对山区、半山区等地区的直接支付制度，目的在于补贴这些地区与平原地区生产成本的差异。具体支付标准是生产成本差异的80%，平均补贴7.8万日元/hm$^2$。[①]

---

[①] 王姣：《农民直接补贴政策的国际比较及我国的完善对策》，《农业现代化研究》2005年第4期。

此外，日本政府还长期对农业的投入进行补贴，主要有水利建设补贴制度、农地整治补贴制度、机械设备补贴制度、基础设施补贴制度和农贷利息补贴制度等。在日本大型水利建设骨干工程，一般由中央政府直接投资兴建。对于小型的工程，则由政府提供补贴，补贴占全部费用的比率大约在80%—90%。对农地整治包括土地改良、农田扩并与整形、农用地开发、水田改作等提供补贴。农民联合购买拖拉机、插秧机、联合收割机、育苗设施、大型米麦加工、烘干、贮藏设备以及某些灌溉、施肥设施等，都可以得到政府的补贴，补贴的数量一般可占到全部费用的50%左右。农民联合建设温室和塑料大棚、建设现代化养猪、养鸡、养牛场等，也可以得到全部费用的40%左右政府的补贴。为了鼓励农民向农业增加投入，日本政府通过低息贷款的形式给农民以支持。早在20世纪50年代就实行了"制度贷款"制度。所谓"制度贷款"，是指按照法律、政令、条例以及纲要，国家、地方公共团体或相当于地方公共团体的机构成为贷款的当事者，通过利息补贴、损失补贴、债务担保以及其他类似的优惠措施进行干预的那部分贷款，属于长期低息贷款，其利率比市场利率低1/3—2/3。①

根据经济合作与发展组织（OECD）的估计，日本农业收入的一半以上来自政府的支持，日本2002—2004年平均PSE%的水平高达58%，只比1986—1988年平均61%的水平低一点点。②

3. 发展外向型工业带动剩余劳动力转移

发展现代工业、转移剩余劳动力是实现二元经济转化，解决农民收入问题的根本途径。"二战"后，日本实施贸易立国战略，大力发展外向型工业，带动国民经济迅速增长，并吸收农村剩余劳动力，带动城乡工资上涨。

作为人多地少的国家，日本战后大力发展外向型经济，推进出口

---

① 冯海发：《日本农业保护研究》，《日本研究》1994年第1期。
② PSE是消费者和纳税人每年转移给农业生产者的货币价值的一个指标。这些转移源于支持农业的政策措施，无论这些政策措施的性质、目标或者对农业生产以及收入的影响如何。PSE衡量的是实施的农业政策的支持水平。PSE%是PSE与总产值（农场价格水平）加上预算支持的比例（OECD，2005）。

贸易，带动日本工业和国民经济长期高速增长。1955—1975年日本出口由9212亿日元增长到189818亿日元，扣除物价上涨，实际增长20倍，出口贸易增速高于世界平均增长率2倍，带动日本工业和国民经济长期高速增长。1955—1975年日本制造业增加值由23810亿日元增长到448009亿日元，扣除物价因素增长了7.36倍；日本GDP由83695亿日元增长到1483271亿日元，扣除物价因素增长了16.72倍。

经济高速增长，刺激企业扩大投资，引发劳动力需求，加速了对农业剩余劳动力的吸纳。1956年私人设备投资增长率为38.7%，1957年为18.3%，1959年为22%，1960年为38.8%，1961年为29.4%。1956—1961年工业新增就业超过400多万人。据估算，1960—1965年平均每年从农业中转移出的劳动力为64万人；1965—1970年，年均转移53万人。[①] 从统计数字来看，1950—1975年，农业就业人数从1741万人减少到842万人，共减少899人，农林业从业者占全部就业人数的比重由48.74%下降到16.53%；在20世纪80年代初农业就业人口已经下降到10%，与欧美等发达国家处于同一水平。日本只用了30年将农村劳动力的比重从50%降至10%左右，而其他发达国家所用时间为80—120年。同时在1950—1977年，日本城市化率年均增长1.5个百分点，其中1960—1970年，年均增长更是高达2.5%，这种超速的城市化在世界经济史上是空前的。工业化、城市化带动农村劳动力转移，推动二元经济转化。有学者指出，高速经济成长最盛的20世纪60年代，日本社会农村流向城市的劳动力几乎结束，开始出现劳动力人口不足的情况，达到了刘易斯转折点。也有学者认为，日本在20世纪80年代基本完成了农村剩余劳动力的转移任务。[②]

经济发展剩余劳动力转移使劳动力市场出现了卖方市场，以前支付相对较低工资的中小企业，也不得不支付较高工资。[③] 在经济高速

---

① 刘孟洲：《日本培养农业技术人才的情况及措施》，河北大学日本研究所1981年版。
② 徐文：《中国农村剩余劳动力转移问题研究》，博士学位论文，吉林大学，2009年。
③ 李国庆：《日本如何缩小经济收入的差距》，《经济导刊》2004年第12期。

增长期，劳动力的实际工资水平普遍提高。全部产业工人的实际工资，在 1960—1975 年，增加了 1.4 倍。农村劳动力大量转移，农业劳动力数量急剧下降，这样留下来的农业人口人均收入自然得到了快速增长，如表 6-2 所示。

表 6-2　　　　　　　　日本农村人口及劳动力变化

| 年份 | 总人口（千人） | 农户人口（千人） | 所有产业（万人） | 农林业（万人） | 非农产业（万人） | 农林业比例（%） | 非农产业比例（%） |
|---|---|---|---|---|---|---|---|
| 1948 | — | — | 3460 | 1637 | 1822 | 47.31 | 52.66 |
| 1950 | 83200 | 37813 | 3572 | 1741 | 1831 | 48.74 | 51.26 |
| 1955 | — | — | 4090 | 1478 | 2612 | 36.14 | 63.86 |
| 1960 | 94302 | 34411 | 4436 | 1273 | 3164 | 28.70 | 71.33 |
| 1965 | — | — | 4730 | 1046 | 3684 | 22.11 | 77.89 |
| 1970 | — | — | 5094 | 842 | 4251 | 16.53 | 83.45 |
| 1975 | 111941 | 23197 | 5223 | 618 | 4605 | 11.83 | 88.17 |
| 1980 | — | — | 5536 | 532 | 5004 | 9.61 | 90.39 |
| 1985 | — | — | 5807 | 464 | 5343 | 7.99 | 92.01 |
| 1990 | 123611 | 17296 | 6249 | 411 | 5839 | 6.58 | 93.44 |
| 1995 | — | — | 6457 | 340 | 6116 | 5.27 | 94.72 |
| 2000 | — | — | 6446 | 297 | 6150 | 4.61 | 95.41 |
| 2010 | — | — | 6257 | 234 | 6023 | 3.74 | 96.26 |

资料来源：总人口来自《日本国势调查》1996 年；农户人口来自《农业普查》1995 年；就业人口来自日本统计局，http：//www.stat.go.jp/data/chouki/zuhyou/19-07.xls。

4. 工业和城市合理布局，为农民兼业提供了广阔的空间

日本经济高速增长期，曾出现农业劳动力和农村人口快速向东京、大阪、名古屋三大都市圈集中的现象，由此导致了大城市的过度拥挤，农村人口过疏。为了促进城乡均衡发展，增加农民收入，从 20 世纪 50 年代中期开始，日本政府便着手实施合理布局工业和城市战略，在农村地区通过村町合并，建立中小城镇。为此，日本先后颁布了《向农村地区引入工业促进法》、《新事业创新促进法》、《关于促

进中心小城市地区建设及产业业务设施重新布局的法律》等，促进大城市工业和人口向农村地区流动。20世纪60年代初期，日本政府制订了第一个"全国综合开发计划"，提出了利用大规模建立新据点的方式，扩散城市工业以振兴地方经济，缩小城乡和地区差别的方针。在政府强有力的政策和法律引导下，城市工业纷纷进入农村，农村迅速兴起了大批的中小企业和小城市。工业和城市在空间上的重新布局，使农村非农产业的就业岗位迅速增长，带动农户兼业发展。日本农户按其收入来源分为专业农户（其收入全部源于农业）；第一兼业农户（其收入主要源于农业，同时兼营他业）；第二兼业农户（其收入主要源于非农业）。伴随现代工业的迅速发展，农户兼业现象非常迅速地发展起来，1955—1975年，日本农户总数从604.3万户降至495.3万户，同时兼业农户数却从393.7万户增至433.7万户，比重也从65.1%上升至87.6%。[1] 在1980年，日本总农户为466.1万户，其中一兼户为100.2万户，占21.5%；二兼户为303.6万户，占65.1%；一、二兼户合计为403.8万户，占总农户数的86.6%。

日本农民兼业推动其收入逐步提高并超过城市职工收入。日本农民兼业的中小企业基本上都是大企业系列的下端和配套企业，产品供求稳定，因而兼业农民的岗位和收入较为稳定。1951年，农业收入占了农户毛收益的73.8%，农业外收入仅占32.8%[2]，但从1953—1975年平均看，日本农户中农业收入只占全部收入的26.4%，农业外收入却占73.6%[3]，兼业收入成为农民收入主体。而同期（1977年）美国农民的收入中农业收入占了42.5%。[4] 如果将二兼户单独统计，其农业收入则更低。1975年二兼户占总农户数的62.2%，其中耕地面积为0.5公顷和0.5—1公顷的农户，农业收入在农户总收入中的比率分别为7.2%和23.5%，其农业完全副业化了。

---

[1] 费景汉、拉尼斯：《增长和发展：演进观点》，商务印书馆2004年版。
[2] ［日］中央大学经济研究所：《战后日本经济》，中国社会科学出版社1985年版。
[3] 万峰：《日本资本主义研究》，湖南人民出版社1984年版。
[4] 张文伟：《日本现代化过程中农民收入特点分析》，《世界农业》2002年第5期。

### 5. 保护农民土地等财产权益

日本战后土改所形成的小土地所有制对保证农民分享城市化收益具有重大影响。1962年日本对1952年制定的《农地法》进行了第一次修改，允许农民出租和出售土地。1970年对该法进行了第二次修改，鼓励土地的租借和流转。据日本农林水产省的统计，从1961年到1970年，大约有61.56万公顷的耕地转为工业和住宅、道路和林业绿化用地，这相当于当时耕地面积总数的10%。其中，转为工业和住宅用地的约为22.04万公顷，占到了近1/3。[1] 在土地用途转变过程中，由于土地私有制的明确性和小土地所有者的分散性，市场交易即土地买卖是实现土地用途转变的唯一途径。这样农地流转的收入大部分都留在了农村和农民手中，从而切实提高了其基本收入和消费能力，避免了城市化和工业化过程中城市对农村的收入"虹吸现象"。[2] 在高速增长时期，由于土地的价格迅速上扬，导致农民通过土地买卖取得的收益相当于从农产品取得收益的大约30倍。[3] 农民通过出售土地获得了大量的货币资金，在改善自己生活的同时，大量地购进各种农业机械、引进良种良畜，改善品种，使日本的农业也由此从以谷物生产为主的纯农业迅速地向农、林、牧、果乃至旅游并举的兼营农业转变。

从表6-3来看，农民的收入从1960年的37.12万日元迅速增加到1966年的85.97万日元，其中来自农业的收入贡献度为37.8%，而非农收入的贡献度则高达62.20%。与此互为表里的是日本兼营农户的增加。1966年与1960年相比，兼营农户从69.0%上升到79.1%，净增10个百分点。众多的小土地所有和地价上涨是支撑高速增长时期农民生活水平和农村、农业改造的两大重要因素。

---

[1] 日本经济企画厅：《1971年年次经济报告：完成内外均衡之道》，转引自樊勇明《日本高速增长时期的"托底政策"及其对中国民生建设的启示》，《日本研究》2008年第2期。

[2] 金明善：《现代日本经济问题》，辽宁人民出版社1983年版。

[3] 神门义久：《农地问题和日本农业》，载奥野正宽、本间正义著《农业问题的经济分析》，日本经济新闻社1998年版。

表 6-3　　　　　　　　　　农户所得的增加

| 年份 | 农业所得 | 非农所得 | 农户所得 |
|---|---|---|---|
| 1960 | 100.00<br>(154.2 千日元) | 100.00<br>(217.0 千日元) | 100.00<br>(371.2 千日元) |
| 1961 | 115.1 | 118.6 | 117.1 |
| 1962 | 135.7 | 135.5 | 135.6 |
| 1963 | 145.7 | 159.2 | 153.6 |
| 1964 | 166.9 | 187.1 | 178.7 |
| 1965 | 196.6（303.1） | 213.1（462.5） | 206.3（765.6） |
| 1965/1960 的增长率 | 37.8% | 62.2% | 100% |

注：非农收入包括扶助收入。括号内为实际金额。

资料来源：樊勇明：《日本高速增长时期的"托底政策"及其对中国民生建设的启示》，《日本研究》2008 年第 2 期。

6. 发挥农协的积极作用

日本战后土改形成典型的小农制模式，户均耕地面积 1.47 公顷。为适应农业市场化、一体化、全球化进程，日本积极发展培育和扶持农业协同组织，从而在"小规模所有"条件下实现"大规模经营"，促进农业生产效率提高。日本农协具有半官方性质，大致分为全国农协、县都道府农协和基层农协三个层次。到 20 世纪 80 年代，日本农协总数已达 1 万多个，入社农民 3000 万人，全国 99% 以上的农户参加了农协。

日本农协具有强大的社会化服务功能，农协承担了农业产前、产中、产后以及农民生活的各种服务，在发展农村经济、维护农民利益方面起着重要的作用。

首先是生产生活服务功能。在日本，农协对会员的生产经营、生活等服务几乎无所不包，如为会员农户采购生产资料和生活资料、销售农产品、金融服务、加工、育苗、育种、储藏、农机具维修、生产技术和发展计划指导、医疗保健、房地产信贷、邮政、农民的婚丧等。早期的农协专注于生产、流通领域的联合，力求通过统一提供机械设施服务，垄断农产品的生产、加工和销售，来维护农民的合法权益。通过农协销售的农产品、购买的生产资料和生活资料分别占 91.2%、74.1% 和 60.9%。20 世纪 70 年代后，农协的合作领域还拓展到农村的生活和金融领域。通过综合农协，农民的剩余资金进入农协的合作信用系统，农民的生产资料和消费资料全部通过农协系统统一采购，变相驱逐了城市金融资本和商业资本，增进了日本农民的利益。此外农协还开展农村公共设施建设、信息网建设、土地改良等活动，并协助政府加强对农民农村各项工作的指导和管理。

其次是利益表达功能。拥有 800 多万成员的农协历来是自民党执政的基础。资料显示，在农协的长期作用下，自民党内部农村出生的议员比例一直高达 60% 以上。作为政府重要的压力团体，它不断敦促政府形成保护农业生产、促进农民生活水平提高的政策。

正是在上述各项政策共同作用下，日本农民收入增长较快，如表 6-4 所示。20 世纪 60 年代后期，农户收入增长开始加速，1972 年农户的人均收入超过了城市职工人均收入；到 1975 年日本农业现代化完成时，农户的收入是挣工资和薪金家庭收入的 134%，农户人均收入是后者的 113%；农业工人的恩格尔系数降到 25 以下，低于城市工人的 29。[1] 1973 年农户的人均消费水平超过了城市工薪阶层，成功地消除了城乡二元结构，在国际上建立了"富裕社会"的形象。

表 6-4　　　　　日本农户与城市家庭收入对照　　　单位：千日元

| 年份 | 农户 户均（A） | 农户 人均（B） | 工人家庭 户均（C） | 工人家庭 人均（D） | 相对收入（%） 户均（A/C） | 相对收入（%） 人均（B/D） |
|---|---|---|---|---|---|---|
| 1955 | 358 | 57 | 350 | 74 | 102 | 77 |
| 1960 | 449 | 78 | 502 | 115 | 89 | 68 |
| 1965 | 835 | 157 | 797 | 194 | 105 | 81 |
| 1970 | 1592 | 326 | 1390 | 358 | 115 | 91 |
| 1975 | 3961 | 867 | 2897 | 760 | 137 | 114 |

资料来源：[日] 速水佑次郎著：《日本农业保护政策探析》，朱钢译，中国物价出版社 1993 年版。

---

[1] [日] 福武直：《当今日本社会》，国际文化出版公司 1986 年版。

## 第二节 我国台湾地区解决农民收入问题的经验

### 一 台湾地区农民收入问题的演进

"二战"结束以后,我国台湾地区摆脱了日本殖民统治。1946—1952年,国民党政权在台湾实施"土地改革"等涉农制度变革,"三七五减租"及"公地放领"、"耕者有其田"等措施的实施,农民地租负担下降,无地农民获得土地,生产积极性大增,加之当局积极推广农业科技,农业生产迅速发展。1953—1968年,台湾农业平均年增长率达到5.5%。1968年稻谷产量251.8万吨,比1952年增长62.35%。为了加速工业化,台湾当局通过征收田赋(稻谷产量的5%左右)、实施肥料换谷(稻米价格比市场价格低20%—30%)、随赋收购稻谷、田赋带征防卫捐与教育捐[①]等一系列规定,挤压农业剩余,为工业发展提供资本。据统计,1952—1969年,台湾农业部门为其他行业提供了2500多万吨低价粮食和大量的副食品。在农业部门持续支持下,台湾工业化迅速提高。1952年农业净值占台湾生产总值净额的比重为35.9%,工业只有18%。1963年农业净值在生产总值净额的比重下降为26.8%,工业增加到28.1%,工业产值超过了农业[②],并于20世纪60年代末期步入了工业化起飞阶段。在工业持续高速发展的时候,农户与非农户的收入差距拉大,如表6-5所示。1964年台湾农户收入平均是非农户收入的96.59%,1970年台湾农户收入平均只有非农户收入的67.09%。农民收入偏低严重挫伤了农民的积极性,1969年台湾农业的国内生产总值比1968年不但没有增加,

---

[①] 周批改:《台湾工业化进程中农民收入与负担政策的演变》,《中国经济史研究》2004年第2期。

[②] 中国社会科学院台湾研究所:《台湾总览》1992年第3期。

反而下降了0.6个百分点,农作物产出减产4.1个百分点,农业陷入了困境。

"农业危机"导致米价上扬,农产品出口下降,台湾的谷物自给率降到83%。① 延续20多年的挤压农业政策受到了社会各界的强烈批评,促使台湾农业政策进行调整,由原来的挤压农业、以农养工转变为反哺农业,工农业关系出现转折。

表6-5　台湾农户与非农户平均每户所得(1964—1990年)

单位:元(新台币)

| 年份 | 农户 | 非农户 | 比较(%) | 年份 | 农户 | 非农户 | 比较(%) |
| --- | --- | --- | --- | --- | --- | --- | --- |
| 1964 | 27995 | 28982 | 96.59 | 1979 | 157797 | 198027 | 79.68 |
| 1966 | 32717 | 32717 | 92.99 | 1980 | 198523 | 243389 | 81.57 |
| 1968 | 30154 | 42365 | 71.18 | 1981 | 219696 | 279956 | 78.48 |
| 1970 | 32994 | 49177 | 67.09 | 1982 | 232870 | 287497 | 81.00 |
| 1971 | 38538 | 53789 | 71.65 | 1983 | 247548 | 309360 | 80.02 |
| 1972 | 46410 | 61429 | 75.55 | 1984 | 262260 | 327988 | 79.96 |
| 1973 | 59696 | 77618 | 76.91 | 1985 | 271271 | 333041 | 81.45 |
| 1974 | 79027 | 101638 | 77.75 | 1986 | 294148 | 353023 | 83.32 |
| 1975 | 83345 | 110654 | 75.40 | 1987 | 314370 | 378285 | 83.10 |
| 1976 | 100041 | 121887 | 82.08 | 1988 | 343140 | 424814 | 80.77 |
| 1977 | 107917 | 138164 | 78.11 | 1989 | 384559 | 481149 | 79.93 |
| 1978 | 129362 | 163717 | 79.02 | 1990 | 424204 | 539023 | 78.70 |

资料来源:《台北地区八十年代个人所得分配调查报告》,转引自周批改《台湾工业化进程中农民收入与负担政策的演变》,《中国经济史研究》2004年第2期。

## 二　台湾地区解决农民收入问题的措施

台湾地区支持农业发展、促进农民增收的政策演变可分为三个阶段。② 20世纪70年代是第一阶段,主要是改革农产品运销制度、废

---

① 周其仁:《台湾农业:大陆可以借鉴什么》,《战略与管理》1996年第3期。
② 李明:《台湾农业支持政策的演变与借鉴》,《中共济南市委党校学报》2006年第1期。

除化肥—稻米交换系统，从低制定肥料价格，降低田赋征实标准，设立粮食平准基金以提高农产品价格等。20世纪80年代后进入第二阶段，主要是开展"第二次土地改革"，扩大经营规模，调整生产结构，实施"稻田转作计划"，增加农民收入。20世纪90年代后进入第三阶段，主要是发展农村社会保障事业，增进农民福利。具体措施如下：

1. 减轻乃至取消农民负担

1969年"农业危机"出现后，台湾当局开始公开反思检讨过去20年剥夺农业的政策。1970年发布"现阶段农村经济建设纲领"，提出减轻农民负担、提高农产品价格以提高农民所得主张。1972年9月，台湾"行政院"下发了"加速农村建设重要措施"，废除具有"剪刀差"性质的化肥—稻米交换制度，从低制定肥料价格，并于1970—1974年先后四次降低肥料价格，将岛内肥料价格降至国际价格43%左右，降低农业生产成本。接着又降低田赋征实标准，停征随赋附征之九年国民教育经费，减轻农民赋税负担。

1988年，台湾当局决定停征田赋，这标志着用税收手段吸取农业剩余时代的终结。同时其他涉农税种如综合所得税、营业税、货物税和土地税都规定了优惠政策。如营业税规定，饲料及未经加工的生鲜农林渔牧产物、副产物、稻米、面粉的销售及碾米加工，肥料、农药、畜牧用药、农耕用的机器设备及农地搬运车及其用油用电等，营业税全免；货物税中规定，对符合标准的纯天然果汁、果浆、浓缩果浆、浓缩果汁及纯天然蔬菜汁实行优惠税率；土地增值税中规定，农业用地在依法移转于自行耕作的农民继续耕作的，免征土地增值税；所得税、房屋税、契税及使用牌照税等，均有针对农民的减免优待。

2. 农产品价格支持和直接给付补贴

1973年台湾当局实施"农业价格支持政策"，提高了稻谷收购价格，第一次将保证农民所得列为目标之一，且高于"粮食自给"和"经济稳定"目标。1974年，台湾当局又设立了"粮食平准基金"，保证以支持价格（高于生产成本20%）向农民收购粮食。同时，还设立了高粱、玉米、大豆等农产品的保证价格。到1983年，台湾玉米的保证价格已经提高到每千克 15 元新台币（下同），大豆每千克 25 元，高粱每千克 14 元，是同类产品进口价格的 1 倍以上。

加入 WTO 前，为满足"入世"要求，台湾地区将原来的农产品价格补贴政策改为农地补贴政策。农地补贴是根据农地的方位、地价和农作物生产情况，分别制定各地区每公顷土地的补贴金额。当然，为保证公平，同时规定每公顷土地最高补贴金额和每家农户的最高补贴面积。加入 WTO 后，根据乌拉圭回合谈判所达成的农业协议，在六年内应削减基期年农业境内支持总量（AMS）的 20%。为适应这一要求，台湾地区废除了杂粮的保证价格收购政策，但建立了直接给付制度，以补偿农民的损失。

3. 农产品贸易保护

虽然迫于美国等国的压力，台湾地区农产品的进口关税逐渐降低，但当局一直尽力保护农产品市场，直到 1988 年，所有农产品的加权平均关税率仍在 8% 左右。对于一些台湾地区能够生产的农产品，则尽量限制进口，结果使台湾地区的农产品价格普遍高于国际市场价格。农民生产的稻米价格从 20 世纪 50 年代低于国际市场 30%，上升为 1982 年高于国际市场价格的 170%；用"名义保护系数"（即农民所得价格与国际价格之比）来衡量，1982 年主要农产品保护系数分别为：小麦 2.15、大麦 2.3、玉米 2.51、大豆 1.96、牛肉 1.02、家禽 1.37，都超过国际市场价格（平均超过 55%）。如果用包括政府非价格支持在内的"生产者补贴等值系数"（生产者所得的产品单位补贴与国际价格之比）来衡量，1982 年至 1986 年台湾地区种植业的保护程度为 30%—70%，全部农产品的平均保护程度为 19.2%。在争取加入 WTO 的过程中，为减少因调低关税对岛内农业造成的冲击，在不违反 WTO 要求的范围内，台湾当局采取从量税、复合税、季节税及配额关税混合运用的办法保护岛内农业。

4. 实施农业的规模经营

随着工业化的推进，小农生产比较效益低下的缺陷日益显露。1979 年年初，台湾当局颁布了"台湾地区家庭农场共同经营及委托经营实施要点"，鼓励农民创办家庭农场，允许农民将自己的土地委托他人经营，从而拉开了第二次土改序幕。1981年台湾"农委会"出台"第二阶段农地改革方案"，要求为农户提供扩大农场经营耕地的贷款，在农村推行共同、委任及合作经营农业，加速农地重划建设进程。第二次土地改革废除了农田兼并限制，允许土地自由流转，提倡创办家庭农场，鼓励农民联合经营，辅导小农转业，扩大农业生产规模，推广和发展"共同经营"、"专业区"、"委托代耕"等经营方式，以实现农业生产的专业化、企业化和机械化，解决小农户与大市场的矛盾，促进农村资本主义发展。[①] 同时，还使更多农民摆脱土地束缚，使劳动力转移到其他行业。

5. 调整农业结构

20世纪70年代中期开始，因生活水平的提高，台湾地区稻米的消费量迅速下降，形成供过于求的局面。针对这种情况，台湾当局于1983年开始推行稻田转作奖励计划，规定自1983年起种植水稻的稻田，转作玉米、高粱者，每期公顷作物补贴稻谷1公吨；转作园艺作物、杂项作物、休耕及养殖渔业者，每期公顷作物补贴1.5公吨稻谷，并规定凡转作稻田均给予连续三年补贴，接受实物补贴的稻田，如转作饲料玉米及高粱者由政府按保证价格收购。为便利稻田转作计划实施，自1988年起将实物补贴改为现金补贴，原补贴稻谷1公吨者，改为补贴现金16500元，原补贴稻谷1.5公吨者，改发现金24750元。由于实行稻田转作计划，使稻田面积大幅减少，水稻种植面积由1984年的58.7万公顷，减少到1993年的39.1万公顷，稻米产量也由1983年的248万吨减少至1992年的182万吨。

6. 鼓励非农兼业

台湾地区人多地狭，为解决农户经营面积过小、收入偏低的问题，台湾地区一方面促进土地流转，发展规模化农户；另一方面，注意在农村地区建立工业企业，方便农户兼业。据统计，20世纪60年代台湾当局在农村地区建立的企业多于城市，实现了农村和城市平衡

---

[①] 唐昌珍、王宇：《台湾事典》，南开大学出版社1990年版。

发展，便于农民就近兼业。① 特别是20世纪60年代初，台湾确立出口导向型工业化道路，大力发展劳动密集型产业，为大批农村劳动力进入工商业创造了条件。根据1975年台湾农业普查资料，岛内88万多农户中，专业农户只有16万户，占18%，比1960年减少了22万户，减幅达59%；兼业农户则达73万户，占82%，比1960年增加30余万户，增幅达72%。在兼业农户中，以兼业为主的农户占兼业农户的比例，由1960年的22.5%上升到了1980年的61.6%。

兼业农户的出现及兼业队伍的壮大，改变了台湾地区农民的收入结构。据统计，1952年时，兼业所得仅占农民总收入的39.8%，而到了1971年，这个比例已高达76%。表6-6就揭示了农户收入来源的变化情况。1964年，台湾地区农户户均农业所得新台币为1.9万元，到1991年则上升到12.2万元，约增加了5倍；农户的户均非农业所得1964年仅为1万元，到1991年增至45万元，增加了44倍。农户非农业所得增加幅度远远超过农业所得，并因此导致台湾地区农户所得结构发生了重大变化。1964年农户所得中农业收入比重为64.7%，大于非农业所得比例，到1970年，非农业所得在农户收入中的比例升至51.31%，首次超过农业所得比例，并呈逐年递增的趋势。

表6-6　　　　　　　台湾地区农户收入来源变化状况

| 年份 | 收入来源比例（%） ||||||| 
| --- | --- | --- | --- | --- | --- | --- | --- |
| | 农业净收入 | 薪资收入 | 其他事业收入 | 财产收入 | 自有房屋出租 | 补助与赠予 | 其他收入 |
| 1966 | 66.0 | 20.1 | 2.8 | 0.7 | 6.5 | 3.1 | 0.8 |
| 1968 | 52.6 | 32.2 | 2.5 | 0.4 | 7.1 | 4.1 | 1.1 |
| 1970 | 48.7 | 36.0 | 2.7 | 0.5 | 7.1 | 3.7 | 1.3 |
| 1971 | 45.2 | 35.5 | 3.2 | 1.4 | 7.9 | 4.7 | 2.1 |
| 1972 | 42.3 | 42.3 | 3.0 | 1.0 | 6.7 | 4.3 | 0.4 |
| 1973 | 45.6 | 40.7 | 2.1 | 0.6 | 6.8 | 3.7 | 0.5 |

① 陈广汉：《增长与分配》，武汉大学出版社1994年版。

续表

| 年份 | 收入来源比例（%） | | | | | | |
|---|---|---|---|---|---|---|---|
| | 农业净收入 | 薪资收入 | 其他事业收入 | 财产收入 | 自有房屋出租 | 补助与赠予 | 其他收入 |
| 1974 | 48.1 | 37.3 | 3.5 | 0.7 | 6.1 | 3.9 | 0.4 |
| 1975 | 46.3 | 38.9 | 2.8 | 0.6 | 6.9 | 3.9 | 0.6 |
| 1976 | 41.4 | 40.4 | 3.4 | 1.5 | 6.7 | 5.2 | 1.4 |
| 1977 | 40.5 | 42.1 | 3.2 | 1.2 | 7.0 | 5.3 | 0.7 |
| 1978 | 33.4 | 47.8 | 3.5 | 1.5 | 7.4 | 6.1 | 0.3 |
| 1979 | 27.3 | 52.8 | 5.4 | 1.5 | 7.7 | 5.0 | 0.3 |
| 1980 | 26.4 | 52.2 | 6.2 | 2.2 | 8.1 | 4.7 | 0.2 |

资料来源：《台湾统计要览》（1981年）。

7. 加强农村基础设施建设，发展农村社会保障事业

20世纪70年代，台湾当局在降低农业税收、减轻农民负担的同时，还拨款改善农村水利、农村交通设施，补助农业燃料和动力，向农民提供低息贷款，加强对农民生产生活支持，提高农业从业者的收入。20世纪80年代初，台湾当局实施"全面推动基层建设方案"，实行一系列旨在改善农民生产条件和生活质量的措施。如增加农业公共投资，加强农村水利设施建设；充实农村医疗设备及医务人员；整建乡村道路、电话设备、加油站、自来水及下水道系统；改建农宅，加强农村福利与社会教育；设立小型农村工业区等。进入20世纪90年代，台湾开展"富丽农村"建设，计划保持农业"零增长"，推进农业生产、农民生活、农村生态的均衡发展。1991—2004年，尽管台湾工业年均增长率为4.25%，农业年均增长率为-0.27%，但工农收入差别基本保持稳定。14年间，台湾地区农家与非农家人均收入比基本稳定在70%左右，户均收入比基本稳定在78%左右。乡村面貌与生活质量得到改善，农村道路全部得到硬化；学校、村民活动中心、停车场、展售中心和休闲公园等生活设施较为完备；新建或修建的农宅具有浓郁地方特色，配有现代化的卫生设施和完善的污水、垃圾处理系统，居住条件和环境方便闲适。

20世纪90年代后，台湾积极发展农村社会保障事业，完善农村

社会保障体系。台湾"农委会"曾分别于1987年和1992年公布实施"农渔民天然灾害救助办法"及"农业天然灾害救助办法",加强农业灾害救助体系建设。1989年台湾"农民健康保险条例"正式实施,1996年重新修正,年满15岁以上,实际从事农业生产工作的农民,凡农地面积在0.1—0.2公顷以上者均可申请健康保险。1995年台湾实施老农津贴,规定凡65岁以上且参加农保6个月以上者,都可领取每月3000元台币的老农津贴,鼓励老农及时退出农业生产。[①]

8. 依托农会,向农民提供产前产后服务

为方便农民生产生活,台湾大力组建农会系统。农会是台湾分布最广、影响最大、最为完善、功能最为齐全的社区性农民合作组织,台湾农会一般以乡镇为单位设立,覆盖所有农户。台湾农会分为乡镇农会、县市农会、省农会三级,分别接受同级相应农政部门的指导。各级农会既是独立的法人,可以独立地开展各项业务,又与上级及其他农会之间互相配合,下级农会接受上级农会的指导,各级农会共同组成一个系统的组织网络。

农会服务农民的功能主要体现在四个方面。一是农业推广,主要包括协助政府执行农业政策措施,推广优质品种、肥料和先进农业技术,办理农民教育培训,办理文化福利事业。二是供销经营,办理农产运销及批发市场业务、办理农业生产资料及生活用品经营、政府委托的业务经营,利用农会的团体优势,投资兴办会员个人能力所不及的设施设备,如仓库、碾米厂、榨油厂、加工厂、农机具等,有偿提供农民使用。三是金融业务,金融业务是农会业务中一个最大的盈利项目,数年来都占农会总盈余的80%以上。台湾基层农会设有信用部,信用部下又设多个分支机构,农会信用机构遍及台湾农村的各个角落。信用部主要业务包括存款、放款、农贷,以及一些附属的代理业务。四是保险业务,包括家畜保险、全民健康保险。农会为农民提供了生产和生活的一系列帮助,对促进农户增收起到了积极的作用。

---

[①] 张照新、陈金强:《我国粮食补贴政策的框架、问题及政策建议》,《农业经济问题》2007年第7期。

表6-7 台湾农户与非农户平均每户所得（1991—2004年）比较　单位:%

| 年份 | 农家每户所得/非农家每户所得 | 农家每人所得/非农家每人所得 | 年份 | 农家每户所得/非农家每户所得 | 农家每人所得/非农家每人所得 |
| --- | --- | --- | --- | --- | --- |
| 1991 | 77.69 | 68.74 | 1998 | 77.02 | 68.87 |
| 1992 | 75.98 | 69.13 | 1999 | 79.79 | 70.53 |
| 1993 | 79.80 | 71.13 | 2000 | 78.64 | 68.96 |
| 1994 | 79.33 | 70.74 | 2001 | 77.56 | 69.86 |
| 1995 | 82.74 | 72.94 | 2002 | 75.50 | 68.65 |
| 1996 | 82.56 | 72.93 | 2003 | 76.91 | 68.30 |
| 1997 | 80.78 | 69.37 | 2004 | 78.08 | 69.65 |

资料来源：台湾《农业统计年报》（2005年）。

正是由于20世纪70年代后台湾当局能及时顺应经济发展新变化，采取了一系列积极政策，特别是80年代后的一系列举措，台湾农民收入增幅较快，农民收入和非农户收入差距维持在一个相对稳定的区间内。

# 第三节　巴西解决农民收入问题的教训

## 一　巴西战后经济增长与收入差距扩大

巴西是南美洲面积最大的国家，第二次世界大战结束以后，巴西通过推行"进口替代战略"、"高增长战略"和"综合平衡战略"，实现经济快速增长。特别是经过1968—1974年高速增长的"奇迹"（年均增速8.5%），顺利地完成了经济的起飞，由一个传统的农业国转变为一个现代工业化国家。1979年巴西国内生产总值达到2000亿美元以上，成为在资本主义世界居第八位的经济大国。

然而在经济高速增长的同时，巴西收入分配差距逐渐扩大，甚至成为世界上收入分配极不公正的少数国家之一。1960年20%最富有者的收入占国民收入的比例为54%，50%最穷者占有的比例为18%；

到了1970年上述两项指标分别为62%和15%；1980年分别为63%和14%；1990年进一步发展为64%和12%，富人获得了经济增长的绝大多数好处。用国际上通行的衡量收入分配均等化程度的指标基尼系数[1]衡量，1960年巴西基尼系数为0.5，1970年上升到0.608，此后一直居高不下，1980年为0.588，1990年为0.627，1995年为0.601，2002年为0.639。[2] 巴西经济增长的成果并未像有关理论设想的那样"涓滴"到社会下层，据联合国拉丁美洲经济委员会1990年的调查，巴西45.3%的家庭生活在贫困之中，21%的家庭处于极端贫困之中。[3]

尽管巴西政府也借鉴国际经验，通过财政补贴、价格支持（PG-PM）和家庭农业支持计划（农村基础设施建设、农业信贷、免费对农民和技术人员进行培训）等措施，促进农业发展和农民增收，但由于宏观政策上的偏向，巴西农村地区贫困问题十分严重，1990年73%的农村居民生活在贫困线以下。贫困人口主要分布在东北部9个州，其中以农业生产为主的皮奥伊州是巴西最贫穷的地方，贫困人口高达90%。正如巴西著名经济学家雅克斯·兰贝特"两个巴西"的观点所描述的那样，在巴西存在一个繁荣的巴西（城市）和一个殖民地、贫困的巴西（农村），前者在与美国看齐，后者在向印度的方向发展。[4]

## 二 巴西解决农民收入问题的教训

巴西在战后经济高速增长过程中收入分配差距不断拉大，农村贫困问题严重，原因非常复杂，可归为以下几个方面。

1. 政府片面强调经济发展、忽视分配公平

巴西社会的两极分化与其政府片面强调经济发展、忽视分配公平

---

[1] 基尼系数来衡量收入的贫富差距，该系数为0—1，0表示绝对平均，1表示绝对不平均；按照通常标准，基尼系数在0.3以下为"最佳平均状态"，在0.3—0.4为"正常状态"，以0.4为"警戒线"，超过0.4就算"警戒状态"，达到0.6则属社会动乱随时发生的"危险状态"。

[2] John Williamson, Latin American Adjustment, How Much Has Happened? Washington, 1990, p. 148.

[3] 周俊南：《巴西利益分配格局的形成和调整》，《拉丁美洲研究》1995年第1期。

[4] 吕银春：《巴西的贫困和两极分化浅析》，《拉丁美洲研究》1996年第6期。

的主导思想密切相关。从20世纪五六十年代起，为赶超西方发达国家，巴西政府决定全力推行工业化，甚至不惜牺牲下层民众利益以加快积累促进经济发展。曾担任过巴西财政部部长的经济学家马里奥·西蒙森就说过："由衰退和半衰退经济向经济快速发展的转变时期，通常需要作出牺牲，这包括收入集中，即将收入集中在某些人或国家手中，增加企业利润，使企业家和管理人员的收入增加，使他们拥有消费积累。"政府领导人在新自由主义经济学影响下，认为在经济增长的早期阶段，收入和财富分配的不平等是必然的。在这种"先增长、后分配"的发展战略思想的指导下，经济增长成为巴西当政者追求的唯一目标，而分配公平则完全被抛之脑后。在经济飞速发展的六七十年代，两极分化开始加剧。据统计，1964—1977年，巴西国内生产总值增长1倍以上，但职工的工资水平却在下降。将1964年实际最低工资作为100，1968年降为76，1974年为58，1977年为63。[1]有统计资料表明，1960—1972年，占巴西总人口40%的最贫困者，其收入仅增加3%，而占总人口10%的最富有者的收入增加高达170%。

2. 土地占有高度集中

生产资料的分配对收入分配有决定性影响。正如A.费希罗所说的那样："土地改革是影响收入分配的一个最为有力的因素。"[2]巴西殖民时期遗留下来的各阶层土地占有不公，一直影响着巴西的收入分配格局。巴西土地高度集中的局面自殖民地时期就已形成，虽经独立战争和多次政治改革，但长期得不到根本改善。19世纪末，巴西废除奴隶制，但获得"解放"的奴隶并未获得土地。第二次世界大战之前，巴西长期奉行初级产品出口型发展模式，为提高初级产品生产的规模和经济效益，庄园主竞相扩大自己的土地规模。其结果是，土地作为财富的主要来源，越来越集中在少数白人统治者手中。与东亚国

---

[1] 刘金源：《巴西社会两极分化及其成因探析》，《拉丁美洲研究》2002年第4期。

[2] Albert Fishlow. Latin American the XXI Century, in Louis Emmerij (Ed.) Economic and Social Development into the XXI Century, IDB, 1997, p. 412.

家不同，巴西"二战"后从未进行过有效的土地改革。据巴西地理统计局的统计，1970年占地1000公顷以上的农户仅占农户数的0.7%，但占有土地面积的39.5%。①

1964年为缓解土地集中引起的冲突，巴西政府颁布了土地法并建立了专门机构——土地改革委员会，但其仅在1967年对国内土地占有状况进行了一次调查就被解散。1970年，政府决定把移民作为解决土地问题的主要办法，建立国家垦殖与土改委员会，替代原来的土改委员会。20世纪80年代初，巴西约有400万户家庭2000余万农民没有土地。"无地农民"因无生活手段而组织起来要求政府分配土地，并于1984年建立"无地农民运动"（MST）。该组织有8万个无地农民家庭参加，并发起占地运动，范围扩展到全国26个州中的23个，导致农村暴力流血事件频发。1985年文人政府上台后，土地改革受到重视。1988年巴西宪法规定，对于大庄园主不履行社会职能的土地，政府有权征收用于土改。但由于大庄园主阶层的极力反对，实际土地改革步子不大，收效甚微。虽然政府利用公共土地以及从大庄园主那里收购的土地安置了55万无地农户，但由于无地农民的数量过于巨大，土地分配进展有限，无法从根本上解决问题。加之被安置的农户既缺乏资金，又缺乏最基本的基础设施（道路、电力、学校、卫生设施等）和社会生存条件，结果获得土地的农户不久又放弃土地，重新沦为无地农户。这部分人或依附于庄园主、农场主作雇工而生活，或作为季节工而只能在耕种和收获季节找到工作，或流入城市谋生，被严重边缘化。

3. 片面追求工业化，忽视农业发展，城乡发展失衡

在巴西经济快速发展时期，制造业在经济结构中所占比重不断提高，制造业多年保持两位数的增长率，而农业与乡村的发展被忽视，经济增长不成比例地集中在城市地区。在20世纪60年代的10年中，工业产品增长了96%，而农业只增长了53%。在1965—1970年，巴西农业的年均增长率仅为0.4%，处于停滞状态。60年代，巴西初级

---

① 巴西地理统计局1995—1996年农牧业统计。

职业（农业、采掘业、渔业、林业）的就业只增加了 2%，而其他职业增长了近 1 倍。经济发展不平衡，导致收入差距拉大，巴西农村贫困率最高时达到 73%。[①]

**4. 进口替代的资本密集型工业化战略，不利于就业机会的创造**

在战后很长一段时间内，巴西长期实行进口替代的工业化战略，从发达国家进口了大量的节约劳动型机器设备和技术，如 1965 年，机械和运输设备的进口占巴西总进口的比重达到 22%，而同期韩国、中国香港和新加坡分别为 13%、13% 和 14%，依靠从发达国家进口的设备和技术建立起来的进口替代工业，不利于就业机会的创造。

20 世纪 60 年代巴西经济迅速复苏是从耐用消费品的扩张开始的，随后经济又集中于资本工业品的发展。研究显示，1966 年以后巴西工业增长的主导部门是资本密集型的交通运输设备、电力机械和设备、机械工业、橡胶、化学和非金属矿产品。将耐用消费品和资本货物生产作为工业化和经济增长的主导部门，只能满足少数受过较高教育和训练的劳动者的需求，不利于为广大的低收入者提供就业机会，导致劳动力市场结构失衡。用费尔兹的话来说，这是一种现代部门致富的增长模式。[②]

同时，为保证进口替代工业成功，降低进口替代工业的成本，巴西政府采取外汇升值的办法，降低以本国货币表示的进口资本品和中间产品的价格，这削弱了本国农产品、矿产品等初级产品在国际市场的竞争力，使农业和初级部门生产受到打击，影响小农、自耕农的收入增长。

**5. 通货膨胀加大了贫富差距**

20 世纪 60 年代末，巴西政府为促进经济增长，采取实用主义的赤字政策，引发严重通胀，但政府片面追求经济增长而置通货膨胀于不顾。结果，1968—1974 年，巴西经济年均增长率达到 10.1%，而同期的通胀率达 21.7%。进入 80 年代，巴西通胀率达到惊人的程度，

---

① 尚玥佟：《巴西贫困与反贫困政策研究》，《拉丁美洲文库》2001 年第 3 期。
② 陈广汉：《增长与分配》，武汉大学出版社 1994 年版。

1982年为97.9%，1984年为203.3%，1987年达到365.9%；1988年突破了4位数，达到1037.5%；1989年陡升至1782.9%；1990年略有下降，为1476.6%。而政府为稳定经济，一度对工资实施管制，禁止工会与雇主协会之间的讨价还价，所有的工资协议都由政府制定的工资方案来管理，结果普通民众工资的增长赶不上通胀速度，导致实际工资下降，如1964年巴西军人政权对法定最低工资实施管制使1964—1967年实际最低工资下降20%。[1] 剧烈通胀严重损害社会下层包括农民的利益，而对那些收入较高的人来说，生活必需品的开支占总收入的比重并不算高，因而受到的冲击较小，且20世纪90年代以前，巴西的高收入阶层的工资常与美元挂钩，并且直接存入一种特殊的银行账户，其利率每日随通胀率的变化而调整，因此，他们的工资收入基本上不受或少受通胀的影响。低收入者却无能力拥有这样的账户，因为银行要求储蓄者必须在账上保留相当高的余额，而他们的收入仅够当月的支出。

6. 社会保障扩大了实际收入差距

从20世纪90年代的统计数据来看，巴西用于教育、国民健康、社会资助、劳动就业等方面的社会开支占政府财政预算的2/3，相当于GDP的1/5，支出比重在拉美国家居于榜首，但实际上贫困者并未从巴西社会保障制度中真正受益。以20世纪90年代巴西教育投入的分配来看，全国教育经费的60%投入高等教育，28%投入中等教育，只有12%投入基础教育。由于劳动阶层子女接受高等教育的机会较小，政府的这一做法只会使富人子弟受益，而不利于低收入阶层子女教育水平的提高。从养老金的分配来看，20%的最富有阶层得到养老金的2/3，而那些急需救助的穷困者得到的养老金微乎其微。[2]

---

[1] 陈广汉：《巴西与东亚的经济增长和收入分配模式比较》，《中山大学学报》（社会科学版）1992年第4期。

[2] www.actionaid.org.br.

## 第四节 美国解决农民收入问题的经验

### 一 大危机与美国农民收入问题

美国作为新大陆国家,地多人少,资源丰富,劳动力长期短缺。同时美国实行市场经济的自由放任政策,劳动力自由迁徙、自由就业,只要愿意就可移居城市。且在美国经济发展中,工业化、农业现代化、城市化三者同步进行并相互促进,没有明显的农村剩余劳动力滞留问题,不存在明显的二元结构状态。工业发展提高了农业的机械化水平,农业机械化不断制造出农村剩余劳动力,为工业的发展提供了劳动力,农村剩余劳动力边产生边转移;工业的发展同时推动了城市的扩张。"第二次世界大战"前夕美国农业劳动力比重还是22%,1950年就成了12%,1960年为6.6%,1971年为3.1%,上世纪末以来约为2%。[①] 但农业自身的弱势特征和市场周期同样困扰着美国农业和农民,20世纪20年代美国农业生产就出现了剩余,随着大萧条的到来,农产品滞销积压越来越严重,农产品价格暴跌,农场主收入锐减,大批农场倒闭,农民收入问题凸显,1929年按农业人口平均的农业收入,全年仅273美元,而全国的平均收入水平则为750美元。[②]

### 二 美国促进农民增收的措施

大危机之前,美国政府主要通过发展农业教育、加强科研推广、改善农业基础设施来支持农业发展,增加农民收入,但随着大萧条的到来,农产品价格下降问题凸显,美国政府于1933年制定《农业调整法》,实施农产品价格补贴,并与原有的一些促进农业发展的制度一起,不断改进完善,推动农业发展和农户增收。

---

① 郝团虎:《制度、人力资本与剩余劳动力转移》,博士学位论文,西北大学,2012年。

② 童有好:《美国三十年代农场主收入下降问题与对策》,《桂海论丛》2000年第2期。

1. 农业补贴

农业补贴是稳定农产品市场价格、稳定农业生产、稳定农业生产者收入的重要手段，美国农业补贴数额巨大，是农民收入的重要来源，在农民收入中占有重要的地位。

美国农业补贴政策开始于 20 世纪 30 年代大危机中。当时农产品价格暴跌，农业人口收入锐减，如 1929 年农业人口收入大约只有全国的平均收入水平的 1/3。为解决农民面临的危机，1933 年美国通过了《农业调整法》，规定农业部长有权同农场主和农产品加工商签订协议，以维持农产品价格，保证农场主收入。此后，几乎所有的农业立法，特别是 1936 年、1949 年、1954 年、1973 年等几个农业法，都对这一政策进行了修改、补充和强化，使价格和收入政策成为美国农业政策的核心部分。①

美国农业补贴政策随着国内外经济社会发展不断演变，总体可分为三个阶段：

（1）1933—1995 年为第一个阶段，主要是运用价格补贴政策。农业补贴政策围绕着价格支持和限产政策来增加农民的收益。最主要的是制定目标价格，对农产品进行差额补贴，以维护农业生产者的收入。主要运作方式是，农场主以尚未收获的农产品作抵押，从政府的农产品信贷公司取得一笔维持农业正常生产的贷款；当市场价格高于目标价格时，农场主可按市价出售农产品，用货款还本付息，如市场价格低于目标价格，农场主可把农产品交给农产品信贷公司，政府按目标价格与市场价格之差给予差额补贴。为此每年美国政府大约要支出上百亿美元的价格补贴款。另外，为控制农产品价格的下跌，美国政府还对种植面积进行限制，实行休耕补贴，这一政策一直延续到 1996 年。②

（2）1996—2001 年是第二个阶段，为与 WTO 规则相一致，改用

---

① 徐更生：《美国农业政策的重大变革》，《世界经济》1996 年第 7 期。转引自中国人民大学书报资料中心复印报刊资料《农业经济》1996 年第 11 期。

② 刘渝、张俊飚：《美、欧、日农业补贴特点及其对中国的启示》，《世界农业》2005 年第 5 期。

收入补贴政策。1996年通过《联邦农业完善与改革法》(The Federal Agriculture Improvement and Reform Act of 1996)，从商品计划、贸易政策、水土保持、食品援助、农产品促销信贷、农业发展以及农业研究、推广和教育等诸方面对此前政策进行了调整。取消目标价格和差价补贴，取消储备补贴，转向收入支持，用"脱钩补贴"取代了原有的收入支持政策。这种新的收入支持政策与农民当前的生产决策没有直接必然的联系。计划在新法案实施的7年期间，给予农户约356亿美元的收入补贴。农户可以依据种植面积（减去15%另有补贴的休耕面积）和常产及最低保护价，计算好预期收入，农户收入如果低于预期收入就可以获得政府的补贴。由于从1998年起国际市场农产品价格普遍下降，再加上美国国内农产品过剩，价格下跌，农民的收入有所下降，原计划的补贴额不够。美国政府又推出"作物收入保险计划"和"市场损失补助"，帮助农民克服市场经营风险和自然风险，保障农民收入。

（3）第三阶段是2002年以后，可以称为收入价格补贴政策阶段。既保留了收入补贴，又保留和创造了一些价格补贴手段，全方位保障了农民的收入稳定。2002年美国颁布了《农业安全与农村投资法》(The Farm Security and Rural Investment Act of 2002)，此法案在1996年农业法基础上增加了对农业投入和补贴，其政策目标的重点仍是增加和稳定农场主收入。2002年的《美国农业法》对过去一些农产品计划的临时性补贴永久化，以"直接补贴"、"反周期补贴"、"销售贷款补贴"方式，为农场主"提供可靠的收入安全网"。2002年法案在农产品补贴、资源保护、贸易促进、农业信贷、技术推广和灾害救助等方面，又出台了一系列措施，大幅度提高补贴标准，扩大补贴范围。[1]

2008年美国颁布《食物、环境保育与能源法》。与2002年《农业法案》相比，在"农产品计划"方面基本保持"直接补贴"和

---

[1] 李超民：《美国2007年农场法——农业补贴及相关立法分析》，《农业展望》2007年第1期。

"反周期补贴"水平不变;"销售贷款补贴"仅对部分计划内农作物"贷款率"或目标价格作了微调;另外把豆类作物纳入"销售贷款补贴"、"反周期补贴"目录。2008年新法案规定,参与者有权种植任何作物,但是如果参与直接支付补贴和反周期支付补贴,就要对水果和蔬菜的种植有一定的限制。直接补贴和反周期补贴的计算基于历史生产参数,但是农田必须要作为农业生产来使用(其中包括休耕)。参与所有补贴计划的农户必须遵守环境保育和湿地保护的相关规定。[①]

美国对农业生产方面的支持政策,使农业生产者摆脱因农业的弱质性和高风险性所带来的威胁,保证农业生产者能够获得社会平均利润率,从而保护农业生产者的生产积极性。据美国农业部估计,2005年美国农场净收入为832亿美元,其中政府补贴高达227亿美元。[②]

2. 加强农业基础设施投资

加强农业基础设施建设,改善农业生产条件,提高农业生产力。政府出资建设农村地区基础设施,包括跨地区及乡村公路、水利、通讯、教育、卫生设施以及各种公用生活设施,典型例子就是田纳西河流域综合开发治理项目。1933年5月田纳西河流域管理局的成立和综合开发治理规划的实施,成为美国乃至世界大规模整治国土的先驱。经过综合开发治理,该区由原来灾害频发的贫穷落后地区变成为一个基础设施完善,工、农、林全面发展的区域,流域内小麦、大豆、玉米产量都有大幅增长,当地农民的收入也大幅提高。

此外为解决农产品过剩问题,保护环境,政府还采取了退耕还林的措施。到1940年,政府把相当于1930年耕地面积的1/6的土地从农业生产中撤出来,并对撤出的土地进行了绿化。

3. 发展农业科研及推广

美国对农业科技发展非常重视,很早就建立起农业教育、科研、推广三结合的科研体制,促进科研与农业生产紧密结合。

---

① 王艳:《美国农业补贴政策演进及其对中国的借鉴》,硕士学位论文,中国农业科学院,2011年。

② 陈亚东:《美国农业补贴立法与我国的对策选择》,《农村经济》2005年第7期。

早在1862年，美国国会通过"莫里尔赠地学院法"，要求各州至少举办一所设有农业和机械课程的学院，即所谓"赠地学院"。1917年，美国国会通过"史密斯—休斯职业教育法"，政府拨款资助各州开办职业学校，对成年人普及职业教育。① 1887年，国会通过"哈奇法"，要求每个州或属地都要在农学院、综合大学或综合大学农学系领导下成立一个农业试验站。美国国会在1925年通过"珀内尔法"，增加对州农业试验站的拨款。1935年美国国会通过"班克黑德—琼斯法"，该法规定建立地区实验室，并规定提供研究经费，以促进州与州之间的研究协作。1914年国会通过"史密斯—利弗合作推广法"。该法规定，由联邦政府资助各州，在州立学院领导下设立农业推广站，为各县配备农业技术推广人员。美国现有3300个推广机构，雇有1.7万名左右的推广员。推广站通过举办训练班和示范农场、搞展览会、出版刊物等活动，把农业科学知识、新品种、新发明、新技术和先进方法等及时地传播到农民中去。这样，农学院、实验站和推广站，三位一体共同协作，互相配合，组成了一个教育、科研和技术推广的完整有效的体系，为促进农业发展和农民收入水平提高发挥了重要作用。②

4. 建立农业产业化经营组织和市场信息服务体系

建立完善的农业产业化经营组织和市场信息服务体系是发展农业生产，增加农民收入的基础。为了保障农民利益，美国从20世纪初就成立了从联邦到地方的一系列农民组织，在促进农民收入增长方面起到了很大的作用。

美国的农业协作组织有的按农产品种类划分，如美国小麦协会、美国大豆协会；有的按州别划分，如美国加州水蜜桃协会、阿拉斯加海产品协会。合作社是农场主自愿参加的非营利组织，其经营目标是通过为社员服务，使社员从其生产的农产品中获取最大收益。美国农民往往在不同的经营环节上同时参加几个不同的合作社，这样农民便

---

① 周振东：《美国农业发展状况及其启示》，《乡镇经济》1999年第1期。
② 孙鸿志：《美国农业现代化进程中的政策分析》，《山东社会科学》2008年第2期。

与合作社形成了一种横向的、扇面形的多层经营体制。目前美国有各种农业合作社 25000 个，参加合作社的农民有 440 万人，约占农业人口的 90%，合作社销售的农产品占销售量的 1/3，为农场提供的各种投入物近 1/3。① 在各种协会、公司等农民组织中，最特别的是美国农业部下属的"粮谷信用公司"（CCC）。该公司 1933 年正式注册成立，其主要职能是通过贷款、产品收购、发放农民所得补贴及国有粮食贮存等支持农民所得。2002 年美国联邦财政年度中，CCC 对农产品的补贴及相关支出达 279 亿美元。该公司除有 1 亿美元的运作资金以外，还经过国会立法批准，每年可以在 300 亿美元的限额内直接向美国财政部借贷周转资金，作为执行农业部农民所得与价格支持政策而必须发给农民的补贴款。

美国农业部以朋友和合作者的身份直接为农民提供各种服务，以此来补充和影响集体和私人农业服务系统的活动，如"援助合作社计划"，旨在帮助农民提高已有合作社的效率。农业部下属的各个局、部在各自职权范围内为农民合作社提供各种协调服务。美国在国外的驻外机构都设有农业参赞，负责收集农产品市场、农业新品种、农业新科技方面的信息，帮助拓展国外农产品市场。

5. 加强教育培训，增加穷人的能力和机会

从 20 世纪初美国就开始注意加强对农村教育等各项社会事业的资助和扶持。美国对公立义务教育不分城市和农村，实行一体化的财政管理体制。美国教育财政体制是由联邦、州和学区三级共同构成，其中州政府已成为农村基础教育的第一投资主体，它对本州义务教育的拨款方式有两种：一种是基本资助拨款，即公式拨款，各州使用的分配公式主要有基准额补助、等额补助、均等化补助等；另一种是专项拨款，主要考虑地方学区特殊的教育需要。公式拨款作为主要的拨款方式，是按学生的人头数分配的，尽管分配形式公平，但由于农村学校学生少，还要维持较远的交通费等，较为紧张。以前的解决办法是允许小型学区与其他学区联合，分享这些拨款。但农村学区之间分

---

① 陈艳、王雅鹏：《国外农民收入增长的经验借鉴》，《理论月刊》2002 年第 11 期。

割太远，常不可行。另外，孤立的农村社区获得公共和私人资金的途径要少于城市社区。为解决上述问题，美国政府2000年设立"农村教育成就项目"（Rural Educationa Achievment Progrem，REAP）增加农村教育专项经费投入。REAP是美国历史上第一次专门针对农村教育实施的拨款法案，为农村学区提供强有力的资金支持和灵活政策。REAP项目包括两个子项目，一是小型和农村学区成就项目，二是农村和低收入学校项目。REAP的实施对提高美国农村的教育水平起到了重要的作用。①

美国还注意提高农村贫民的能力和机会。1962年"公共福利修正案"决定把政府对穷人资助由物资和金钱变为提供服务和技能，加大对包括农村贫民在内的贫困人口培训力度，帮助贫民增强能力。约翰逊总统发出了"向贫困宣战"（War on Poverty）的著名口号，一方面加大治理贫困的资金投入，另一方面开始关注权利"贫困"。最富代表性的反权利贫困法案就是1964年颁布的"经济机会法"。与此相配合，约翰逊总统分别在1964年、1965年、1968年连续颁布了三大著名的"民权法"，极大地推动了贫民的权利发展。上述努力有效解决了贫民遭受社会歧视、缺乏参与工作机会的问题，不仅意义深远，而且效果显著。1973年和1960年相比，美国贫困人口从4000万锐减至2300万。②

6. 税收优惠

美国联邦个人所得税对农场主有一些特别规定，如美国的农业生产者个人和农业企业有权选择现金收付记账法，而不像其他行业一样必须使用权责发生制记账。此外，美国联邦政府还对农业实施"收入平均政策"，农场和牧场的收入由于难以控制的市场和无法预计的天气情况而在各年间变动较大，因此美国国会同意农场和牧场主可选择在前后三年内平均其收入从而避免在获利年度面对超额的高税率。此

---

① 靳贞来：《城乡收入差距变动及其影响因素的实证研究》，博士学位论文，南京农业大学，2006年。
② 杨家宁：《发展权的贫困》，硕士学位论文，广西师范大学，2005年。

外还允许因为天气干旱等原因而被迫出售的牲畜的销售收入延迟一年计入应税收入，这些都起到了鼓励农业生产的作用。

美国遗产税的税率高达55%，为避免对家庭农场的继承和农业生产的继续产生负面影响，法律对农业生产者给予了一定的优惠。如对符合一定条件的家庭农场的继承者提供额外的免税额。此外，法律还规定在农业生产者过世时，其拥有的土地不是按一般采用的标准市值计值征税，而是按土地在农业方面的使用价值计算遗产税。而当继承人在继承期满10年后出售其所继承的土地，可享受以标准市价计算土地的成本，而不必再按继承遗产时的土地价格计算成本，由于标准市价一般大大超过农业使用价值，这样就减少了应缴的所得税。

美国农场主购买生产资料需要向零售商支付销售税，美国各州自行制定销售税政策，但很多州都对农业生产给予一定的优惠，如美国犹他州法律为农业生产者的购买和销售行为提供了销售税减免。对于农业用地，各地一般都是按照它的当前用途估价而不以市场价值为基础，这样就大大降低了农业用地的财产税额。[①]

## 第五节 小结

日本及我国台湾地区人多地少，农户经营规模小。20世纪六七十年代两地都处在工业化快速发展阶段，都出现了工业迅速发展、农业相对滞后、农民收入相对低下的问题。同时，它们采取的政策措施也高度相似，一方面促进土地流转，扩大农户经营规模，实施农产品价格支持乃至对农民直接补贴，改善农民生产生活条件，增加农民农业生产经营收入。另一方面，日本和我国台湾地区都大力发展外向型工业，吸收转移农村剩余劳动力，加速工业扩散，为农民提供非农兼业机会，加速二元经济结构的转化，增加农民的非农收入。而巴西由于未对长期殖民统治遗留的社会结构进行彻底改革，土地资产高度集

---

① 董伟炜：《美国农业税收政策的启示》，《江苏农村经济》2006年第2期。

中，加之在经济发展指导思想和战略选择上的失误，未能给农村转移劳动力创造更多的就业机会，大量农民涌入城市沦为城市贫民。农民和城市贫民收入增长缓慢，社会底层未能分享到经济发展的利益，社会分配不公渐趋严重。美国土地资源丰富，农业经营规模大，农业高度发达。20世纪30年代美国是世界头号工业强国，但农业的市场弱势特征使得农民收入相对低下的问题仍较为严重。美国逐步建立和完善农业保护和农民收入支持体系，在促进农业发展和提高农业生产者收入水平方面发挥了很好的作用。

由于作为后起的发展中国家，我国二元经济结构特征明显，加之我国存在特有的二元社会结构，因此我国改革后农民收入低下、农民相对贫困问题与日本、我国台湾地区、美国、巴西的农民收入问题既有某些相似之处，也有明显不同。我国人均土地资源较少，农业经营规模狭小，处于工业化进程加速的阶段，与日本及我国台湾地区20世纪六七十年代的情况有很多相似之处，所以它们采取的措施和经验对我国解决工业化转型过程中的农民收入问题有较强的借鉴价值。美国是先期发展的资本主义强国，没有对劳动力流动的限制，经济发展不存在明显的二元结构的问题；且美国作为新大陆国家，人均土地资源丰富，与我国小规模经营农业有很大不同，但美国农业政策体系是市场经济条件下农业政策的典范，对各国农业政策制定有重大的影响，也对我国建立市场经济体制下的农业支持政策体系、解决农民收入问题具有积极的参考价值。巴西作为一个发展中大国，遵循自由竞争的市场经济原则，不存在限制农村劳动力流动的二元社会结构，但由于其经济发展战略和收入分配政策方面的失误，农民收入低下，社会收入分配差距悬殊，巴西的教训值得正在处于经济转型发展阶段的我国借鉴。

# 第七章 加快二元经济社会结构转化促进农民持续增收的思路和对策

通过前面的分析,发现由于我国计划经济时期形成的城乡分割、城市偏向的二元社会结构改革滞后,农村劳动力流向城市、进入现代第二、第三产业的进程延宕,过多劳动力滞留在农村,导致人均农业资源有限,影响农民经营性收入增长;而数量庞大的剩余劳动力后备军对农民非农就业市场造成很大压力,次级劳动力市场的工资水平被严重挤压。此外二元社会结构的制度安排在多方面剥夺了农民的发展机会,损害了农民的经济权利和社会权利,影响了农民的收入增长。城市偏向的二元经济社会结构下农民长期处于不利地位,制约了农民收入增长,导致城乡差距持续扩大,农民长期处于相对贫困的状态。

要彻底解决农民收入长期相对偏低的问题,促进农民收入持续增长,必须深化改革,彻底废除阻碍劳动力流动、损害农民利益的二元社会结构体系,形成农民平等参与、公平竞争、共享发展的社会环境;要积极创造就业机会,加快农村剩余劳动力转移,推进二元经济结构转化,形成有利于农民增收的经济环境;要大力发展农村教育,提升农民人力资本水平,增强农民增收的能力;要进一步加强对农业、农民和农村的支持力度,助力农民增收。

## 第一节 加快二元经济社会结构转化促进农民持续增收的思路

**一 彻底废除城市偏向的二元社会结构,消除农民增收的障碍**

作为国家工业化战略的产物,二元社会分割制度虽然对加速国家积累、加速国家工业化做出了重大的贡献，但城乡分割体制长期持续，损害了农村居民的权益，有违社会公平正义，影响社会和谐发展。同时二元分割体制影响劳动力等资源的有效配置，阻碍经济发展。

正义是社会制度的首要价值，公平公正是人类最为重要的价值追求之一，也是中国特色社会主义建设的内在要求。现代社会分工协作日趋复杂，人际网络更加紧密，一个人的收入不仅受到来自家庭、天资、自然、运气等非社会因素的制约，也受到来自社会和政府所提供的机会即社会机会的影响。社会机会影响社会成员在社会结构中的地位流动，影响社会成员的发展空间，影响社会成员的收入水平。社会机会作为重要的社会资源，必须公平分配。[1] 否则，可能危及社会和谐。阿瑟·奥肯指出："源于机会不均等的经济不平等，比机会均等时出现的经济不平等，更加令人不能忍受"。[2] 正因如此，平等地获得各种社会机会是社会公正的内在要求，关系到社会和谐稳定。但从计划经济时期延续下来的城乡分割、歧视农民的二元社会结构，限制农民的经济权利和社会权利，剥夺农民的经济机会。在二元社会结构条件下，农民无论是从事传统的农业生产还是流入城市务工，都会遇到各种正式和非正式制度的限制。农民从事工商服务业生产经营的自由受到一定限制；农民流动迁徙寻找更佳经济机会的自由遭到限制，农民进城就业遭到歧视和排斥；农民的土地等财产权利受到挤压；农民受教育权、发展权也因为特殊的制度安排遭受抑制，农民未能公平地享受国家和社会所提供的发展机会，这些制约了农民的经济活动空间，损害了农民的利益，损害着社会公平正义。农民作为我国的公民，理应享受平等的经济权利和社会权利，享有公平经济机会，这也是实现农民作为国家公民主体权利的内在要求。彻底废除城市偏向的二元社会结构，做到城乡之间权利公平、机会公平、规则公平，有助

---

[1] ［美］布坎南著：《自由、市场和国家》，吴良健等译，北京经济出版社1989年版。
[2] ［美］阿瑟·奥肯著：《平等与效率：重大的抉择》，王奔洲译，华夏出版社1987年版。

于营造公平的社会环境，落实农民平等参与、平等发展权利，拓展农民增收的空间，让农民共享经济发展的机会和成果。

农民平等享受经济和社会权利，公平分享经济机会，也关系到我国经济体系效率和国民经济发展。社会机会公平分配、平等开放，能够激发社会成员潜能，激发社会创造活力，实现马克思所倡导的"一切天赋得到充分发挥"[①]，也有助于提高社会整体效率。改革开放后，我国经济快速发展就得益于经济机会和经济权利的回归于民，正是由于改革开放政策让农民获得经营自主权，才有了农业突飞猛进的发展，也才解决了长期困扰我们的13亿人口的吃饭问题；正是由于二元社会结构的松动、农村劳动力进城务工，才使中国成为世界工厂、成为世界第二大经济体，才使我国城市的现代化建设步伐加快、城市面貌发生天翻地覆的变化。但我国30多年的改革开放仅仅是对二元社会制度做了有限改进，城市的大门仅仅开了条缝，农民仅仅是作为劳动力要素被城市所接纳，只能有限地进入城市工作和生活；进城农民作为社会活动主体仍未被城市所接纳，很难在城市安家落户，他们的子女在城市受教育也会面临许多障碍。进城农民只能进入城市的次级劳动力市场，从事"城里人"不愿从事的"苦、脏、累"且收入低微的工作。如果能对城乡二元分割的社会体制进行彻底改革，让农民公平参与经济活动，必将激发农民工更大的生产积极性，激发农民工更大创造动力，同时也必将引发城市劳动力市场更大竞争，增强第二、第三产业的活力，同时也会为第一产业扩大规模、提升效率奠定基础，加速国民经济的发展。

我国目前已进入工业化中期阶段，资本要素已严重过剩，通过二元社会结构政策挤压农业加速积累的政策已无必要，甚至成为提高经济效率实现社会发展的障碍。因此应彻底废除限制农民权力和机会的二元社会结构，树立平等公正的社会理念，给农民以平等的国民待遇，赋予农民平等的社会地位，消除对农民进城务工的歧视，消除由于人身权利的不平等而带来的经济机会的差别。保障农民的迁徙自

---

① 马克思：《马克思恩科斯全集》第三卷，人民出版社1975年版。

由，保障农民平等参与各项生产经营活动的权利，赋予农民自由进入其他行业、其他部门的权利，赋予农村人口公平竞争机会，向农民均等开放所有经济机会，让农民获得一视同仁的就业机会，给农民发挥自身才能和力量的机会。

当然机会均等并不能保证最终收入的平等，但废除二元社会结构，赋予农民权利和平等肯定有利于促进农民增收。废除二元社会结构，实现机会面前人人平等，有利于扩展农民从事经济活动的空间，有利于激发农民创造活力，有利于促进国家经济繁荣，为农民增收奠定基础。同时更重要的是这种公平公正有利于提高公众对收入差异的容忍度，有利于保持社会的稳定和谐。

**二 大力发展劳动密集型产业，创造农民增收的机会**

二元经济结构下农业部门过剩劳动力存在所导致的农业部门生产率低下和转移就业面临的不利市场条件，严重制约了农民收入的增长。要解决城乡收入差距过大问题，就要加快现代工业和服务部门发展，创造更多的就业机会，加速农村剩余劳动力转移，加快实现二元经济的转化。作为社会基层群体，农民拥有的最主要的生产要素就是劳动，增加就业、改善就业条件是农民增收的关键。只有发展经济创造就业机会，加速转移农村剩余劳动力，尽快完成二元经济的转化才能改变农业部门人均生产资料较少状况、提高农业部门劳动生产率。同时，只有发展经济创造就业机会，才能改变劳动力市场供求严重失衡的局面，形成有利于提高转移劳动力工资水平的市场竞争格局。

我国农村人口基数巨大，每年都有大量新增劳动力，甚至每年新增劳动力超过许多国家劳动力总数。尽管改革开放后我国大力发展劳动密集型产业，已经有大量农村过剩劳动力外出务工经商，但从事农业生产的劳动力总量仍然偏高，仍存在农业剩余劳动力。可以说，作为世界第一人口大国，作为经济欠发达的发展中国家，我国农村剩余劳动力转移的任务还远未完成，需要坚定不移地发展第二、第三产业，特别是劳动密集型第二、第三产业，创造更多就业机会，吸纳农村剩余劳动力就业，创造条件促进农村劳动力顺利转移就业。要继续发展外向型经济，发挥我国出口优势，拓展劳动密集型产品出口。积极扩大内需,挖掘国内市场潜力。发展资本密集型产业的劳动密集型区段,积极吸引劳动力就业,改变农村劳动力严重滞留过剩的状况,提高农业比较劳动生产率,扭转城市劳动力市场供求失衡格局,提高转移劳动力的市场谈判地位。

### 三 加大对农民人力资本开发,增强农民增收的能力

人力资本指劳动者通过教育、培训、实践、迁移、保健等方面的投资而获得的知识和技能的积累。在成熟市场经济条件下,人力资本是影响收入水平的关键因素之一。农村劳动力文化程度低下,不仅影响其运用现代农业生产经营技术发展农业生产、增加农业经营收入的能力,而且还影响其参与非农就业获取收入的能力。要增加农民收入,不仅要发展经济创造更多的就业机会,同时还需发展农村教育提高农民自身人力资本积累水平,增强农民的生产经营能力和参与非农就业能力,提高农民就业质量。可以预期,随着二元社会体制的改革、农民就业环境改善,农民的人力资本积累水平最终成为决定其收入水平的关键因素。在消除二元社会结构歧视、农民能够平等参与社会经济活动后,农民的知识和技能将决定其在生产活动中的边际贡献,决定了其收入水平。因而,加强教育培训、提高农民人力资本积累水平将成为促进农民增收的重要途径和手段。

教育投资是人力投资的核心,教育是提高人力资本的主要手段。要提高农民人力资本,必须大力发展农村教育。要加大国家对农村教育的投入,在财力、师资上向农村地区倾斜,提高农村地区教育条件和教育水平,实现城乡教育条件的均等化,使农村青少年都能接受到良好现代教育,为其未来发展奠定基础。国家还需要对贫困和低收入农户子女就学提供必要生活补助,免除他们学习的后顾之忧,切实保证贫困和低收入农户子女的受教育权利。要切实保障流动青少年受教育权利,要给予流动农民子女更多帮助,使他们顺利融入当地社区。大力开展职业技能培训,提高农民素质和技能水平,增强其从事农业生产经营及转移就业的能力。针对留守农村劳动力可开展形式多样的现代农业生产技术培训,传授农业实用生产技术,促进其提高种植和养殖水平,提高农业生产经营水平。针对转移就业农民,要大力开展

现代科学知识和文化教育，让转移农民工了解现代城市，了解现代工商业生产活动知识，掌握一定的现代工商专业技能，增强农村人口转移的能力。

**四　加大对农业和农民的扶助，增强农民增收的外部支持**

罗尔斯指出，在资本分布、天赋状态及教育水平等方面都不平等的前提下，自由市场体制所强调的机会均等还不是真正的公平，市场也不可能产生符合现代社会要求的合乎正义的分配。人在体力、智力、能力、态度方面存在差异，许多无法通过教育培训来弥补，所以纵使没有歧视限制，纵使市场是完全平等自由的竞争，市场竞争结果也难以保证每一个社会成员得到大体均等的收入，甚至不能保证部分社会成员获得维持正常生活水准的收入。在现实社会，总有一些社会成员因为种种原因被落在后边，陷入经济困境，甚至出现生活困难，需要政府伸出有形之手，需要社会各界伸出关爱之手予以帮助。

就农业和农民而言，农业的技术特性使其具有弱势特征，农民也往往因为自身人力资本水平低下等因素成为社会的弱势群体，因而纵使消除了对农民的排斥和歧视，农业和农民的弱势特征也可能导致市场竞争的结果让农民处于收入相对低下位置。因此，要解决农民收入问题，除了寻求建立公开、公平、公正的社会体制和市场体系外，还应考虑通过国家的有形之手，对市场分配的结果进行再调节；需要社会的帮助支援，弥补市场分配的不足。发达国家普遍建立了较为完善的农业补贴制度，建立了较为完善的个人所得税制度和社会保障制度，以保证农业从业者和其他行业从业者获得大体均等的收入，保障低收入者获得基本生活条件。要解决我国农民收入偏低的问题，政府除了创造条件让农民充分参与经济活动外，还应制定扶助农民的政策体系，支持农民增加收入，让农民共享社会发展的利益。要进一步完善农业支持体系，加大农业支持力度，创造条件逐步使农业从业者与其他行业从业者获得基本相当的收入。要推进城乡公共服务均等化，大力改善农村公共产品和公共服务，让农村居民均等享受公共服务。扩大社会福利事业的覆盖面，实行精准帮扶，消灭农村绝对贫困，保证低收入农民的基本生活。要调节社会收入差距，缩小贫富差距，控制收入差距，创造一个相对平等的社会氛围。要发挥中华文化团结互助、扶贫济困的优秀精神，积极开展慈善公益事业，帮助农村贫困地区的贫困人口解决生产生活困难，提高农村贫困人口的生活水平。

## 第二节　推动二元经济社会结构转化难点

正如前面分析的那样，不公正的城乡二元社会结构延缓了二元经济结构的转化，阻碍了城市化进程，影响到农民公平参与现代经济活动和平等获取经济报酬的能力。彻底解决农民收入相对偏低问题，必须深化改革，彻底改革城乡二元社会结构，加速二元经济结构转化。但二元经济社会结构是长期历史发展的产物，实现二元经济社会结构转化面临巨大的困难。

首先，二元社会结构政策调整可能遇到城市既得利益者的反对。作为国家工业化战略的产物，二元社会结构在城乡之间人为建立起制度的藩篱，城乡居民经济和社会权利差距明显，居民福利形同鸿沟，城镇居民在就业、教育、粮食供应、社会保障等方面享受较为优越的待遇。尽管在改革开放后国家对某些二元社会结构的制度安排进行了一定程度的调整，如取消了城市居民粮食和副食品的计划供应，但事关城市居民福利的关键制度如就业、医疗、养老等却未得到根本改变。且我国渐进改革进程中，城市作为行政中心、经济中心，集聚资源能力进一步强化，给城市居民带来新的福利，如良好的教育资源、文化资源、医疗资源，更多的就业机会、发展机会和更高的福利待遇，形成新的城乡差别。前期已实施的改革大多是一些能够使各方都能获益的制度变迁，实施较容易。如在20世纪90年代供应充裕的情况下放开粮食等农副产品市场交易，农民增加了生产经营自由，城市居民可以买到多样化的、新鲜的农副产品，国家可以减少农副产品补贴负担，多方获益；再如开放农民进城务工，方便了城市居民生活，降低了企业成本，增加了企业利润和国家税收，农民多了一条增收渠道，也是一场"多方获益"的制度变革。但进一步推进二元社会结构改革，消除不同户籍所黏附着的各种福利差异，实行较为彻底的城乡一体化就业、城乡均等福利会涉及城市居民切身利益，会受到现有体制下相关利益集团的强烈反对。2012年8月国务院转发了教育部等四部委联合制定的《关于做好进城务工人员随迁子女接受义务教育后在当地参加升学考试工作意见》的通知，要求各地于2012年年底出台各自的异地高考具体办法。这一举措由于危害到了农民工流入地区市民的权益，遭到京沪等地区居民的强烈反对，北京有市民到市教委抗议异地高考。[①] 可见纵使利国利民的改革，但只要影响一些群体的既得利益，就可能会遭到强烈反对。深化社会改革，废除二元社会结构必然会触及原有体制下的得益阶层，需要深入调研，精心设计，科学决策，尽可能选择能被大多数人接受的改革方案，减少改革阻力。同时还需要加大宣传教育力度，积极宣传人人平等的理念，形成人人平等的社会文化。引导人们树立平等公正的社会发展理念，引导人们超越自身利益，去追求公平正义，形成牺牲自身利益追求社会正义氛围。必须认识到，改革不公平的旧体制，取消各种限制农民的不合理规定，赋予农村人口同等机会、实现权利平等、机会平等。人的认识、理念改变是一个长期的过程，彻底废除二元社会制度必然是一个长期而艰巨的过程，既需要国家法规制度去推动，也需要每一个人、每一个组织来逐步落实，需要通过创造条件消除各种有形和无形的阻碍实现城乡之间从制度平等到现实平等。

其次，二元经济结构转化遇到非农就业机会不足的难题。加速二元经济结构转化重要条件就是加速第二、第三产业发展，加速就业创造。二元经济转化是非农部门逐渐壮大的过程，是一个经济渐进发展的过程。二元经济转化最为关键的是创造就业吸收农村剩余劳动力。但中国是世界上人口最多的国家，农村劳动力数量巨大，尽管改革开放后我们转移了近3亿农村劳动力，但我国农村剩余劳动力数量仍较大，估计还有1亿左右，为如此巨大规模劳动力转移创造就业机会无

---

① 21世纪经济报道：《20余名北京籍人士到教委抗议异地高考，称权益受损大》，http://news.ifeng.com/mainland/detail_2012_10/19/18384512_0.shtml，2012-10-19。

疑是一件举世难题。从国际国内市场来看，市场需求不足，产能过剩制约产业发展，影响就业机会的创造。20世纪90年代中后期国内市场就已出现"过剩"迹象，1995年第三次全国工业普查显示80%以上的主要工业产品生产能力利用不足或严重不足，1998年12月中央农村工作会议也指出，我国农产品供给由长期短缺转变成"总量基本平衡、丰年有余"。国际方面，21世纪以来，金融危机席卷欧美，重创发达国家市场。在国际国内市场全面过剩的背景下要创造大量就业岗位吸收农村剩余劳动力难度可想而知。此外，目前全球经济进入知识经济时代，产业已高度自动化、电子化、信息化，经济发展对劳动力质量要求越来越高，数量需求越来越少。而我国庞大的农村剩余劳动力却是受教育程度偏低、人力资本积累水平低下的群体，要在知识经济时代为数量庞大的低人力资本群体创造就业岗位确实是一个巨大的挑战。

最后，加大支农力度受财力紧张的制约。2004年以来，我国实施了多项对农业和农民的补贴支持，有力推进农民收入增长，产生良好经济和社会效果。现代发达国家经验和我国的实践表明，反哺农业、加大财政补贴是提高农业生产者收入水平的有效方式。尽管2004年以来国家加大对农业和农民的补贴支持力度，但与发达国家和地区相比，我国农业补贴水平还较低，财政支持农业力度还很有限，需要国家财政进一步加大对农业和农民的支持力度。然而我国经济发展水平较低，财力较为有限，特别是目前我国经济发展进入新常态，经济增速和财政收入增速明显放缓，国家很难连续大幅度增加支农支出。同时我国农民人数众多，纵使人均数额不大的支农项目，也会变成巨大的财政负担。因而不断加大国家财政对农业农村和农民的支持的要求可能会遇到国家财力的约束，引发预算纷争，甚至带来政治和财政风险。如何在满足农民对支农支出增加的愿望同时保证国家财政平衡是一项现实的难题。

## 第三节　加快二元经济社会结构转化促进农民持续增收的对策

### 一　彻底改革二元社会体制，加速劳动力转移

经济发展过程，既是现代第二、第三产业发展壮大的过程，也是城市（镇）化过程；既要实现产业结构提升，也同时要求实现就业结构和社会结构的改进。1978年后，国家实行改革开放政策，对计划经济时期形成的二元社会体制进行调整，城乡二元分割局面已有了一定改变，农村剩余劳动力可进入城市务工经商。特别是进入新世纪后在中央统筹城乡精神指导下，政府对农村劳动力流动政策做了较大调整，国家明确肯定农民工是工人阶级一部分，出手治理拖欠农民工工资问题，废除收容制度，取消农业和非农业户口，建立城乡统一的居民户口，农村劳动力转移就业环境明显改善。但纵使目前城乡户籍标签开始被撕掉，二元体制名义上已不复存在，但劳动用工、社会保障、教育等相关制度的整体格局和关键规定仍呈二元状态，农村劳动力向城市转移仍受到诸多阻碍或限制。第二、第三产业发达，经济机会较多的大中城市就业落户困难重重；迁徙自由、自主择业和公平竞争的劳动力市场尚未从制度上和机制上建立起来。城乡劳动力市场分割仍较为严重，城乡社会保障仍存在巨大鸿沟，流动少年儿童非户籍地的义务教育仍十分困难。为加快劳动力转移，就必须深化户籍制度、劳动用工制度、社会保障制度、城乡教育制度改革，打破劳动力市场分割，取消对农民进城务工就业的职业工种限制，消除对农民工的歧视，加快形成城乡统一、开放、竞争的劳动力市场，形成城乡劳动者平等就业的制度环境。

深化户籍制度改革。改革后我国对户籍制度进行了一系列微调，为农村劳动力流动提供了一定的政策空间。20世纪80年代中期国家开始允许农民自理口粮到集镇落户，允许农民在非户籍地长期居住，农民开始能够进城务工经商。90年代，广东、浙江、山东、山西、河

北等十多个省先后在县城以下的集镇、经济技术开发区试行"当地有效城镇户口",农民可以通过缴纳城镇建设配套费获得非农业户口。进入21新世纪,户籍制度改革加快,在小城镇(含县城)有合法固定住所、固定职业和生活来源的农民,均可根据本人意愿转为城镇户口。2014年,更进一步取消农业户口与非农业户口区分,制定了农业转移人口市民化的政策框架。可以说一系列改革措施为农民转移进城打开了方便之门,农民可以进入城市工作和生活。但截至目前国家只放开了小城市落户,在经济较为繁荣、务工经商机会较多的中等以上城市落户仍遇到一系列条件限制(尽管目前各地具体规定尚未最后确定);农民进城务工仍需申领居住证,并且对申领条件做了许多规定,如深圳的居住证要求拥有所居住房屋的产权,北京规定居住证申领要由用人单位提出申请,要求学士(含)以上学位或具有中级以上职称,且要经区、市两级政府审批,一定程度上提高了农民进城的门槛,增加进城农民负担;具有居住证的转移劳动力所享有的公共服务与当地居民仍有区别。户籍改革应考虑进一步放松对农民城市落户的限制,除极少数特大城市外,其他城市包括省会城市都应考虑对流动人口开放,凡是在城市工作经营一定年限(实行全民纳税申报、以纳税凭证为据)、有合法固定住所、有稳定职业或生活来源的农民都应允许落户城市,实现农村转移人口真正城市化,实现农业剩余劳动力向现代第二、第三产业彻底地、稳定地流动,避免农村转移人口长期在城乡之间漂移。对特大城市,也应实行有条件开放,凡购买了住房、有稳定工作或稳定收入来源、对城市发展作出贡献或城市社会经济发展急需的进程务工经商农民应准予落户。要落实进城农民享有基本养老、基本医疗等城镇基本公共服务,保障进城农民工子女享有平等的受教育权利,落实随迁子女在流入地参加升学考试。减少行政审批,争取推行进城农民在非户籍地的备案登记制度。积极发展电子政务,广泛采用现代互联网等多种形式,方便进城人员办理相关手续。形成鼓励农村劳动力流动的氛围,最终实现市场调解下的自由流动。

建立城乡统一劳动力市场,消除劳动力市场的制度性"壁垒"。在户籍制度没有彻底放开的情况下,所有城市工作岗位向进城务工农民开放,彻底消除对进城农民就业的歧视和限制,形成统一、公平、开放的竞争性劳动力市场是破解二元制度的关键。1978年以来,我国劳动就业制度改革已有很大进展,城镇非公经济包括个体私营企业、外资企业基本上遵循市场原则吸收劳动力,但国有经济和体制内行政事业单位仍高筑壁垒,有的要求有本地城镇户口,有的提出过高的学历或资质要求,排斥农村转移劳动力。下一步要从根本上消除计划经济时期形成的排斥农村劳动力的不合理规定,取消对农民进城就业中的限制,真正破除就业的身份歧视,解决进城流动人员缺乏工作机会问题。政府机关、国有单位要带头向转移农民开放。政府机关、事业单位、国有企业的工作机会,要应向具备条件的全部国民开放,无论居住在城市还是农村,无论是本地还是异地。推进城乡劳动力平等就业,取消各种带有城镇保护色彩和地方保护主义内容的劳动就业规定,建立规范开放的劳动力市场,形成全国范围内的城乡平等就业制度,确保农村劳动者享有平等就业权。制定《公平就业法》,以法律形式禁止任何对外地劳工的歧视,通过法律保护进城农民工公平就业权。

实行城乡统一、易接续的社会保障制度,方便城乡劳动力自由流动。要逐步剥离附着在城市户口上的住房、医疗、社会保障等福利,按照城乡统筹的要求,为城乡人员提供统一均等的基本医疗、养老、失业等社会保障,形成以城乡统一的基本社会保障为基础,行业保险、企业年金和商业保险为补充的等多层次社会保障体系。增加社会保障的统一性和接续性,消除农村劳动力流动的障碍。整合城乡居民基本医疗保险制度,落实完善进城农民医疗保险关系转移接续办法和异地就医结算办法,使转移农民工医疗保障落到实处;整合城镇居民养老保险(城居保)和农村居民养老保险(新农保),制定进城农民养老保险关系转移接续办法,方便进城农民接续养老保险关系,保证进城农村劳动力顺利纳入城市社会保障体系,保证流动农民工的权益。废除对外地户口购房的限制,逐渐把进城落户农民纳入城镇住房保障体系,采取多种方式保障农业转移人口基本住房需求。建立跨地区、跨部门的信息资源共享平台,方便流动人员跨区享受各项社会保障服务。

消除身份性歧视，给予农村进城劳动力平等待遇，使农民工在工资报酬、工作时间、劳动福利等方面享受与城镇居民同等的待遇。加强对进城务工者的权益保护，改变某些城市企业特别是私营企业损害劳动者基本权利的做法，禁止超时劳动，禁止随意解雇劳动者，逐渐提高最低工资标准，让流动劳动者过上有尊严的生活。政府相关部门应制定并严格执行相关法律法规，倡导公平公正的劳资关系，规范企业用工行为，严格执行最低工资制度和国家的各项劳动安全基准制度，保护劳动者权益。此外要加强民营企业工会的建设，在民营企业建立集体谈判制度，保护农民工的合法权益，提高农民的工资性收入。

## 二 大力发展第二、第三产业，拓展劳动力转移空间

二元经济结构下农业部门过剩劳动力滞留所导致的农业部门比较劳动生产率低下和外出就业面临严重过剩的劳动力市场环境，是制约农民收入增长的重要市场因素。要改变二元经济结构条件下农民面临的不利经济条件，提高农民收入水平，就要大力发展第二、第三产业，加快转移农村剩余劳动力，实现二元经济转化。为此要注意保持经济适当增速，积极拓展国内外市场，积极发展劳动密集型产业，为转移劳动力提供充足的就业空间。

要保持宏观经济持续稳定发展，保证宏观经济适当增速。宏观经济稳定发展会形成稳定消费和投资预期，会稳定劳动力市场需求。如果宏观经济萎缩，生产和投资收缩，对劳动力市场的派生需求就会减少。所以保持经济发展对吸收劳动力至关重要，只有宏观经济稳定发展，劳动力市场才会保持旺盛需求，农村过剩劳动力才有转移的机会。国家要加强宏观经济调控，保持经济稳定增长。作为发展中国家，我国基础设施特别是农村基础设施还比较落后，投资空间还很大。必要时可加大国家基础设施投资，以投资带动经济发展，维持经济中、高速增长。

要注意拓展国内外市场，加快第二、第三产业发展，特别是劳动密集型产业发展。改革开放后，我国改变了重生产、轻消费的重工业

优先发展模式，积极发展消费工业品，积极发展城市第三产业，既丰富了人民群众生活，又解决了就业问题，为农村劳动力转移就业提供了机会。特别是我国积极承接国际产业转移，发展劳动密集型加工制造业，形成强大的制造品出口生产能力，成为"世界工厂"，吸纳大量农村剩余劳动力转移就业。随着经济发展，劳动力成本上升，我国外贸出口比较优势有所下降，但目前仍有一定竞争力。基于人口数量庞大、劳动力严重过剩的国情，我国应继续发展劳动密集型产业，加大劳动密集型产品出口。要发挥我国贸易大国的优势和近三十年发展外向型经济的经验，全方位拓展国际市场，不仅要瞄准欧美发达国家市场，还要注意开拓新兴市场和一些欠发达国家市场，不断扩展市场空间。要把发挥劳动力资源优势和发挥技术优势结合起来，提高劳动生产率，化解劳动力成本上升不利因素，巩固扩大中国产业在国际市场的地位。加强人员培训，提高出口产品质量，创造中国出口产品品牌，以质量和品牌维持市场优势。积极组建劳务出口公司，开展海外劳务合作项目，加大海外市场开拓步伐。要积极拓展国内市场。改革国民收入分配格局，增加低收入阶层收入水平，提高国内市场需求水平，增强国内市场活力。要深化供给侧结构性改革，加大产品创新力度，提高产品性能，引领市场，创造需求。要加强品质管理，提高产品质量，树立中国制造的市场形象，增强公众对中国制造的信心，减少对国外产品的需求，实现进口替代。第三产业具有投资少、吸纳劳动力多的优点，要利用改革开放后城乡居民收入增长和城市化率提高的良好机会，发展城乡第三产业，方便群众生活，吸纳农村劳动力。

**三 发展县域工业，推动城乡均衡发展**

农村地区经济要素稀疏、经济机会短缺，影响农村劳动力利用水平，影响农民收入增长。促进农民转移就业，提高农民收入除了推进城市化让农民迁移进入城市第二、第三产业外，另一种方式就是让农民就地就近从事第二、第三产业。

改革开放初期，国家推行离土不离乡，号召农村发展乡镇企业，而计划经济所造成的商品短缺给乡镇企业带来了巨大市场的空间，一批乡镇企业脱颖而出，为农民转移就业、转移增收做出了巨大的贡献。邓小平南方谈话后，大批外资企业涌入，市场竞争日趋残酷，乡镇企业逐渐分化，内地乡镇企业大多衰落；沿海特别是珠三角、长三角乡镇企业转型升级，与外资企业一起，形成产业快速发展集聚的局面，吸收大批劳动力特别是中西部劳动力转移就业，对增加迁出地农民的工资性收入做出了重大贡献。但迁移就业增加了农民外出就业的经济成本和心理成本，也带来了严重交通压力，引发留守儿童、老人赡养等很多社会问题。同时，经过三十年的发展，我国城市地区特别是东部沿海城市产业过度扩张带来交通拥堵、三废排放超标、地价房价腾贵、劳动力成本上升等问题，亟须实施产业转移。发展县域经济让农民实现就近就（兼）业，有助于农民就地转移实现增收，同时也可以避免农民跨区转移就业带来的社会问题。日本和我国台湾地区的经验表明，推动工业下乡，发展农村工业，让农民住在自己家里，就近就（兼）业，可以有效降低农民就（兼）业的成本，使农村劳动力得到更充分的利用，增加农民的务工收入。同时发展县域工业，避免第二、第三产业过度集中造成的部分地区城市过度发展而广大乡村经济凋敝的局面，有助于形成城乡协调发展局面。因此，必须采取积极措施，要积极引导沿海现代工业现代服务业向经济落后的内地转移，向县城和小城镇转移；鼓励县域民营经济发展，鼓励农民就地创业，促进县域第二、第三产业特别是县域工业发展，繁荣县域经济，方便农民就近就业或兼业。

国家要加强对县域基础设施投资力度，改善农村基础设施条件。供水、供电、道路和仓储、邮电通信等基础设施作为外部条件，对企业生产经营具有重要影响，良好的基础设施可以降低企业运行的成本，提高企业的生产效率；反之基础设施缺失，可能使企业的生产经营难以开展，或者使企业的生产活动成本高昂。因而基础设施状况就成为吸引投资、促进创业的重要因素。农村地区远离经济中心，缺少产业集聚配套，缺少规模经济效应，在市场竞争中往往处于不利条件，需要政府加大水、电、路等基础设施投资力度，改善基础设施条件，降低企业运行成本，吸引更多投资项目，为农村劳动力就近转移就业提供机会。

农村地区要积极改善营商环境，吸引外部投资者落户，促进本地居民投资创业。应简化行政审批，甚至考虑在经济欠发达县域取消行政审批，只要符合区域用地规划，符合产业规划和环保要求，就不再进行审批，以方便农村地区投资兴业。落实农民用地自主权，对农村建设用地给予支持。允许农民在规划基础上自建工业区招商引资。要降低农村工业的税费，设计出有差别的税率体系，吸引工业扩散到农村地区。

**四 积极发展现代农业**

发展现代农业、挖掘农业潜力是促进农民增收的重要途径。从长远来看，农民应当是以农为主，解决农民收入相对低下问题，离不开发展农业这个主要途径。我国是世界上人口最多的国家，食品需求巨大，农产品市场潜力很大。而目前我国农业发展水平还比较落后，无论是从农产品数量角度，还是质量、花色角度来看，农业发展水平与民众需求还有较大差距；与发达国家相比我国农业产出水平还较低，质量还有改进的需要。随着城乡居民生活水平的进一步提高，特别是随着工业化、城市化的发展，我国农产品需求水平会进一步提升，需求结构会进一步优化，农业发展的市场空间还会进一步拓宽。因此，提高农民收入，农业内部还有不少发展空间。应以市场为导向，挖掘农业潜力，发挥比较优势，因地制宜，调整结构（品质），大力发展特色农产品生产，促进农民增收。特别是适应民众生活水平提高后居民消费结构优化升级的需要，优化生产结构，加大肉、奶、蛋、蔬菜、水果等优质保护性食品生产，增加农民收入。山东寿光农民发展蔬菜、陕西农民发展优质苹果等树立了依靠发展现代特色农业致富增收的成功范例。要顺应现代社会市场需求变化，提高特色农产品质量，提高产品档次，大力开展优质、无公害农产品生产，提高农业收益。要按照现代化商品化要求改造农副产品生产、销售、包装环节，提高农产品种植的规范化、标准化水平，提高农产品质量水平。

除此之外，现代社会，城市工业经济发展带来交通拥挤、空气污染、工作节奏过快、人际关系复杂等很多负面效应，许多人向往回归田园生活，农业和农村成为人们精神上的归宿。国家现代化水平越高，农业越显得珍贵，农业不但具有提供食品的工具性价值，农业也承载着人类发展的历史和农业文明的遗迹，因而在城乡居民达到较高水平的条件下，利用农村丰富多彩的自然环境和农业景观发展休闲农业、观光农业，把历史人文景观、自然资源景观、农村文化活动和农业生产活动结合在一起，为城乡居民提供观赏、品尝、购物、体验、休闲、度假服务，是增加农民收入的有效途径。可以肯定，随着城市化进程深入，农村、农业的文化价值、社会价值越来越被人们所重视，休闲农业、观光农业越来越重要，具有广阔的发展前景。

**五 推进农业生产规模化、组织化和产业化**

加速实现农业规模经营。均田承包的土地经营制度导致我国农户小规模经营，缺乏效率，既延缓农村劳动力向第二、第三产业转移进程，也不利于扩大农户生产经营规模，制约农民增收和农业发展。为此必须改革和完善农村土地制度，加速土地流转。积极探索包括转包、反租倒包、抵押、出让、租赁、委托经营、互换等农村土地流转形式，促进农村土地流转，扩大农户经营规模，让留守农民通过扩大经营规模增加农业经营收入。要落实中央提出的"三权分置、经营权流转"政策，并形成所有权、承包权、经营权三权分置，促使承包权和经营权分离，利用市场化交易方式转让农村土地的经营权，加快农村土地流转，提高农民的土地收益，推动农业的规模经营扩大，提高农业生产效率，提高农民经营收入，并推动劳动力流动，助力农民工资性收入增长，实现"一石三鸟"。

推进农业组织创新。农产品的自然特性和市场特性使得农民在市场交易中往往处于不利地位。要改变农民在市场中的弱势地位，需要建立农民的组织，增强其维护自身权利的能力。政府要大力倡导发展农民合作经济组织，建立健全行业协会。要鼓励农民在自愿的基础上发展农民专业合作组织，把从事同类农产品生产经营的农户组织起来，构建集约化、专业化、组织化、社会化经营相结合的新型农业经营体系，在技术、资金、信息、加工、储运等环节实行集中管理和集中服务。通过农民专业合作组织提供的各种中介服务，解决农户分散经营与大市场的矛盾，实现让分散的农户经营与广阔的市场有效对接，并降低农民生产经营中的成本。充分发挥农民组织的协调和制衡作用，增强在销售市场和生产资料市场的谈判能力，以降低成本增加收益。注意培育农产品市场多元化交易主体，逐步解决国有农产品收购部门（特别是粮食）垄断市场的局面。

推进农业产业化，延长农业产业链条。有人测算，我国农产品加工产业产值与农业产值的比值，每增加 0.1 个百分点，就可以带动 230 万人就业，带动农民增收 193 元，而且增长潜力很大。① 目前，我国农业产业化发育程度低，农业产业化链条短，产品附加值水平低，影响农民增收。必须大力促进农产品生产的产业化，延长产业链条，实现农业基础上的第一、第二、第三产业融合发展，增加附加值，带动农民增收。要培育一批有较强竞争力和带动力的龙头企业，支持龙头企业开展农产品精深加工，延长农业产业链。完善通过订单农业、股份制、股份合作制等联结方式，完善龙头企业带动农民增收的机制。积极支持规模较大、带动作用强的专合组织对农民进行技术培训，拓宽和强化营销等服务功能。

### 六 加强农村地区教育，提升农村人口知识与技能水平

推进城乡基础教育均衡化发展。城乡二元体制下教育投入制度使农民负担了沉重的教育成本，不但严重影响农民当期生活水平，而且影响农村教育质量的提高，影响农民知识技能水平的提高。加大国家对农村教育投入，实现城乡教育均等化发展，提高农村居民的知识和技能，就成为增加农民收入的必然选择。教育特别是基础教育具有公共产品的属性，教育公平是社会公平的基础，发达国家普遍重视教育投资，着力保证教育均等化，保障公民教育公平。从 21 世纪初开展农村税费改革以来，国家提高了中央财政对义务教育投资的比例，减轻了农民教育投资负担，对促进农村地区教育发展具有积极意义。但长期城乡二元的教育投入体制致使农村教育基础设施和师资队伍建设欠账很多，同时市场经济加快了农村凋敝和农村教育衰落，加之农村地区自然条件相对较差，导致农村教育落后状况改变非常困难。在新

---

① 蔡红霞：《当前农民增收的制约因素及对策》，《理论前沿》2009 年第 17 期。

形势下，要大力促进教育公平，教育资源配置要向农村、边远、贫困地区倾斜，合理规划农村学校布点，要从方便农村青少年受教育、降低受教育者经济成本和时间成本的角度出发维持必要的教学点密度，不能片面追求经济效益而搞撤校并点；应在财力、师资上对农村教育有更大的倾斜，进一步加大对农村地区教育发展的支持力度，增加农村学校基本建设专项补助的力度，保证农村教育基础设施达到统一标准；制定强有力政策鼓励青年教师到农村地区任教，组织城乡学校对口支援、教师轮岗等措施，加强农村学校师资水平，让农村地区青少年就近接受符合国家统一质量标准的、高水平的基础教育，真正实现全国城乡教育服务的均等化、普遍化。除此之外，由于农村地区贫困现象严重，国家还需要对贫困和低收入农户子女就学提供必要的助学资金和帮扶措施，提高家庭经济困难学生资助水平，使他们能免除学习的后顾之忧，切实保证贫困和低收入农户子女的受教育权利。

加大对农民的专业技能培训，提高其素质和技能水平，增强其从事农业生产经营及转移就业的能力。如前所述，目前我国农民的人力资本水平较低，已影响到现代农业发展和我国制造业、服务业的水平提升，也制约农民收入增长。政府应积极开展农民继续教育培训，各级社会公益组织也要参与农民培训，让农民便捷地获得现代文化知识和生产技能。要根据劳动力自身需求及特点开展针对性技能培训。针对留守农村、专门从事农业生产的农村劳动力可围绕主导产业开展形式多样的生产技术培训，传授农业实用生产技术，提高种植和养殖水平，促进其提高农业生产经营水平。特别是要加强对专业大户、家庭农场经营者、农民合作社带头人培养培训力度，使之成为农村致富带头人。从长远考虑，还需要加强农村基础教育和职业技术教育，提升新一代农民的综合素质。针对转移就业农民，要大力开展现代科学知识和文化教育，让转移农民工了解现代城市，了解现代工商业生产活动知识，掌握一定的专业技能，增强农村人口转移的能力。要以市场需求为导向，根据不同行业、不同工种、不同岗位对从业人员基本技能和技术操作规范的要求，采取现场指导模式和示范基地模式等灵活多样的培训模式，增强培训效果，提升转移劳动力技能水平。

加强农村文化建设，培育自尊自强、积极进取的意识。贫困文化论认为，穷人因为贫困而在居住等方面具有独特性，并形成独特的生活方式，这样就产生出独特的文化观念和生活方式。贫困文化塑造着在贫困中长大的人的基本特点和人格，使他们即使遇到摆脱贫困的机会也难以利用它走出贫困。中国农村特别是边远农村长期贫困，影响着农村居民的知识水平、价值观念、行为方式、交往能力，在某种程度上形成贫困亚文化。大多数农村贫困人口安分知足、怕冒风险，缺少打破现状、追求现代生活的进取精神，缺少抓住利用经济机会摆脱贫困的创业意识、冒险精神。农村教育不但要培养农民及其子女的文化和技能，更应当培养他们的市场观念和进取意识，要改变低收入阶层安于现状、消极等待的观念，帮助他们树立积极进取的精神，鼓励他们通过辛勤劳动和灵活经营增加收入，实现美好生活。帮助他们树立发展商品经济所需的市场意识和竞争意识，鼓励他们积极创业，勇于竞争。

### 七 创造条件增加农民财产性收入

财产性收入是居民收入的重要组成部分。经济越发达，财产性收入越重要。在发达市场经济国家，人们普遍拥有迁徙自由和经营自由，但总有一些群体由于缺少一定的财产作为经营的资本和个人发展的基础，只能从事一些不稳定的且收入较低的工作，长期处于相对贫困状态。解决中国农民收入问题、缩小城乡收入差距，必须重视增加农民财产性收入，注意缩小城乡财产性收入差距。从财产拥有量来看，目前我国农民人均拥有的金融资产水平还较低，但我国农民拥有农村集体土地的承包经营权、农村公共用地的收益权、拥有宅基地、房屋和各种农村生活用具、农业生产用具，资产总量不少。如2012年数据显示我国农村耕地总计20.27亿亩[1]，集体建设用地约4亿亩，农民住宅约307.7亿平方米[2]，数额相当可观。

---

[1] 国土资源部：《2013 中国国土资源公报》，http：//cn.chinagate.cn/environment/2014-04/23/content_ 32178821.htm。

[2]《中国统计年鉴2013》的数据显示，2012 年我国乡村总人口97065.63 万人，农民家庭人均住房37.1 平方米，两者相乘即得到该数据。

这些资产之所以没有给农民带来丰厚的收入，主要是因为大多农村地域较为偏僻，资产的利用环境不佳，市场需求不旺；更为关键的是这些资产权能受到限制，农民只有占有权和一定方式的使用权，没有完整的财产所有权，没有商业性利用的权利或者处分的权利，如承包经营的土地只能用于农业，不能用于非农用途等，即使农村土地划入城市建设规划范围，也要转变成国有土地后才能用于城市建设。农民拥有的土地等财产不能变成资本，不能处分，流转困难，致使财产收入在农民收入所占比例较低，对农民增收贡献不大。

增加农民财产性收入，首先要加强农村现代化建设，改善农村水、电、路、通信等基础设施条件，提高农民拥有资产的市场需求和市场价值。农村土地房屋的出租出让，与周围基础设施环境紧密相关，离城市越近的房屋土地、基础设施齐全的土地，收益越高。反之，若远离城市或周边环境较差，将无人问津或收益很少。加强农村的水电路等基础设施建设、提供完善的公共服务，改善农民财产的使用环境，增强农民财产的使用机会，能够提高农民所拥有资产的价值，有利于提高农民收入。

增加农民财产性收入，要落实保障农民的各项财产权，特别要注意落实农民土地、宅基地和房屋的产权。从其历史渊源来看，我国农民的承包地和宅基地属于农民。从长期来看，应明确界定农民对农村土地和宅基地的产权。农民不仅应当拥有承包土地和宅基地的占有和使用权，也应明确赋予其相应部分的流转和处分的权利。要明确农民房屋的产权，合理界定农民房屋在房地产市场的性质，促进农民房产的流转，使农民房屋在出卖、出租、抵押、继承等流转中增加财产性收入。加快土地征用制度改革，完善农民土地的征占补偿机制。严格区分公益性用地和经营性用地，合理确定政府的土地征收征用权限和征收征用范围。在农用地转为建设用地环节，经营性土地应由交易双方谈判商定，公益性用地由农民与政府直接进行谈判。同时，对公益性用地进行"同地同价"改革试点，即同样位置的土地，无论征作公益用途或是商业用途，补偿价格保持一致。在保障国家粮食安全的前提下，在符合城乡建设规划的条件下，允许农民把部分集体土地转作工业用地，进行工业生产或者出租用于工业生产；探索建立城乡统一的建设用地市场，在符合规划的前提下，允许农村集体建设用地直接进入市场，直接进行招拍挂。

增加农民财产性收入，还要加强制度创新，方便财产的交易流转。交易方式、交易制度改革可降低交易成本，加速交易进行。目前开展的农村土地确权登记就有助于土地财产权的流转，有利于保障农民权利。要创新土地所有权流转方式，通过鼓励以家庭农场、现代农业园等模式流转集中土地；鼓励成立"土地银行"等土地流转中介组织，鼓励"地票"、城乡建设"用地指标"等权益资产的交易，加快土地资产的合理利用。加快宅基地流转，加快农民房屋流转，盘活农民承包地、宅基地、房屋。切实保障流动农民的经济利益，探索对农民集体资产收益权的保障形式，让进城务工农民通过出让土地、宅基地、集体资产收益权获得合法财产收入。鼓励有条件的县区发展土地流转服务组织，为流转双方提供信息沟通、法规咨询、价格评估、合同签订、纠纷调处等服务。

**八　加大财政对农业、农村和农民的支持力度**

加大公共财政对农业、农村和农民的投入和支持。计划经济时代国家处于工业化初期，为加快发展，国家把大量财政资金用于生产建设，既无力顾及广大农村的生产生活设施建设，也无力对数量巨大的农民群体进行扶助，形成农村公共产品主要由农民自行负担的局面。随着我国工业化进程推进，国家财力增长，已经具备了将基础设施和公共服务体系建设重点转向农村的基本条件和能力。应改变财政支出的城市偏向，树立城乡统筹的理念，把农业发展、农村建设、农民增收纳入公共财政统筹范围，提高财政对农村公共事业的保障水平，促进城乡基本公共服务均等化，推动农民收入稳步提高。从 21 世纪初国家开始实施一系列反哺农业、支持农业发展的措施，加大了对农村公共产品投入力度，农村公共设施得到较大改善，农民收入增长加速。但我国农村公共产品历史欠账严重，农业基础还很薄弱，农村设施还很落后，农民收入水平还很低；横向比较，国家财政"三农"支出比例远低于发达国家。下一步要把支农作为国家财政支出的重点，加大对农业和农村地区投入力度，弥补农业生产设施和农村地区社会事业发展的历史欠账。财政支农支出要考虑农民数量，考虑农村地域广阔的特点，满足向农村和农民提供公共产品的需要。

加大农业补贴力度。农业是唯一提供食品的生产部门，农业发展对保证粮食安全、维护社会稳定具有重要意义，农业还具有涵养水源、净化空气等多种外部收益，农业生产具有公共产品属性，但农业是弱质产业，农业面临较大的自然风险和市场风险。为保护农业生产者的利益，稳定农业生产，发达国家对农业生产或明或暗地给予扶持，形成了从价格支持、贸易保护、投入支持、直接收入补贴等多样化的、完备的农业保护与农民收入支持体系，促进了农业发展和农民收入增长，如美国农民的收入40%来自农业补贴。而我国长期实行挤压农业政策，造成农业落后、农民贫穷。进入21世纪后，国家取消了农业税，并实施以对种粮农民直接补贴、农资综合直补为主要内容的收入补贴和以良种补贴、农机具购置补贴为主要内容的生产性专项补贴以及粮食最低收购价政策相结合的补贴政策体系[1]，但受财力所限，我国对农业支持的力度还很小，农业补贴水平还很低，农民所得到的收入比较有限，目前全国每年农民人均获得补贴400元，占农民人均纯收入5%左右，同发达国家农业支持力度相比还有很大的差距。下一步，要进一步改革观念，改革预算管理制度，真正把"三农"支出放在国家财政支出的重要位置上，不断加大公共财政对农业支持，加大财政对农业和农民的收入支持力度，努力达到《农业法》所规定的财政对农业总投入的增长幅度高于国家财政经常性收入的增长幅度的要求，保护农民从事农业生产积极性，保证粮食及其他农产品供给，缩小农民与其他行业的收入差距，解决农业生产比较利益偏低的问题，最终实现让农业生产与其他行业收入相近的目标。要遵循WTO规则，加大对生产者的直接支付，包括不挂钩的收入支付、收入保险和净收入保障计划等"绿箱"项目支持力度，要从注重提高农业综合

---

[1] 王姣：《农民直接补贴政策的国际比较及我国的完善对策》，《农业现代化研究》2005年第4期。

生产能力，转向注重保障农业生产者的收入。要注意运用农产品的储备制度和价格调节基金等手段维持合理的农产品价格水平。目前我国城市居民恩格尔系数已降到35.02%，城镇居民对食品价格的承受能力大大提高，价格调价的目标应是维持合理的食品价格，保证农业生产者受益。国家可采取保护价收购、休耕、进口配额等措施，将农产品价格维持在合理水平，保护农民利益。

加快完善农村社会保障。除了加大农业补贴，还需要建立农民收入的保障机制，要把缺少生活来源的农村人口都纳入农村最低生活保障体系中去，让其获得保障基本生活的收入来源。从长远来看，要建立城乡统一的税收制度，在考虑各地区生活费用差异基础上，实行统一个人所得税制度，对低收入阶层，实行负所得税，切实保障低收入阶层基本生活，充分发挥税收的调节作用。建立城乡统一、相互衔接的基本社会保障制度，提高社会保障水平。2003年以来，国家按照低水平、广覆盖、有保障的原则，建立起农村基本医疗保险、基本养老保险、最低生活保障和规范化的政府救济制度等农村社会保障体系的基本框架，新型农村合作医疗2007年基本覆盖全国所有省区，新型农村养老保险2011年已推广到全国，农村最低生活保障制度覆盖全国所有省区。但目前约有近1亿农民未参加养老保险，农村最低生活保障离应保尽保差距较大，"新农合"和"新农保"也未能做到全覆盖。此外目前社会保障标准偏低。如农村养老保险养老金标准只有50元/月，很难完成养老的重任。因此，要拓展新型农村合作医疗和新型农村养老保险覆盖面，需要扩大农村最低生活保障覆盖面，要将满足条件的农民都纳入保障范围，做到应保尽保。并提高农民医疗保障和养老保障水平，在国家财力所能及的条件下，适当提高保障标准，真正起到保障作用。逐步建立农民职业年金制度，保证农民年老退休后生活水平，缩小城乡不同职业之间养老金差距。并随着国家社会经济发展，逐步提高农村社会保障标准，缩小城乡社会保障差距，最终形成城乡一体化的社会保障制度，使农民共享改革发展成果。

加大对农村公共产品投入，让农民享受均等化公共服务。改变二元社会结构条件下城市偏向的财政政策，树立统筹发展思路，把农村地区的教育、医疗、交通等公共产品供给纳入到国家整体的财政预算中来，统筹安排城乡公共产品的供给，促进城乡一体化融合发展。改革财政体制，强化一般性转移支付，削减规范专项转移支付，加大对农村地区财政的转移支付力度，保证农村地区公共产品供给需要，保证城乡居民能够享受到大体相当的公共产品和公共服务。[①] 加大对农村基础设施建设的投资力度，完善农村水电、道路、灌溉等公共设施，为农业生产和非农经营打下坚实的基础。激发农民建设新农村的意识，改善农民居住环境和生活水平。避免不同地域公共产品筹措机制的不同，避免不同地域税收负担的差异，加大中央和省级财政的宏观调控，保证基本公共产品的均等化。

### 九 鼓励支持民间力量参与农村扶贫增收

市场经济条件下，公民个人和民间组织是解决社会问题不可或缺的一支重要力量。我国农村区域广阔，农村人口数量庞大，收入低下，促进农民增收，实现农民小康任务十分艰巨。要解决农民收入相对偏低的难题，既要靠政府加大投入，要靠农民自身努力，还应注意发挥民间社会组织和个人的作用，利用好民间的正义和慈善的力量。近年来一种称为市民农业（civic agriculture）的农业模式在美国得到广泛重视和推广，农业生产不再追求面向国际国内市场、为海内外市场生产农产品，而是倡导面向当地市场，满足当地群众需求。城镇中产阶级与当地农民相互联手，签订契约，城镇居民向农民提前支付一定数量现金，农民则向城镇居民提供自己生产的蔬菜等农产品，既有交换成分在内，也蕴含着城镇中产阶级对当地农业生产者的支持与帮助。如果天气原因，农业收成欠佳，城市居民也会分担风险，不再要求农民提供农产品。此外，美国还注意通过吸引投资发展区域经济，改善农村社区管理，提供更多就业机会来解决美国农村贫困问题。中华民族有扶贫济困的优良传统，近年来国内许多企业和个人积极参与扶贫开发、扶贫救助，有的企业家利用工业利润兴办现代农业产业园

---

① 解建立：《中国特色的城乡公共产品均衡化供给问题研究》，博士学位论文，河北师范大学，2007年。

区，向农民提供就业机会；有的企业家直接向农村贫困人口捐款捐物，对促进扶贫对象脱贫增收起到了积极的作用。但受体制、文化等因素限制，民间力量在中国农村减贫扶贫上的作用还没有得到很好的发挥。下一步要完善法律法规，加大舆论引导，吸引支持更多力量参与到农村扶贫增收活动中来。要完善所得税抵扣政策，鼓励企业和个人向农村贫困人口捐钱捐物；鼓励各类组织和个人设立助农基金，支持农民创业，支持农民发展特色经济；鼓励企业和个人参与农村学校、医院、养老院、孤儿院及水电道路等基础建设，鼓励企业和个人设立公益性企业，吸纳当地贫困及残障人口就业；鼓励企业和个人向农民定向捐助，鼓励城乡志愿者参与农村教育、医疗、养老、文化娱乐等公益事业，开展教育扶贫、医疗扶贫，改善提高农村人力资本，提高农村居民福利水平。鼓励技术人员科技扶贫、信息扶贫，助力农民提高生产技术水平，改进生产经营活动。鼓励发展城乡村社之间、个人之间结对子，建立稳定帮扶关系，帮助农民增收。

# 参考文献

[1] 阿塞·刘易斯：《发展计划》，北京经济学院出版社 1988 年版。

[2] 国家统计局：《农民增收调查研究》，山西人民出版社 1987 年版。

[3] 柯炳生：《对我国农民收入问题的分析》，《农业经济问题》1992 年第 4 期。

[4] 盛来运：《农民收入增长格局的变动趋势分析》，《中国农村经济》2005 年第 5 期。

[5] 张车伟、王德文：《农民收入问题性质的根本转变》，《中国农村观察》2004 年第 1 期。

[6] 冉光和：《中国金融发展与农民收入增长》，《经济研究》2005 年第 9 期。

[7] 陶勇：《增加农民收入的财政支持研究》，《财经研究》2001 年第 7 期。

[8] 白硕：《科技促进农民收入持续增加的障碍与对策研究》，《农业技术经济》2004 年第 2 期。

[9] 刘拥军、薛敬孝：《加速农业市场化进程是增加农民收入的根本途径》，《经济学家》2003 年第 1 期。

[10] 杨雍哲：《农业发展新阶段与结构调整》，《农业经济问题》2000 年第 1 期。

[11] 杜吟棠：《农业产业化经营和农民组织创新对农民收入的影响》，《中国农村观》2005 年第 3 期。

[12] 吴敬琏：《农村剩余劳动力转移与"三农"问题》，《宏观经济研究》2002 年第 6 期。

[13] 黄季焜:《对农民收入增长问题的一些思考》,《经济理论与经济管理》2000 年第 1 期。

[14] 陈锡文:《试析新阶段的农业、农村和农民问题》,《宏观经济研究》2001 年第 11 期。

[15] 韩俊:《解决农民增收困难要有新思路》,《经济与管理研究》2002 年第 5 期。

[16] 张晓山:《调整国民收入分配格局,增加农民收入》,《宏观经济研究》2001 年第 5 期。

[17] 盛洪:《让农民自己代表自己》,《经济观察报》2003 年 1 月 27 日。

[18] 党国英:《依靠农民落实农民增收政策》,《调研世界》2002 年第 5 期。

[19] 贺京同:《必须改善农民在我国收入分配中的地位》,《南开学报》(哲学社会科学版) 2004 年第 3 期。

[20] 陈耀邦:《积极推进农业和农村经济结构的战略性调整》,《求是》2000 年第 20 期。

[21] 迟福林:《给农民全面国民待遇》,《农村工作通讯》2003 年第 3 期。

[22] Simon Kuznets, "Economic Growth and Income Inequality", *American Economic Review*, March 1955, pp. 1 – 28.

[23] Adelman, 1978, Redistribution before Growth—A Strategy for Developing Countries, Martinus Nijihof: the Hague.

[24] Ahluwalia, "Inequality, Poverty and Development", *Journal of Development Economic*, Vol. 3, 1976.

[25] Meier, G.M., *Leading Issue in Economic Development*, London: Oxford University Press, 1984.

[26] Ivan Szelenyi, "Social Inequalities under State Redistributive Economies", *International Journal of Comparative Sociology*, 1978, 1: pp. 61 – 87.

[27] Victor Nee, Ivan Szelenyiand Eric Kostello, "An Outline of An In-

stitutional Theory of Social Inequality in Transitional Societies", Paper Presented at the Conference on New Institutionalism in Economic Sociology, Cornell University, 1994.

[28] John C. H. Fei Gustav Rains, Growth and Eevelopment from an Evolutionary Perspective, 1999, Blackwell Publishers Ltd.

[29] Hazari, J. and Mtodaro, "Migration, Unemployment and Development: A Two Sector Analysis", *American Economic Review* 40, pp. 126 – 142.

[30] Myrdal, G., Asian Drama – An Inquiry Into the Poverty of Nations, Vintage Books, 1972.

[31] Amartya Sen, *On Economic Inequality*, Oxford University Press, 1997.

[32] Rural Sociological Society, Task Force on Persistent Rural Poverty: Persistent Poverty in Rural America Westview Press, 1993.

[33] John Gile, Rural – Urban Migration in China Asian Economic Journal, Volume 16, Issue 3, Page 263, December 2002.

[34] Steven Zahniser, "The Determinants of Temporary Rural – to – Urban Migration in China", *Journal of International Development*, Vol. 15, Issue 8, pp. 939 – 955.

[35] Cynthia M. Duncan Worlds Apart: Poverty and Politics in Rural America, Second Edition Yale University Press.

[36] 秦晖:《田园诗与狂想曲》,中央编译出版社1996年版。

[37] 张晓山等:《农民增收问题的理论探索与实证分析》,经济管理出版社2007年版。

[38] 约翰·伊特韦尔等:《编新帕尔格雷夫经济学大辞典》(第二卷),经济科学出版社1992年版。

[39] 郑杭生:《改革开放三十年:社会发展理论和社会转型理论》,《中国社会科学》2009年第2期。

[40] 厉以宁:《转型发展理论》,同心出版社1996年版。

[41] 阿塔纳修斯·阿西马克普洛斯编:《收入分配理论》,赖德胜等译,商务印书馆1995年版。

［42］Irma Adelman and Cynthia Taft Morris,"Economic Growth and Social Equity in Developing Country ", Stanford University Press, 1973.

［43］张道根:《经济发展与收入分配》,上海社会科学院出版社 1993 年版。

［44］周振华、杨宇立:《收入分配与权利、权力》,上海社会科学院出版社 2005 年版。

［45］哈耶克:《致命的自负》,中国社会科学出版社 2000 年版。

［46］叶初升、施颖:《发展经济学视野中的收入分配问题》,《江西社会科学》2005 年第 11 期。

［47］德布拉吉·瑞著:《发展经济学》,陶然等译,北京大学出版社 2002 年版。

［48］冈纳·缪尔达尔:《亚洲的戏剧——南亚国家贫困问题研究》,首都经济贸易大学出版社 2001 年版。

［49］商晨:《利益、权利与转型的实质》,社会科学文献出版社 2007 年版。

［50］孙圣民:《政治过程、制度变迁与经济绩效》,博士学位论文,山东大学,2007 年。

［51］伦斯基:《权利与特权》,浙江人民出版社 1987 年版。

［52］李保平:《中国转型时期公共政策的社会排斥研究》,博士学位论文,吉林大学,2006 年。

［53］思拉恩·埃格特森:《经济行为与制度》,商务印书馆 2004 年版。

［54］李实、罗楚亮:《中国城乡居民收入差距的重新估计》,《北京大学学报》(哲学社会科学版) 2007 年第 3 期。

［55］Myrdal, G., Economic Theory and Under - Regions, London: Methuen Co. Ltd. (1957). 转引自叶初升《发展经济学视野中的收入分配问题》,《江西社会科学》2005 年第 11 期。

［56］冈纳·米尔达尔:《富裕国家与贫穷国家》,许大川译,台湾银行经济研究室 1969 年编印。

［57］李忠明:《贫困的经济学分析》,博士学位论文,复旦大学,

2008年。

[58] 林红玲：《制度经济效率收入分配》，经济科学出版社 2002 年版。

[59] 温铁军：《三农问题与世纪反思》，生活·读书·新知三联书店 2005 年版。

[60] 周其仁：《收入是来一连串事件》，北京大学出版社 2006 年版。

[61] 阿马蒂亚·森著：《贫困与饥荒》，王宇等译，商务印书馆 2004 年版。

[62] 卢荣善：《从国际比较看中国农民持续增收的有效途径》，《经济学动态》2007 年第 11 期。

[63] R. 坎伯、J. 麦金托什：《二元经济》，《新帕尔格雷夫经济学大辞典》（中文版）第 1 卷，经济科学出版社 1996 年版。

[64] 林毅夫：《中国的奇迹：发展战略与经济改革》，上海三联书店 1994 年版。

[65] 夏耕：《中国城乡二元经济结构转化研究》，北京大学出版社 2003 年版。

[66] 陶文达：《中国社会主义经济发展概论》，辽宁人民出版社 1991 年版。

[67] 冯海发、李溦：《我国农业为工业化提供资金积累的数量研究》，《经济研究》1993 年第 9 期。

[68] 高帆：《中国二元经济结构转化：轨迹、特征与效应》，《学习与探索》2007 年第 6 期。

[69] 王国霞：《我国农村剩余劳动力转移问题研究》，《山西大学学报》（哲学社会科学版）2007 年第 4 期。

[70] 胡景北：《中国乡城移民的宏观经济学》，http：//www.hujingbei.net/。

[71] 马颖：《结构主义发展思路的收入分配理论研究新进展》，《经济学动态》2003 年第 12 期。

[72] 朱鸿博：《征服后的遗存：现代拉美社会结构再思考》，《复旦学报》（社会科学版）2004 年第 4 期。

［73］刘明宇：《制度分工演化与经济绩效》，博士学位论文，西北大学，2004年。
［74］周玉：《制度排斥与再生产》，《东南学术》2006年第5期。
［75］周作翰、张英洪：《解决三农问题的根本：破除二元社会结构》，《当代世界与社会主义》2004年第3期。
［76］夏耕：《城乡二元经济结构转型的制度分析》，《山西财经大学学报》2004年第4期。
［77］刘祖云：《论社会转型与二元社会结构》，《中南民族大学学报》（人文社会科学版）2005年第1期。
［78］刘育喆：《经济权利的宪法保障》，《长白学刊》2004年第2期。
［79］［英］弗里德里希·冯·哈耶克著：《自由秩序原理下卷》，邓正来译，生活·读书·新知三联书店1997年版。
［80］马颖：《爱尔玛·阿德尔曼的结构主义收入分配理论述评》，《经济评论》2004年第6期。
［81］夏建刚：《我国粮食流通体制改革研究》，硕士学位论文，华中师范大学，2001年。
［82］李勇等：《关于完善农村金融制度加大对"三农"金融支持若干问题的思考》，《金融研究》2005年第11期。
［83］中国社会科学院农村金融研究组：《农村金融需求及金融供给》，《中国农村经济》2000年第7期。
［84］国家统计局农调总队课题组：《城乡居民收入差距研究》，《经济研究》1994年第12期。
［85］安妮克鲁格：《发展中国家的贸易与就业》，上海人民出版社1995年版。
［86］周勇：《少数人权利的法理》，社会科学文献出版社2002年版。
［87］宋洪远：《改革以来中国农业和农村经济政策演变》，中国经济出版社2000年版。
［88］城市流动人口问题课题组：《对于城市农民工政策的反思——以北京市为例》，《中国党政干部论坛》2004年第4期。

［89］崔传义：《中国农民流动研究》，山西经济出版社2004年版。

［90］韩淑梅：《农民权利及其救济》，硕士学位论文，山东大学，2007年。

［91］王美艳：《农民工工资拖欠状况研究》，《中国农村观察》2006年第6期。

［92］刘精明：《国家、社会阶层与教育》，中国人民大学出版社2005年版。

［93］孟昕、张俊森：《中国城镇的双层劳动力市场》，《中国人口科学》2000年第3期。

［94］程延园：《劳动关系》，中国人民大学出版社2000年版。

［95］张晓山等：《农民增收问题的理论探索和实证分析》，经济管理出版社2007年版。

［96］陈广汉、曾奕、李军：《劳动力市场分割理论的发展与辨析》，《经济理论与经济管理》2006年第2期。

［97］国家统计局调研组：《当前农民外出务工情况分析》，载国务院研究室课题组《中国农民工调研报告》，中国言实出版社2006年版。

［98］俞可平：《社群主义》，中国社会科学出版社1998年版。

［99］R. 达仁道夫：《现代社会冲突》，中国社会科学出版社2000年版。

［100］费景汉、拉尼斯：《增长和发展：演进观点》，商务印书馆2004年版。

［101］赵航：《浅析我国农村社会保障制度现状及发展》，《经济师》2005年第6期。

［102］欧曼等：《战后发展理论》，中国发展出版社2000年版。

［103］秦嵩：《农业贷款和财政支农对农民收入增长的关系考察》，《求索》2008年第10期。

［104］韩俊：《中国：由城乡分割走向城乡协调发展》，《中国经济时报》2004年3月19日。

［105］朱启臻、张晖：《工业反哺农业的经济社会分析》，《林业经

济》2008 年第 11 期。

[106] 郑功成:《社会保障概论》,武汉大学出版社 1994 年版。

[107] 王国军:《中国城乡社会保障制度的比较与绩效评价》,《浙江社会科学》2000 年第 4 期。

[108] 银平均:《社会排斥视角的中国农村贫困》,博士学位论文,南开大学,2007 年。

[109] 陶纪坤:《建立农村社会保障制度的探讨》,《农业经济问题》2004 年第 12 期。

[110] 韩喜平、李二柱:《日本农业保护政策的演变及启示》,《现代日本经济》2005 年第 4 期。

[111] 曹俊杰、王学真:《东亚地区现代农业发展与政策调整》,中国农业出版社 2004 年版。

[112] [日] 秋野正胜:《现代农业经济学》,农业出版社 1981 年版。

[113] 万峰:《日本资本主义研究》,湖南人民出版社 1984 年版。

[114] 张文伟:《日本现代化过程中农民收入特点分析》,《世界农业》2002 年第 5 期。

[115] 金明善:《现代日本经济问题》,辽宁人民出版社 1983 年版。

[116] 神门义久:《农地问题和日本农业》,收入奥野正宽、本间正义著《农业问题的经济分析》,日本经济新闻社 1998 年版。

[117] [日] 福武直:《当今日本社会》,国际文化出版公司 1986 年版。

[118] 周批改:《台湾工业化进程中农民收入与负担政策的演变》,《中国经济史研究》2004 年第 2 期。

[119] 中国社会科学院台湾研究所:《台湾总览》,1992 年。

[120] 李明:《台湾农业支持政策的演变与借鉴》,《中共济南市委党校学报》2006 年第 1 期。

[121] 张照新、陈金强:《我国粮食补贴政策的框架、问题及政策建议》,《农业经济问题》2007 年第 7 期。

[122] 吕银春:《巴西的贫困和两极分化浅析》,《拉丁美洲研究》1996 年第 6 期。

[123] 刘金源：《巴西社会两极分化及其成因探析》，《拉丁美洲研究》2002 年第 4 期。

[124] 尚玥佟：《巴西贫困与反贫困政策研究》，《拉丁美洲文库》2001 年第 3 期。

[125] 陈广汉：《巴西与东亚的经济增长和收入分配模式比较》，《中山大学学报》（社会科学版）1992 年第 4 期。

[126] 孙鸿志：《美国农业现代化进程中的政策分析》，《山东社会科学》2008 年第 2 期。

[127] 陈艳、王雅鹏：《国外农民收入增长的经验借鉴》，《理论月刊》2002 年第 11 期。

[128] 李超民：《美国 2007 年农场法——农业补贴及相关立法分析》，《农业展望》2007 年第 1 期。

[129] 庄岁林：《美国治理农业问题的经验及启示》，《农业经济问题》2006 年第 8 期。

[130] 陈亚东：《美国农业补贴立法与我国的对策选择》，《农村经济》2005 年第 7 期。

[131] 杨家宁：《发展权的贫困》，硕士学位论文，广西师范大学，2005 年。

[132] 董伟炜：《美国农业税收政策的启示》，《江苏农村经济》2006 年第 2 期。

[133] [美] 阿瑟·奥肯：《平等与效率：重大的抉择》，王奔洲译，华夏出版社 1987 年版。

[134] [美] 布坎南：《自由、市场和国家》，吴良健等译，北京经济出版社 1989 年版。

[135] 王朝才、胡振虎：《新时期农民增收对策研究》，《财政研究》2010 年第 2 期。

[136] 张红宇：《新常态下的农民收入问题》，《农业经济问题》2015 年第 5 期。

# 后　记

改革开放后,我国农民收入大幅提高,个别时期还出现过农民收入迅猛增长的喜人局面,但整体上农民收入增长滞后于城镇居民,城乡差距逐渐扩大。国家虽然采取了一系列积极措施,但农民收入相对低下的问题并未彻底得到解决。国内外学者十分关注这一问题,进行了大量研究。笔者不揣浅陋,十年前也选择了农民收入问题作为博士论文选题,开展研究。在毕业之际,该选题又获得国家社会科学基金资助,借助基金支持,课题组对此问题又进一步开展深入调研和分析论证,本书就是在项目研究报告基础上修改而成的。

本书回顾评析了国内外对农民收入问题的研究,总结了我国改革后农民收入增长演进过程,结合改革开放后我国正处于工业化、城市化发展阶段的宏观背景剖析了二元经济社会结构对农民收入增长的影响机制,并在借鉴日本、中国台湾地区、巴西及美国等先期发展国家(地区)的经验与教训基础上,提出了消除二元社会结构制度排斥、推进二元经济结构转化、提高农民收入的对策建议。全书结合我国改革开放后经济社会转型发展的宏观背景,从特定经济结构和社会结构的视角分析农民增收困难、收入相对低下的原因及内在机理,对从宏观上把握制约农民收入增长的因素,对科学制定相关政策解决农民收入相对低下问题有积极借鉴价值。全书共七章,主要由王恩胡执笔撰写,课题组成员西北农林科技大学王志彬教授、聂强教授,西安财经学院殷红霞教授、高全成教授、康国伟副教授、鄢小莉副研究员积极参与实地调研、分析研讨,提出了许多好的见解和建议,对深化课题研究发挥了重要的作用。

在本书出版之际首先要感谢我的导师李录堂教授,当初在博士论文的选题、写作过程中，李老师给予了悉心指导帮助，毕业后李老师也十分关心我的学术研究，经常给予指点。课题组成员积极参与调研、讨论，对课题研究工作顺利完成发挥了重要的作用；我所在的西安财经学院的领导和同事对课题研究及本书出版给予了大力支持，在此一并致谢。同时还要感谢国家社会科学基金和陕西高校人文社会科学青年英才支持计划对研究工作及成果出版的支持，感谢中国社会科学出版社编辑刘晓红女士对本书出版付出的辛勤劳动。

在课题研究和本书写作中，我们参考了国内外众多学者有关研究成果，对此都做了标注，但也可能存在疏漏之处，敬请谅解。由于研究者学识有限，对经济社会结构与农民收入问题的理解还不很深入，对收入分配规律把握还不一定正确，本书肯定存在很多不足之处，希望各位专家学者不吝指正。

王恩胡

2016 年 6 月